城市轨道交通建设事故案例应急管理启示

北京市轨道交通建设管理有限公司
中国安全生产科学研究院　编著

北　京
冶金工业出版社
2023

内 容 提 要

本书共分 9 章，主要内容包括：城市轨道交通建设事故案例应急管理的理论价值和实践意义，以及事故案例的数据来源与统计方法；应急管理的基础理论知识；坍塌塌陷类、透水涌土类、高处坠落和物体打击类、车辆伤害和机械伤害类、其他类别典型案例，并给出了应急准备和应急行动的应急管理启示；城市轨道交通建设的应急准备工作和施工安全突发事件应急行动。

本书可供轨道交通建设单位、施工单位、监理单位、勘察设计单位、审图单位、监测单位及相关专业技术人员阅读，也可供从事安全应急研究的科研人员参考。

图书在版编目(CIP)数据

城市轨道交通建设事故案例应急管理启示／北京市轨道交通建设管理有限公司，中国安全生产科学研究院编著．—北京：冶金工业出版社，2022.3（2023.11 重印）

ISBN 978-7-5024-9009-6

Ⅰ.①城…　Ⅱ.①北…　②中…　Ⅲ.①城市铁路—铁路施工—工程事故—事故处理—应急对策　Ⅳ.①U239.5　②U215.8

中国版本图书馆 CIP 数据核字(2021)第 275576 号

城市轨道交通建设事故案例应急管理启示

出版发行　冶金工业出版社　　**电　话**　(010)64027926
地　址　北京市东城区嵩祝院北巷 39 号　　**邮　编**　100009
网　址　www.mip1953.com　　**电子信箱**　service@mip1953.com

责任编辑　郭冬艳　美术编辑　彭子赫　版式设计　郑小利
责任校对　范天娇　责任印制　禹　蕊

北京虎彩文化传播有限公司印刷
2022 年 3 月第 1 版，2023 年 11 月第 2 次印刷
787mm×1092mm　1/16；11.75 印张；285 千字；188 页
定价 75.00 元

投稿电话　(010)64027932　投稿信箱　tougao@cnmip.com.cn
营销中心电话　(010)64044283
冶金工业出版社天猫旗舰店　yjgycbs.tmall.com
(本书如有印装质量问题，本社营销中心负责退换)

编 委 会

前 言

地铁是城市公共交通的重要组成部分，地铁安全的重要性不言而喻，其建设期的风险管理尤为重要。近年来，全球地铁事故不断发生，我国的北京、上海、广州、杭州、南京等城市先后发生过不少事故。收集地铁建设事故案例，分析地铁建设过程中突发意外事故的影响因素，对于制定预防事故相关对策以及突发事故后的救援措施，确保地铁建设的顺利进行、预防和减少事故、降低事故损失都具有十分重要的意义。

通过对轨道交通应急救援案例收集整理、汇总分析，研究指挥协调和现场救援运行机制、应急救援技术、应急预案等暴露出的问题和显现的短板，提高应急管理工作的针对性很有必要。

城市轨道交通建设事故主要包括坍塌塌陷、透水涌土、高处坠落、车辆伤害、物体打击、中毒窒息、机械伤害、触电、火灾、起重伤害、爆破伤害、爆炸和其他伤害。坍塌塌陷事故不仅发生次数最多，也是导致死亡人数最多的一类事故。本书共收集城市轨道交通建设事故 74 起，其中坍塌塌陷事故 35 起、透水涌土事故 7 起、高处坠落事故 6 起、车辆伤害事故 5 起、物体打击事故 3 起、中毒窒息事故 2 起、机械伤害事故 4 起、触电事故 1 起、火灾事故 4 起、起重伤害事故 1 起、爆破伤害事故 1 起、爆炸事故 2 起、其他伤害事故 2 起和非生产安全事故 1 起。从事故数量的比例来看，坍塌塌陷事故占 47.3%，透水涌土事故占 9.5%，两类事故合计占事故总数的近六成。本书通过对坍塌塌陷类、透水涌土类、高处坠落和物体打击类、车辆伤害和机械伤害类、其他类别典型案例的剖析，给出了每起典型案例的应急管理启示。

本书通过辨析突发公共事件的定义、分类，把握基本特征和规律，探讨事件发生、发展和演化机理，在此基础上引出应急管理基础理论，在突发事件和应急管理理论研究的基础上，给出了城市轨道交通建设突发事件的内涵、分类和特性，从安全系统工程学角度揭示了施工安全突发事件的产生原因。将城市轨道交通建设应急管理全过程划分为预防、准备、反应和恢复共 4 个逻辑阶段，探讨了各阶段的主要任务和措施，预防、准备处于施工安全突发事件爆发前，归入“应急准备”范畴，作为本书研究重点之一，在第8章展开介绍；反应、恢复处于施工安全突发事件爆发后，归入“应急行动”范畴，在第9章展开论述。

本书以科研项目为背景，该项目得到了“十三五”国家重点研发计划项目“食品安全突发事件及重大事件应急演练及应急保障决策系统研究”（项目编号：2018YFC01603700）和中国安全生产科学研究院基本科研业务费专项资金项目“金属非金属矿山企业应急体系建设及应急管理系统实现”（项目编号：2021JBKY03）的资助，在此致以衷心感谢。

由于编者水平有限，书中不足之处，敬请读者批评指正！

编　者

2021年9月

目　录

1 概　论

1.1 研究背景

近年来，城市化的进程不断深入，我国城市轨道交通工程建设的规模与速度已然位居世界首位，城市轨道交通工程建设是现代化城市的重要标志，其安全应急管理问题越发受到社会的关注，而当前城市轨道交通建设工程现状如下：

（1）规模大、成本高、工期紧张。四通八达的交通是现代城市的重要标志，轨道交通的出现缓解了传统路面交通的压力，同时也有效避免交通线路占用有限的土地资源，城市轨道交通具有良好广阔的发展前景。但与此同时，城市轨道交通工程建设具有规模大、成本高的特征，如地铁、轻轨等，通常建设范围大，且具有较高的施工成本，普遍为4亿元/km~5亿元/km，若施工线路较为复杂，存在地质、地段等难题，施工成本会达到10亿元/km，且运营维护费达到1000万元/(km·a)。并且，城市轨道交通建设规模较大，运营里程线路长，需要设置多个站点，工程量也较大，具有较高的施工难度，进行质量管理无疑也具有巨大的难度。

城市轨道交通工程规模大、成本高，再加上轨道交通工程建设多经过人流量密集的区域，一定程度会影响到人们的日常生活，为避免严重影响民众的生活以及尽快满足其需求，城市轨道交通工程建设过程中赶工期是常见现象，导致不少施工人员为完成任务加班加点地工作，几乎没有多少时间可以休息，除了侵犯施工人员的劳动权以外，赶工期完成任务的工程质量也得不到保障。另外，尽管城市轨道交通工程建设周期达4年左右，但施工期间容易遇到不少不可抗因素，如建筑物拆迁等，容易导致工期延迟，再加上城市轨道交通工程建设给居民生活带来一定的影响，因此施工人员又连夜赶工期，赶工期恶性循环，难以保证工程的质量。

（2）管理难度大。城市轨道交通工程质量管理，多是采用传统的管理方式，进行分段、平行交叉承包的管理，这一管理方式难以满足城市轨道交通工程质量管理的需求，因城市轨道交通工程是线性工程，且各单位地区距离较为分散，若按照传统的管理方式来进行管理，因参建单位数量多一定程度增加了质量管理的难度系数，因此需要契合城市轨道交通工程的需求来建立相应的质量管理体系。我国城市轨道交通工程发展速度快，但因起步晚，再加上经验积累不足，面对大规模的轨道交通工程建设，其质量管理现状也存在一定的不足之处。上述可知，城市轨道交通工程仍借鉴传统的管理方式，且存在质量安全管理体系不够完善的问题，尽管制定了相关的管理制度，但在实际质量管理中，仍存在管理制度执行不到位的现象，并且在轨道交通工程建设中，相关企业单位并未充分发挥监督、指导的作用，所派的监理人员难以满足轨道交通工程建设的需求，如监理不到位、遇到问题不能及时妥善处理等。

另外，当前城市轨道交通工程建设质量管理的过程中，存在部分工程项目未制定预见性事故防范措施，且在工程竣工后进行工程验收的质量标准较低，甚至缺少演练，导致难以有效疏导客流量，客流量巨大、拥挤是常见现象。

（3）应急研究较少。我国城市地铁突发事件应急相关的研究主要集中在对地铁火灾事故、运营时车站乘客过多、人员疏散等方面的研究，而对地铁建设中可能的突发事件应急研究较少。

1.2 数据来源与统计

编者研究的对象是地铁施工事故，地铁运营事故、其他类型铁路施工事故等不属于本书研究范围。数据的来源主要包括国家住建部事故快报网站、应急管理局事故调查报告通报、新闻网页以及其他一些书籍文献。共收集城市轨道交通建设事故 74 起。

城市轨道交通建设事故主要包括坍塌塌陷、透水涌土、高处坠落、车辆伤害、物体打击、中毒窒息、机械伤害、触电、火灾、起重伤害、爆破伤害、爆炸和其他伤害。坍塌塌陷事故不仅发生次数最多，也是导致死亡人数最多的一类事故。其中坍塌塌陷事故 35 起、透水涌土事故 7 起、高处坠落事故 6 起、车辆伤害事故 5 起、物体打击事故 3 起、中毒窒息事故 2 起、机械伤害事故 4 起、触电事故 1 起、火灾事故 4 起、起重伤害 1 起、爆破伤害 1 起、爆炸伤害 2 起、其他伤害 2 起和非生产安全事故 1 起。城市轨道交通建设主要事故汇总表见附录。

从事故数量的比例来看，坍塌塌陷事故占 47.3%，透水涌土事故占 9.5%，两类事故合计占事故总数的近六成。城市轨道交通建设事故数量分类统计如表 1-1 和图 1-1 所示。

表 1-1 城市轨道交通建设事故数量分类统计

类别	坍塌塌陷	透水涌土	高处坠落	车辆伤害	物体打击	中毒窒息	机械伤害	触电	火灾	起重伤害	爆破伤害	爆炸	其他伤害	非生产安全事故	总计
事故数量/起	35	7	6	5	3	2	4	1	4	1	1	2	2	1	74
比例/%	47.3	9.5	8.1	6.8	4.0	2.7	5.4	1.4	5.4	1.4	1.4	2.7	2.7	1.4	100

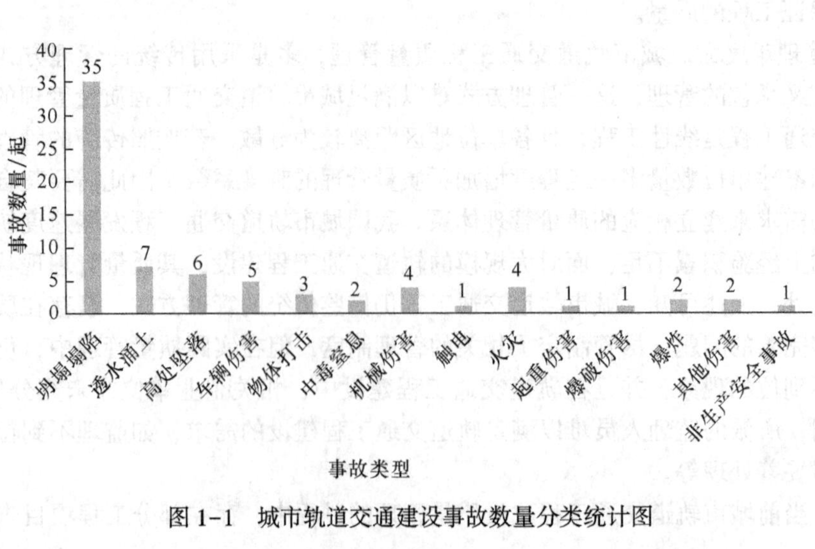

图 1-1 城市轨道交通建设事故数量分类统计图

1.3 研究意义

地铁是城市公共交通的重要组成部分，地铁安全的重要性不言而喻，其建设期的风险管理尤为重要。近年来，全球地铁事故不断发生，我国的北京、上海、广州、杭州、南京等城市先后发生了不少事故。收集地铁建设事故案例，分析地铁建设过程中突发意外事故的影响因素，对于制定预防事故相关对策以及突发事故后的救援措施，确保地铁建设的顺利进行、预防和减少事故、降低事故损失都具有十分重要的意义。

通过轨道交通应急救援案例收集整理、汇总分析，研究指挥协调和现场救援运行机制、应急救援技术、应急预案等暴露出的问题和显现的短板，提高应急管理工作的针对性。

2 应急管理基础理论

2.1 突发事件

2.1.1 突发事件界定

突发事件，广义上看，在计划之外或认知范围外爆发、可能损害利益的所有事件；狭义上看，在一定区域突然爆发、波及范围广、威胁人的生命和财产安全的灾难性事件。

突发公共事件是一类“超常规的、突然发生的、需要立即处理的事件”。它会对其相关的政府组织构成威胁，重大的、涉及面广的突发公共事件还可能使政府组织处于危机状态，因而常把突发公共事件称之为“危机事件”。

随着事物内在矛盾的积累，突发事件（即突发公共事件）是矛盾由量变到质变而突然爆发，对正常秩序或利益造成严重威胁的破坏性事件。为避免或减少其造成损害，防止演变成大规模的危机，必须迅速决策，果断处理。

2.1.2 突发事件分类

国务院发布的《国家突发公共事件总体应急预案》，依据突发事件的成因、性质、演化机理，将其分为以下几类：

（1）自然灾害。突发性自然灾害是由不可抗拒的自然原因或者人为破坏导致生态环境失衡造成的，主要包括干旱、洪涝等灾害，台风等气象灾害，滑坡、泥石流等地质灾害，以及森林、海洋、地震等灾害。

（2）事故灾难。事故灾难是发生在人们的生产、生活中的意外事件，给人身和财产造成损失，迫使进行着的生产、生活活动暂时或永久停止，主要包括安全事故（公共场所、工程建设领域），公共服务设施及设备事故（供气、供电、供水故障），交通事故（公路、铁路、民航运输事故），环境污染（水污染、大气污染、固体废物、核辐射）和生态破坏事故。

（3）公共卫生事件。突然爆发，可能严重影响公共健康和生命安全的传染性疫情、食物或饮用水污染等事件，主要包括瘟疫，动、植物疫情，未查明原因的群体性疾病，传染病，职业伤害，食品卫生安全等。

（4）社会安全事件。威胁经济健康发展、国家安全、社会稳定的突发事件，主要包括大规模群体性事件，重特大恶性刑事案件，恐怖活动，市场经济安全事件（诈骗、洗钱、金融犯罪、经济犯罪），涉及外交和国家安全的突发事件。

2.1.3 突发事件特点

（1）突发性。突发事件最显著的特点是突发性，瞬间产生，迅速发展，从萌芽、发生、发展到持续的高潮，周期很短，进程很快，迅雷不及掩耳。由于突发事件是瞬间产生的，事先没有明显的征兆，人们没有充分的思想准备，心理产生恐慌，来不及处置，导致突发事件蔓延，危害扩大。

（2）连锁性。社会是一个有机的系统，事物之间紧密联系。随着突发事件逐渐地蔓延，影响范围扩大，事态越来越严重，初始的突发事件可能会转化为其他类型突发事件，初级灾害可能会诱发次生灾害，产生连锁反应，使事件本身不断扩大，难以预测演变的结果。因而，当突发事件发生后，必须采用果断措施控制事态，避免产生次生、衍生灾害。

（3）紧迫性。突发事件的演变非常迅速，处置的机会稍纵即逝，在有限的时间里依靠有限的信息研判突发事件规模、波及范围，做出应急决策方案，调动应急救援力量和资源，进行应急响应、应急处置，控制事态发展、避免事态扩大，避免波及其他领域。如果处理不及时，就会产生连锁反应，带来更严重的生命财产损失。

（4）危害性。突发事件由于突然发生，人们来不及做出反应，无法及时有效地进行处置，从而导致不同程度的人身伤亡、财产损失、环境破坏或政治影响，扰乱了正常的生产生活和社会秩序，并且可能会对人的心理和精神造成伤害。

（5）不确定性。通过偶然的契机诱发，事物内在矛盾由量变到质变的爆发式飞跃过程中产生了突发事件。由于契机的偶然性，突发事件的时间、地点以及发生状况随机产生、难以预测。突发事件发生时，由于信息不及时、不全面，人们对其性质难以做出客观的判断，难以把握事件的发展方向，无法对其次生、衍生灾害以及波及范围进行准确研判，后果难以预料。

（6）关注性。突发事件关系到一些人或一些社会群体的切身利益，特别是出现自然灾害、公共卫生事件和社会安全事件，更加吸引眼球，引起群众关注。2008 年 5 月 12 日我国汶川大地震发生后，成为社会和舆论关注的焦点和热点、公众街谈巷议的话题、传媒追寻报道的内容，引起社会各界的极大反应，造成非常大的社会影响。

2.1.4 突发事件机理

对突发事件发展演化的内在逻辑进行研究，寻觅孕育危机的线索，准确认识其规律，找到其运行的基本脉络，把握其发展演化的推动力，从而从根源上防范和处置突发事件。突发事件的机理包括发生、发展和演化机理。

（1）发生机理。风险隐患因素由小到大、从量变到质变，突破临界值，最终不可避免地爆发突发事件。在此过程中，风险源具有隐蔽性，很难引起人们注意。这种隐患因素可能是自然的，也可能是人为的。此外，从系统动力学角度看，刚开始是一些因素在扰动，加上许多中间性事件的积蓄，到最终爆发，可视为一个渐进的过程。

（2）发展机理。是在一定区域、一定范围内，从时间、空间、程度上改变其性质、类别、级别、范围和区域等特征的变化过程。突发事件的发展进程中，内部（风险源、隐患排查等）、外部（地势、环境、气候等）影响因素众多，内、外部因素共同作用，一起推动或阻碍风险源往前发展，具有高度的不确定性，无法提前预料。

（3）演化机理。突发事件的演化机理是指事件在发生发展过程中性质、类别、级别、范围、区域和物质化学形式等特征的变化过程，大致分为耦合、衍生、转换和蔓延形式，这几种都会引起次生或衍生灾害，导致事态的扩大，危害的加剧。

2.2 应急管理基础理论

2.2.1 应急管理内涵

在突发公共事件应对中，着眼于减少损失、防止事态扩大，而进行的一系列管理行为，称为应急管理。突发公共事件爆发前，监测风险源，及时开展预警，对风险进行有效控制。当突发公共事件爆发后，分析起因、演变过程及后果，优化应急决策方案，集成、调度各方资源，共同应对突发公共事件。

在突发事件爆发前、爆发后，以及消亡期间，通过一系列有效管理活动，采用各种方法、调动各种资源来预防和处理突发事件，恢复正常状态、维持稳定，这一过程称为应急管理。

(1) 应急管理的主体是处理突发事件的人员、组织和机构，包括政府部门、非政府公共部门、企业等私人部门，甚至公民个人。应急管理的客体是处置的对象，即各类突发事件，包括潜在的和已经爆发的突发事件。

(2) 应急管理的目标是增强对突发事件的预防、预警能力，提高应急响应和处置能力。针对潜在的突发事件，排查隐患，防止爆发，使公共利益避免遭受损失；针对已经发生的突发事件，及时、有效地处理，提高应急救援能力，恢复稳定和协调发展。

(3) 应急管理的特点是紧迫性和权变性，由于突发事件发展速度很快，可能产生次生和衍生灾害，引起链条效应，迫使应急反应必须迅速。同时由于突发事件的实际状况各异，必须根据具体情况制定方案，使应急反应措施适宜、有效。

(4) 应急管理的过程既有爆发后的应急救援、应急处置，又有爆发前的预防和应急准备，以及突发事件消亡后的修复与重建，这就决定了应急管理不是权宜之计，而是一个长期、持续的过程。

2.2.2 应急管理原则

突发事件应急管理的基本原则是：预防为主，防应结合；以人为本，降低损失；广泛动员，形成合力；统一指挥，分级处置；依法治理，加强宣传；加大投入，科技引领。应急管理根本目的是提高防范和应对突发事件的水平，维护社会秩序和人民群众的生命财产安全，保持社会稳定，为经济社会全面健康发展奠定基础。

(1) 预防为主，防应结合。把预防摆在首位，将预防和应急联系起来，将突发事件爆发前的常态与爆发后的非常态相结合，宁可备而不发，也不可发而未备。

(2) 以人为本，降低损失。保障群众生命财产安全、维护社会稳定是应急管理的根本目标，是政府履行社会管理和公共服务职能的体现。要采取各种有效手段和措施，减小突发事件的影响范围，减小危害。

(3) 广泛动员，形成合力。突发事件规模大，单靠一方力量，难以应对，因而要充分动员，依靠大众，发挥基层组织、人民团队、志愿者的作用。加强以属地管理为主的应急力量建设，形成协同救援机制，实现灵活机动、有序联动。

(4) 统一指挥，分级处置。应急行动坚持统一指挥、分级负责、属地为主，有序安排各方救援力量参与应急。结合突发事件爆发地点、规模、性质、波及范围，确定所需的救援力量和资源。

(5) 依法治理，加强宣传。完善法律法规，将突发事件应急管理推上规范化、制度化、法制化轨道，维护公众的合法权益。加大宣传、教育、培训力度，普遍提高大众自救、互救能力，增强忧患意识。

(6) 加大投入，科技引领。坚持科技引领，加大安全学科领域的科研投入，研发实用型安全防护装置和应急产品，同时，提高风险监测和预警的技术水平，增强突发事件的预防能力，提高科技含量，造就一批应急管理领域的领军型专家，广泛培养科研技术人员，普遍提高安全意识和素质。

2.2.3 应急管理机制

在突发事件爆发前、爆发后、消亡期间所采取的程序化、规范化、制度化的工作方法和举措，称为应急管理机制。从历史经验看，着眼于长期坚持落实各项政策措施，避免短期效应，就必须建立健全包含预警、决策、处置在内的应急管理机制，这是实现长效应急管理的必由之路。结合我国国情，应急管理机制相应地分为以下几种：

(1) 风险监测和预警。对风险源进行检测，排查隐患，有效治理，提前发现隐患、捕捉苗头，进行预警和反馈，防范风险演变为突发事件。

(2) 应急预案和宣传教育。这是应急管理的基础性环境，也是应对突发事件的有效手段，通常包括应急知识的宣传普及，教育培训、预案编制、预案演练、应急管理效能评价、风险及隐患的脆弱性评价等。

(3) 灾情研判和决策。搜集突发事件的基本情况，通过论证、辅助决策等渠道，对突发事件的规模、性质、波及范围进行研判，拟定处置方案，实现科学决策，迅速响应，紧急展开救援，提高应急处置的效率、效果。

(4) 舆情监控和引导。高度重视突发事件信息发布、媒体应对、舆情监控，占领主流媒体等阵地，突发事件爆发后，第一时间全面、准确地向公众发布权威信息，正确引导舆论，避免谣言蔓延，普及安全防护、避险常识。

(5) 信息共享和传递。在突发事件应对过程中，信息是一切决策的前提。必须坚持信息先行，构建信息搜集、共享、传递机制，整合突发事件管理信息技术系统，广泛推动基层信息搜集力量建设，拓宽信息搜集途径，统一信息报送形式，实现信息技术系统互联互通，信息在第一时间得以共享。

(6) 广泛的社会动员。在乡镇、社区，广泛动员社会力量参与应急处置，开展自救、互救，协助地方进行安全疏散、心理疏导、医疗救护、卫生防疫等工作。

(7) 善后处置和恢复重建。突发事件得到初步控制后，开展善后处置，进一步降低损失，恢复正常的生产、生活，保持社会秩序稳定，将非常态的应急转为常态的日常管理。

(8) 调查评估。突发事件应急全部结束后，及时展开调查工作，评估灾害损失，评估应急管理的成效，查找问题，发现薄弱环节，提出改进举措，推动应急管理能力持续优化改进、完善提高。

(9) 应急资源保障。对应急处置过程所需要的应急资源，进行排查摸底，细化不同的应急资源分类，建立应急资源储备库，合理布局，形成调运机制，规范日常生产、储备、运输、配送管理，科学配置应急资源的供给和需求。

2.3 风险管理基础理论

2.3.1 风险管理原则

国际标准化组织发布的风险管理——原则与实施指南，即 ISO 31000 风险管理标准，搭建起风险管理的通用框架，提出风险管理的指导方针、基本原则，普遍适用于各类风险管理活动。

（1）风险管理呈现动态性。由于内部、外部环境的变化，出现新的风险，而老的风险也不断发生变化，有的风险变大，也有的风险消亡。因而，必须实施动态的风险管理，通过持续监测，密切关注风险的发展变化，实现对风险的有效掌控。

（2）风险管理与应急管理的持续改进一脉相承。ISO 31000 给出了风险管理框架、风险分类归纳、风险因素识别、实施风险监测、监督检查等思路，着眼于提高风险管理的针对性、有效性，还要对风险管理体系进行检查、评估，并进行动态调整、改进，使风险管理体系更加成熟、高效，这与应急管理的持续改进思路相符。

2.3.2 风险因素识别

风险管理的第一步，就是搞清楚存在哪些风险，对监测对象的风险因素进行识别，明确风险来源，这是开展风险监测、采取防范措施的基础性工作。

（1）查明影响项目的风险因素类型、性质、发生时点和部位；

（2）把握常见的风险特征，以及风险赖以生存的条件；

（3）分析上述风险的规律，判定风险的大小和后果严重程度；

（4）选择风险管理对策，并进行优化。

随意的、盲目的风险管理，起不到实质性效果，反而浪费人力物力财力。进行客观、准确的风险因素识别，依赖于科学的方法，常见的有：情景分析法、Delphi 法、头脑风暴法、检查表法等，需要结合实际选用。

2.3.3 风险评估度量

风险因素识别是从定性角度认识风险，然后，通过分析、评估风险，实现风险的定量化，把握风险的大小和后果，从而准确抓住诸多风险中的主要因素。针对这些重点风险因素，采取有针对性的风险管控策略，提高风险管理效率，减少资源浪费。风险评估的主要流程有：

（1）分解风险单元，判定风险引发事故概率，并进行定量分析；

（2）分析风险导致的后果，以及对项目造成的影响；

（3）对单一风险因素进行定量分析，研究多项风险共同作用，对项目目标的影响；

（4）风险度量，作为预警的依据，制定风险管控策略和措施。

2.3.4 风险预警思路

作为一个全面、完整的体系，风险管理最终落脚在预警上。风险因素识别、分析、评估的结果，在项目中的实际应用就体现于预警。风险预警的基本思路是：

（1）搜集风险信息。采取专业方法和手段，搜集风险信息，并进行整合、分析，这是风险管理的基础性工作，如果搜集的风险信息不全面、不准确，风险管理的有效性就得不到保证。

（2）风险分析。对搜集的风险信息进行分析，判定爆发的概率和后果。风险分析是将风险因素进行定量化，据此对比诸多风险因素的危险性大小，找出重大风险。风险分析结果必须科学、正确，错误的风险分析结果将会触发误预警，导致资源浪费。

（3）预警发布。根据警情分级标准，将风险分析结果形成预警信息，通过多种渠道和手段，传达给项目参与人员，提示他们做好应对工作。

（4）风险管控。制定与风险规模和等级相适应的风险管控方案，进行风险决策，实施风险管控方案，排查风险源，消灭潜在的风险。

（5）预警反馈。跟踪隐患排查结果，督查风险管控方案的落实情况，并反馈于项目领导层。当风险得到有效管控，项目处于稳定状态时，解除预警；当风险出现变异，需要变更管控方案时，及时调整风险管理手段，避免风险蔓延、扩大。

2.4 城市轨道交通建设突发事件

探讨城市轨道交通建设突发事件内涵、分类、特性，为城市轨道交通建设突发事件研究储备基础理论、提供学理支撑。

2.4.1 城市轨道交通建设特点

在现代社会，大型工程，尤其是投资巨大、技术先进、规模宏大及对社会经济发展有着深远影响的基础性建设项目，不仅极大地改善了人们的生存环境，而且推动科技进步、人类社会物质文明的发展。

城市轨道交通建设作为一类特殊的项目，不同于一般的普通工程项目，具有其鲜明特点。直观上看，城市轨道交通建设高度复杂，诸如工程规模大、工序和系统繁多、技术先进、环境恶劣等特点。同时，缜密的系统特性与丰富的内涵外延，也在其施工过程中得以体现。此外，城市轨道交通建设还有以下特点：

（1）对城市轨道交通建设的规划与论证，既要重点审查建筑科学原理和技术上的可行性，考量工程商业价值与经济效益，又要从社会层面对城市轨道交通建设的价值进行全面、综合评价，使经济效益与社会效益高度统一。

（2）开放程度高、与环境的联系更加紧密。这就要求，在城市轨道交通建设的立项和设计环节中，注重工程项目与环境融合，并将其作为工程项目管理的一个重要目标。

（3）从系统工程学角度看，城市轨道交通建设的建设目标具有多元性特点，基本目标只有一个，但具体的目标多种多样，从而形成错综复杂的目标管理体系。在这个目标管理体系中，各个目标所处的阶段、地位不同，赋予的权重也不同，就表达方式而言，有的是定性分析，有的是定量分析，有些目标之间存在相互制约关系，甚至矛盾和冲突。

（4）城市轨道交通建设的立项、设计和施工方案要求严格。因此，应以审慎态度反复进行比对和遴选，即便如此，一般情况下，还是不存在“绝对最优解”。这还是因为建设目标的多元性特点，不论哪个方案都只是“非劣解”。从这些“非劣解”中，选取最为满意的方案，受到建设主体的偏好、理念和价值观的深刻影响。

(5) 平衡、兼顾参建各方的利益诉求。由于城市轨道交通建设项目庞大、工序繁多，主管部门和参建单位很多，有的是住建、应急等政府主管部门，有的是建设单位、设计单位、监理单位，有的是总承包商、分包商、供应商、劳务外包商，这些主体，分别代表不同的利益，虽然对城市轨道交通建设项目的基本目标一致，但他们所追求的具体目标各不相同，导致在施工阶段，各自从自己的利益出发，产生利益冲突，因此，要充分了解他们的利益诉求，做到尽量平衡、兼顾。

(6) 对参建单位的要求高。城市轨道交通建设结构复杂，不论哪个单位，都会出现知识和经验不足的情况，需要整合资源，形成合力。在此过程中，一些单位暴露出管理控制、驾驭能力的显著欠缺，这就要求各建设单位都要充分做好准备，先整合力量和资源，然后再实施项目。

2.4.2 城市轨道交通建设突发事件内涵

突发事件是在项目的实施过程中，未预料到发生且没有事先做准备，应当迅速作决策并开展处置的灾难及事故等紧急事件。国内研究认为，工程项目突发事件指的是在偶然状况下突然发生，对项目计划的正常实施产生较大干扰或冲击，给建设目标的实现带来较大不利影响的事件。

城市轨道交通建设突发事件是在工程建设期内突然爆发，规模较大、波及面广且在社会一定范围内造成负面影响，对施工人员的人身和施工现场的财产构成严重威胁、阻碍影响建设目标的实现或影响项目正常实施的灾害或事故。包括三个方面内涵：

(1) 在偶然时机，突然爆发，事先不易察觉，难以识别和预测，从概率角度看，发生的概率比较小；

(2) 严重影响项目的正常实施或运行，对计划的执行造成冲击，严重时使项目计划中断，或迫使项目计划进行变更，不同程度打乱了原先的计划；

(3) 对城市轨道交通建设项目功能，或者建设目标的最终实现，或者参建单位本身，在社会上造成重大负面影响。

城市轨道交通建设规模、结构的特点，决定了施工过程中频繁出现突发事件。这些施工安全突发事件，不仅种类多、波及面广，而且没有显著的规律，除雨季、夜间等重点时段以及临边临口等重点部位外，施工过程中的任何时间、任何区域都有可能发生事故。高空坠落、机械伤害、物体打击、中毒、基坑坍塌、涌砂透水、触电等常见事故，在城市轨道交通建设中都有可能发生。

研究施工安全突发事件离不开系统工程的分析方法。安全系统工程学从系统内部出发，探索系统内部各组成部分之间的关联，测查危险源、发生事故的可能性，查明发生途径、发展演化机理，重新构建系统内部结构和运行模式，实现风险的消除或规避，大幅降低事故发生概率。从安全系统工程学的观点看，施工安全突发事件是在由“人—机械—材料—方法—环境”构成的施工作业系统中，某个因素出现问题或几个因素出现不同步、不协调的变化所导致。任何一起施工安全突发事件的爆发，都是上述因素动态平衡被打破的结果。

2.4.3 城市轨道交通建设突发事件分类

参照突发公共事件的四大分类，结合城市轨道交通建设的特点，在施工阶段可能爆发的突发事件有：

（1）根据突发事件的来源，分为来自项目外部、内部的突发事件两类。

1）来自项目外部的突发事件，主要包括以下三类：一是自然灾害，包括台风、暴雨、洪水、泥石流、地震、山体滑坡、崩塌、海啸等；二是公共卫生事件，包括食物或饮用水污染，动、植物疫情，未查明原因的群体性疾病，传染病等，如SARS、禽流感；三是社会安全事件，包括恐怖活动、大规模群体性事件等，如“9·11”事件、集体上访。

2）来自项目内部的突发事件，主要包括施工期间发生的施工安全、用火用电事故，例如基坑坍塌、土石方塌方、施工围堰坍塌，高处坠落、物体打击，机械伤害、起重伤害，特种设备事故，火灾、爆炸，施工人员溺水、触电，群体性中毒、窒息等。

（2）按形成原因，分为累积爆发型、扩张放大型施工安全突发事件两类。

1）累积爆发型施工安全突发事件。如同自然界的地震，当其危险源的能量积累到一定程度，在瞬间剧烈爆发。这是因为，不论什么类型的城市轨道交通建设项目，始终存在一些不和谐、不稳定因素，最初对城市轨道交通建设项目影响甚微，在某种机理诱导下，影响逐渐增大。当不稳定因素的能量积聚达到极限时，就爆发了施工安全突发事件，影响项目的实施和建设目标的实现。例如某水电站建设项目，在工程勘测阶段，对左岸坝肩边坡没有深入调研，地质构造勘测资料不甚清楚，加之在工程设计阶段，没有充分考虑相关防范措施，在基坑开挖、切断结构面时，左岸边坡滑动能量不断积聚，瞬间大面积坍塌。虽然没有造成严重的人身伤害，但工程量大幅增加，打乱了原先的施工计划，建设工期严重拖延。

2）扩张放大型施工安全突发事件。城市轨道交通建设各参建单位之间联系紧密，产生耦合作用，如同原子弹爆炸的级联放大效应，使城市轨道交通建设中的风险因素加速扩张、放大，耦合带来正反馈，加剧了灾害的传播以及灾难的扩大。例如常见的建设资金短缺问题，一旦资金链断裂，银行、参加预售的购房者等债主不约而同地找上门来，要求还债、退款，这让原本就难以为继的工程项目雪上加霜，导致停工，不仅拖延工期，而且使该楼成为“烂尾楼”，重新建造时，因钢筋混凝土强度下降，发生重大坍塌事故。

2.4.4 城市轨道交通建设突发事件特性

城市轨道交通建设周期长、难度大，施工安全突发事件频发，其影响因素多、复杂多变，虽然爆发的概率并不大，但不易察觉和识别，预防和应对的成本高，一旦爆发，对项目的实施冲击大，严重影响建设目标的实现。一般而言，城市轨道交通建设突发事件呈现的特性有：

（1）瞬间爆发。其爆发和发展、演变过程都很突然，全部过程瞬间完成，事前常常毫无征兆，即使有征兆，也非常少。这一特性决定了一旦爆发，就很难掌控。

（2）随机性。爆发的种类、时间、地点、程度都是随机的，另外，引发施工安全突发事件诱因也是随机的，事先根本无法预料。

（3）潜伏性。施工安全突发事件爆发前，各项工序正常进行，看似很平静，实际上危机四伏。潜伏性表现为施工风险和隐患，不论什么建设项目，或多或少存在安全隐患，只要不消除，就埋下了祸根。

(4) 因果性。凡施工安全突发事件，均有原因，不会无缘无故产生。城市轨道交通建设非常复杂，项目内外有许多危险源，在一定的时空范围，不同的危险源交织、碰撞，相互作用，共同破坏了工程项目的安全管理体系，使之出现故障进而失效，最终导致施工安全突发事件发生。

(5) 可防可控。在整个施工过程中，都是人在操作。在这一人为的背景下，给施工安全突发事件的预防提供了条件和前提，也就是说，把人管好了，任何施工安全突发事件都能预防，即便发生，也能有效掌控、应对。

(6) 信息不对称。这是经济学上的概念。作者以此为例，恰当地表明施工安全突发事件瞬间爆发，造成信息不充分、不满足应急需要，特别是在地下工程中，形成信息孤岛，地面上的信息高度缺失，无法达成应急方案，更不能确定需要哪些应急资源，需要调集哪一类机械设备。还有一点不可忽视，受利益驱使，施工企业瞒报或缓报事故屡见不鲜，加剧了信息不对称，给抢险救援带来了挑战。

2.5 城市轨道交通建设突发事件应急管理

2.5.1 城市轨道交通建设突发事件生命周期理论

城市轨道交通建设突发事件作为危机的一种，都将经历潜伏、发展、成熟（爆发）、衰退等时期，即施工安全突发事件生命周期，不同时期呈现出不同的特征，也就是说，不同时期有不同的外在表现形式。

在潜伏期，施工风险还处于萌发状态，并没有蓄积、迸发出来。施工安全突发事件的本质是城市轨道交通建设项目本身的平衡被打破，而在潜伏期，内部、外部的不稳定因素尚处于可控、可接受的范围内。此时，城市轨道交通建设项目仍处于动态平衡状态。

在发展期，随着时间的推移，不稳定因素逐渐增加、日益活跃，严重干扰现有的安全管理体系，超出可控范围，不稳定因素就会爆发出来，导致施工安全突发事件发生。在这个时期，不稳定因素逐步积累，一般而言征兆不明显，因而无法推测出爆发的时间、部位，难以预测其破坏程度。如能查明这些征兆，并提前采取措施，可避免爆发施工安全突发事件。

在爆发期，施工安全突发事件的外在表现非常突出，发展、演化进程非常迅速，对城市轨道交通建设项目的破坏随之而来。在这个时期，展开应急响应，调动应急救援力量和资源进行抢险救援，控制影响范围，避免事态扩大，减少人员伤亡和经济损失。

在衰退期，城市轨道交通建设项目逐步恢复动态平衡状态，施工安全突发事件造成的影响大大缩减，事发现场得以清理，伤员得以救治，受损设备和构件得以转移安置。在这个时期，继续跟踪事态发展，避免出现次生、衍生灾害；开展事故调查，查清原因，明确相关人员的责任，并严肃追究；总结评估应急行动的成效，吸取经验教训，改进应急管理工作。经历这一系列过程后，虽然施工安全突发事件得到控制，城市轨道交通建设进入新的动态平衡状态，但这并不意味着原先不稳定因素彻底消灭，此外，新的不稳定因素可能应运而生。因而，必须密切关注，防止动态平衡又被打破。

2.5.2 城市轨道交通建设突发事件应急管理阶段

应急管理阶段的划分，国内外学者通常结合危机管理的生命周期理论加以分析。对于危机管理阶段的界定存在着不同的学说：一是三阶段模型，从时间序列角度来看，分为危机事前、事中和事后；二是四阶段模型，即危机前的预防、准备，突发事件爆发后的应对，应急结束后的恢复四个阶段；三是五阶段模型，即信号侦探、探测和预防、控制损害、恢复以及学习五个阶段，起初是米特罗夫（Mitroff）、皮尔逊（Pearson）提出的，所以也称为M模型。

三种模型的优缺点，决定各自的适用领域和范围。三阶段模型适用于以往的危机管理，仅划分为三个阶段，不能有效覆盖复杂多变的多因素突发事件。五阶段模型阶段划分过细，将本可以合并完成的任务，割裂为两个阶段，显著增加了工作量。四阶段模型则避免了三阶段、五阶段模型的不足，阶段划分合理，各阶段任务明确、特色鲜明、重点突出，适用于现代应急管理领域。

四阶段模型通常被称为PPRR，即预防（Prevention）、准备（Preparation）、反应（Response）以及恢复（Recovery），美国联邦应急管理署（FEMA）认为应急管理针对突发事件的各个阶段，提出相应的对策和措施，是对突发事件全过程进行动态的管理，将其修正为MPRR：减缓（Mitigation）、准备（Preparation）、反应（Response）以及恢复（Recovery）。

2.5.3 城市轨道交通建设突发事件应急管理全过程

结合四阶段模型，城市轨道交通建设突发事件应急管理全过程相应地划分为四个逻辑阶段，分别为：预防、准备、反应和恢复。

（1）预防。消除隐患、防范风险，作为应急管理的起点，是避免爆发施工安全突发事件的有效途径。此外，预防还是应急的基础，是应急管理全过程的首要环节，在应急管理中占据重要地位。根据经验和规律，针对可能爆发的施工安全突发事件，综合考虑相关诱因，查找和消灭安全隐患，建立风险监测机制，开展城市轨道交通建设风险监测和预警，辨别风险潜伏期的征兆，及时排除隐患，强化现场安全监管，立足长效管理，实现关口前移、超前防范，从源头上遏制风险源，避免爆发施工安全突发事件。

（2）准备。应急准备是应急管理过程中的关键环节。针对潜在的风险，为应对施工安全突发事件，提高应急处置能力，有效减小损失而提前进行的各项准备，包括组建专业应急救援队伍，建立应急指挥调度组织，落实相关人员的责任，编制应急预案并进行演习，准备、维护应急设备，以及物资、医疗保障等，其目标是保障施工安全突发事件应急响应所需的人、财、物力。

（3）反应。应急反应是应急管理中最核心的过程，包括接警、报告险情、启动响应、决策分析、指挥协调、发布权威信息、抢险救援等环节。结合城市轨道交通建设实际，设计应急响应流程，当爆发施工安全突发事件时，立即采取应急行动，搜寻、救助遇险人员，控制险情地扩展，最大限度避免人员伤亡、降低经济损失。

（4）恢复。施工安全突发事件的威胁和危害基本得到控制或消除后，针对事故造成的损失和影响，迅速开展后期处理，包括现场清理、善后处置、恢复施工、重建设施、事故调查、追究责任和总结评估等，逐步恢复到正常状态。在施工安全突发事件消亡期，对其发生原因展开调查，评估本次应急行动成效，总结经验，吸取教训，杜绝类似事件再次发生，并为下一步开展预防和应急工作做好准备。

预防和准备工作，处于施工安全突发事件爆发前，而反应和恢复工作，处于施工安全突发事件爆发后，本书将预防和准备整合为“应急准备”，将反应和恢复整合为“应急行动”。

3 坍塌塌陷事故案例分析

3.1 广州地铁坍塌事故（2019年12月1日）

2019年12月1日上午9时28分，广州市在建轨道交通十一号线四分部二工区1号竖井横通道上台阶喷浆作业区域上方路面，即广州大道北与禺东西路交界处出现塌陷，造成路面行驶的1辆清污车、1辆电动单车及车上人员坠落坑中，两车上共3人遇难，直接经济损失约2004.7万元。

事故发生后，应急管理部党组书记，广东省委书记、省长、副省长分别作出指示批示，要求全力做好抢险救援工作。市委书记，市长，省应急管理厅厅长，常务副市长等省市领导多次赴现场指导和组织抢险救援、事故调查等工作，调度多方资源力量，千方百计组织救援。根据有关规定，经市政府批准，成立了由市安委办牵头，市应急管理局、市公安局、市交通运输局、市住房和城乡建设局、市规划和自然资源局、市总工会有关同志参加，并邀请市纪委监察委参加的广州市“12·1”较大坍塌事故调查组（以下简称事故调查组），调查组分设综合协调组、技术原因调查组、管理原因调查组、监管责任调查组、应急救援处置情况评估组、事故处置和后勤保障组，聘请岩土、结构、水文地质、爆破、安全工程等方面的专家协助事故调查工作，对该起事故的技术原因进行调查分析。

调查认定，广州市天河区在建轨道交通十一号线沙河站横通道“12·1”坍塌事故是一起地下施工遭遇复杂地质条件引发的较大责任事故。

3.1.1 项目基本情况

广州地铁十一号线是广东省、广州市“十二五”规划中的重点工程，是强化广州地铁线网整体性、缓解广州中心区交通压力的环形骨架线路，穿越天河区、白云区、越秀区、荔湾区和海珠区五个中心城区，全长44.2km。2012年7月，国家发展和改革委员会批复同意十一号线规划。2015年1月，广东省环境保护厅批复同意十一号线工程环境影响报告书。2015年6月，广东省发展和改革委员会批复十一号线工程可行性研究报告，同意建设十一号线工程，项目投资约420.58亿元，计划2022年底建成投入使用。2016年9月23日，中国中铁股份有限公司、广州建筑股份有限公司联合中标广州市轨道交通十一号线及同步实施工程总承包。2016年10月，原广州市住房和城乡建设委员会批复十一号线施工许可事宜。

3.1.2 事故发生经过

事发地段（见图3-1）属广州市中心城区，是服装批发、销售集中地区，周边建筑物密集，人流、车流量非常大。事发地段地下水、电、气管网密集。

事发路段下方为广州地铁在建十一号线沙河站施工区域，采用暗挖法进行横通道施工，分三个台阶分级进行，正在进行的第一级台阶施工进展到第50m（总长50.606m）。

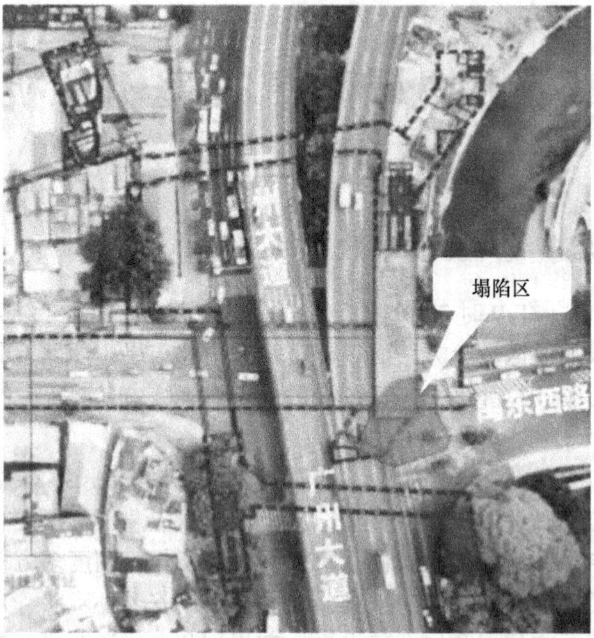

图 3-1 事故发生地点

横通道初支施工工艺流程：隧道爆破或机械开挖→掌子面初喷混凝土（约 40mm 厚）→挂网→架立钢格栅架（含钢格栅架立架、纵横向连接钢筋、锚杆、定位系筋、焊接、超前小导管安装、超前小导管注浆）→复喷混凝土（见图 3-2）。

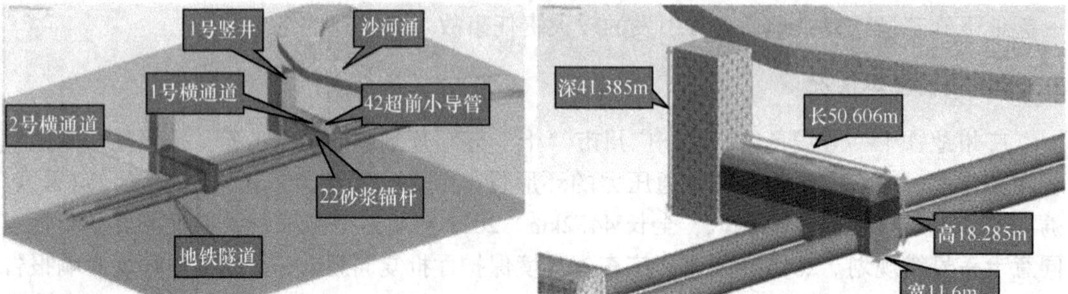

图 3-2 沙河站及 1 号横通道设计方案三维模型

事故过程如下：

11 月 30 日 17 时 46 分沙河站项目部组织了事发前的最后一次爆破，爆破前施工进尺到约 49. 6m，本次爆破进尺约 1m，爆后检查无异常，在作业台上未检查到哑炮和残留物。然后喷浆、修路转运渣土、初喷、支拱架等都按工序施工。18 时 00 分喷浆机出现故障，无法喷浆，维修后继续进行喷浆作业。21 时 40 分喷浆机再次故障，进行大修，安排工人清渣修边。至 12 月 1 日 4 时 00 分左右喷浆机修好。

12 月 1 日 4 时 30 分之后喷浆工人 3 人继续进行喷浆作业。7 时 30 分左右带班领工员等人开始上班。

9 时 15 分左右，正在进行初支喷混凝土时，施工人员发现靠近掌子面拱顶突然出现涌水并有增大趋势。事发时横通道内共有 5 人，其中：项目领工员，喷浆施工工人 3 人，以及挖掘机驾驶员。

带班领工员立即设法上报事发情况，在 1 号竖井底部向工区副经理电话报告掌子面涌水情况后（9 时 18 分），按照工区副经理要求，再次返回确认人员全部撤离后，录制了现场险情小视频（9 时 20 分），于 9 点 27 分左右到达地面，并给工区常务副经理电话汇报。图 3-3 为掌子面拱顶突泥涌砂视频截图。

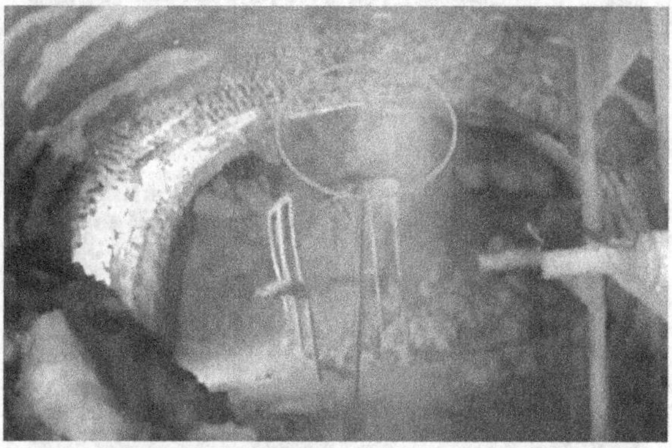

图 3-3 掌子面拱顶突泥涌砂视频截图

工区副经理接到带班领工员电话后，交代带班领工员确认井底人员是否全部撤离，了解井底作业人员全部撤离后，立即电话向工区常务副经理汇报，随后在赶往现场途中向工区总工和安全总监报告突发事件。

9 时 21 分小掌子面陆续有人员撤出，9 时 24 分 57 秒小掌子面里头瞬间一片黑暗，水不断涌向井口处。

9 时 26 分见 1 名工人寻找出口，9 时 29 分起脚手架开始坍塌。

9 时 27 分，带班领工员安排值班电工切断 1 号竖井作业区内电源。

约 9 时 28 分，广州市广州大道北与禺东西路交叉口突发地陷，途经该路段的 1 辆清污车和 1 部电动自行车随地面塌陷掉入地下，造成 3 人失踪。在初次塌陷后的 4h 内，塌陷处又多次向外坍塌，塌陷范围由最初的约 $20m^2$，扩展到直径约 27m，面积约 $570m^2$。塌陷区边缘西侧为广州大道高架桥，邻近广州大道高架桥的两个桥墩，北侧桥墩水平距离为 5.3m，南侧桥墩水平距离为 5.8m；塌陷区边缘东侧与跨沙河涌桥墩最小距离为 6.5m，距离东侧居民楼水平距离为 28m。

图 3-4 为塌陷区周边环境，图 3-5 为地面塌陷区航拍照片。

3.1.3 应急救援处置情况

3.1.3.1 事故信息接报及响应情况

9 时 35 分，广州市消防支队指挥中心接到报警，广州市天河区沙河大街转广州大道禺东西路发生地陷，支队指挥中心立即调派出动抢险救援消防车、水罐泡沫消防车、消防指挥车等 11 辆消防车，56 名指战员到场处置。9 时 45 分，120 救护车及义务人员到达现场。

图 3-4　塌陷区周边环境

图 3-5　地面塌陷区航拍照片

9 时 46 分，沙河消防救援站第一时间到达现场并开展救援工作。随后，支队全勤指挥部、通信保障分队、消防救援大队、消防救援站、特勤消防救援站等增援力量陆续到达现场。

9 时 50 分许，110 台接报称沙河大街出广州大道路口，靠近禺东西路地陷，接报后，林和街派出所人员到场处理。

9 时 55 分，市政府总值班室接市公安局电话报告称，天河区沙河大街和广州大道交界处发生地面陷落，有 2 车掉入其中，人员伤亡情况不明。接报后，值班人员立即按程序启动应急处置。

9 时 55 分，市应急管理局值班室接 110 电话后，立即致电天河区应急局值班室要求核查事故情况，同时立即派员赶赴现场。

10 时 07 分，市应急管理局接天河区应急局报，称天河区沙河大街与禺东西路交界桥底发生 1 起路面坍塌事件，有 1 辆小车及 1 辆搅拌车掉落坍塌洞内，初步怀疑 2 人被困，现场坍塌约 150m^2（由于现场处置人员无法靠近，具体人员及车辆情况暂时无法核实），接报后市应急管理局立即启动相关应急预案，局主要领导及相关人员赶赴现场处置。

10 时 09 分，市应急管理局向市政府总值班室、市委值班室报告。

10 时 12 分，市应急管理局核实有关情况后第一时间报省应急管理厅，通知相关部门赶赴现场处置。

10 时 18 分，地铁集团总值班室先后向市委值班室、市政府总值班室、市应急管理局、市交通运输局指挥中心、市住建局、市国资委、天河区应急局电话通报有关情况。

10时20分，中国中铁广州轨道交通指挥部调集应急救援力量（人员、设备、物资）到现场参与抢险救援工作。

10时30分，广州燃气集团到达现场处置。

10时30分，市应急管理局主要负责人到达现场处置，成立市级现场指挥部。

11时00分，市应急管理局总值班室向省应急管理厅汇报该起事故掌握的具体情况。

11时02分，与省应急管理厅视频连线，将现场画面传至省应急指挥中心。

11时05分，地铁集团总值班室向政府相关单位报送书面事件速报。

12时00分，“国家应急救援昆明队”首批人员到达现场并参与抢险救援工作。

12时02分，市应急管理局将事故快报书面报省应急管理厅和市委、市政府总值班室。

13时00分，消防、蓝天救援队、国家应急救援昆明队等多次救援尝试，因坍塌持续不断，救援工作受阻。指挥部组织专家确定了对塌陷区域进行边坡加固，并埋设钢护筒作为救援通道的方案。

13时30分，地铁集团调运混凝土泵车到场，开始边坡加固。

3.1.3.2 企业应急处置情况

1号横通道渗水发生后，施工单位井下带班员按照应急预案有序带领横通道内作业人员共5人安全撤离，未造成井下人员伤亡。但项目部风险意识不强，未及时对坍塌上方路面进行围蔽，造成行经的3人伤亡，企业前期应急处置不合格。

3.1.4 事故损失及处理情况

（1）伤亡人员情况。事件共造成3人遇难。

（2）事故损失情况。根据《企业职工伤亡事故经济损失统计标准》（GB 6721）及《国家安全监管总局印发关于生产安全事故调查处理中有关问题规定的通知》（应急总政法〔2013〕115号）等规定，经项目部统计、天河区政府确认，调查组核定事故直接经济损失约2004.7万元。

（3）建议公安机关追究刑事责任2人，由涉事企业和行业主管部门按照管理权限及时给予相应的处理。

（4）建议给予行政处罚的单位和个人。

1）作为沙河站的工区施工单位，安全生产主体责任不落实。对事故发生负有重要责任，建议由广州市应急管理局按照《中华人民共和国安全生产法》第一百零九条第（二）项给予中铁五局四公司行政处罚，并纳入安全生产领域联合惩戒名单。

2）施工单位总经理，主要负责公司的行政工作，对公司日常生产经营活动和安全生产工作全面负责，有生产经营决策权，公司安全生产第一责任人，对项目部疏于管理，未及时消除生产安全事故隐患，对事故发生负有主要管理责任，其行为违反了《中华人民共和国安全生产法》第十八条第（五）项的规定，建议由广州市应急管理局依据《中华人民共和国安全生产法》第九十二条第（二）项的规定给予行政处罚。

3）监理公司，建设单位委托的工程质量安全监理单位，未履行建设工程安全生产管理法定职责。对事故发生负有责任，建议由广州市应急管理局按照《中华人民共和国安全生产法》第一百零九条第（二）项给予广东重工建设监理公司行政处罚，并纳入安全生产领域联合惩戒名单。

4）监理公司法定代表人兼总经理，公司安全生产第一责任人，对项目监理部疏于管理，未及时消除生产安全事故隐患，未保证本单位安全生产投入的有效实施，未为项目监理部配备足够的监理人员，对事故发生负有领导责任；其行为违反了《中华人民共和国安全生产法》第十八条第（五）项的规定，建议由广州市应急管理局依据《中华人民共和国安全生产法》第九十二条第（二）项的规定给予行政处罚。

3.1.5 事故原因分析

事故调查组通过深入调查和综合分析认定，事故直接原因是：暗挖法施工遭遇特殊地质环境等因素叠加，引发拱顶透水坍塌。

3.1.5.1 事故直接原因

（1）坍塌区域1号横通道上方富水砂层及强风化层逐渐加厚，拱顶围岩为强风化砂砾岩，裂隙发育，局部揭露溶洞，围岩总体稳定性差，暗挖法施工时发生透水坍塌的风险高。

1）塌陷区围岩总体稳定性差，地质条件复杂。揭露的岩土层分为：填土<1>、冲~洪积沙层<3>、冲~洪积和坡积土层<4>、残积层<5>、岩石全风化带<6>、岩石强风化带<7>、岩石中风化带<8>、岩石微风化带<9>共九层，岩面起伏较大，各风化层交错分布，厚度不均，形成软硬夹层交替出现的现象，切硬壳后中间形成穿洞。

2）根据事故后现场钻探岩芯与稀盐酸反应，存在起泡现象，表明塌陷区存在钙质砂岩，与广东岩溶红层主要为砾屑石灰岩和钙质砂岩、砾岩相符；由于地下水丰富，地下水流作用冲蚀，易形成以溶蚀为主的假岩溶。

3）横通道东侧与沙河涌最小距离为8m，沙河涌河床宽约32m，距离横通道拱顶约15.5m，河堤高度约5.1m，水深约0.4~1.1m，流向自北向南，主要接受大气降水补给，受季节性影响较大，遇雨季时河涌流量成倍增加，本次施工时间跨度较长，沿河涌一带施工附近区域地下水存积量相较工程开工前大。

（2）地质勘探因沙河站地表建筑物、立体交通、地下管线、沙河地区服装批发市场及其周边人流车流极为密集等诸多客观因素影响，加密勘探受限，勘察精度与地质复杂程度不匹配，项目施工单位施工前未充分掌握施工区域及附近的地层变化与分布特征、地下地质水文情况。

1）广州大道北为双向6车道，禺东西路为双向8车道，禺东西路与广州大道北早中晚车流量大，加之沙河服装批发市场的巨大人流量，交通特别繁忙，对1号横通道对应路面实施大面积、长时间围蔽存在不利影响。

2）1号横通道下穿广州大道，所处位置地下管线20多条，为燃气、电力、给水、污水、通信等管线，主要沿广州大道两侧分布，管线位置的错综复杂对勘察布点存在影响。

3）项目施工单位未充分掌握施工区域的地层变化与分布特征、地下地质水文情况。根据2018年8月23日供1号横通道施工设计参考的两个地质钻孔资料，所揭露的地层信息基本显示属于可适用暗挖法开展施工的坚实地质，与事故后组织的应急勘察钻孔、补勘钻孔揭露发现的横通道堵头墙拱顶围岩地层的突变不稳定地质存在很大差别。施工单位在开工后未针对性开展全面详勘，对该区域地层突变和地质变化情况不掌握。

（3）施工单位安全风险辨识不足，针对施工过程中出现的渗水、溶洞等风险征兆，未采取针对性安全技术防范措施，未及时对地面采取围蔽警戒措施。

1）1号横通道拱顶围岩地质变化从上台阶进尺25.8m、27.3m分别以渗水、溶洞的征兆显现，但从过程安全管理的角度分析，这些征兆为横通道从北向南围岩地质变化的基本信息，属于路面塌陷未遂事件的范畴，项目部未能采取针对性安全技术措施，加强对拱顶围岩地质变化的风险监测和防控，错失遏制事故的良机。

2）路面塌陷前1号横通道拱顶掌子面突水落石块的现象，表明横通道拱顶即将失稳，该现象属于横通道拱顶临近溶洞水体类不良地质体的可能先兆，即将发生较大范围的坍塌，拱顶地面随时可能塌陷，但这些征兆并未触及现场管理人员、施工人员对地面塌陷后果的认识，亦无采取更多应急措施。

3）事发时，因现场管理人员、施工人员未能意识到突水掉块可能导致地面塌陷的严重风险，地面值班人员和项目部管理人员接到突水报告后，仅下达指令要求地下作业人员撤离，直至路面塌陷都未能及时组织对作业区域上方路面进行紧急围蔽和警示过往人员车辆，导致事故后果。

3.1.5.2 事故间接原因

（1）施工单位安全生产主体责任不落实。任命的项目经理兼职其他业务未在项目现场履行责任，项目部对暗挖法施工安全风险管控不足，在地质情况不明的条件下，未按照施工设计图要求组织落实全面地质详勘，未坚持使用超前地质勘探；未按规定对劳务派遣人员的安全管理工作统一协调、管理，未对劳务人员进行安全生产教育和培训；在施工过程中，曾经出现过两次异常渗水掉块，但是都没有引起项目部的足够重视，未及时调整施工方案，未采取有效措施及时深入排查事故苗头，有效预防事故的发生。

（2）施工单位未采取有效的技术和管理措施及时消除事故隐患，在横通道施工过程中，喷浆机曾经1天内2次出现故障，没有及时安排备用设备，以至于拱顶和掌子面在爆破后未及时完成混凝土喷射作业，未及时形成支护。

（3）监理单位安全管理人员履职不到位，项目总监长期空岗没有任命，仅有一名临时项目总监，且未按《监理细则》要求配置监理员；值班监理员从事发当日上班至事故发生前一直在项目部办公室整理资料，未按规定开展监理工作；监理员未按要求落实危险性较大分部分项工程旁站监理。未及时督促施工单位落实会议决议，增加必要地质探测手段。

（4）施工单位缺乏有效的应急联动机制。编制的应急救援预案，对风险辨析不到位，对地下突水、塌方等险情未辨析到可能导致地面塌陷风险，无相应的防地面塌陷处置措施及地下地上联动机制；专项施工方案无稳定可靠地上、地下通信保障措施。

3.1.6 应急管理启示

3.1.6.1 应急准备

A 建设单位启示

（1）建设单位应全面落实安全生产首要责任，提供符合施工条件的施工场地，协调解决施工现场各施工单位及毗邻区域内影响施工安全的问题。

（2）建设单位加强对相关参建单位的监督检查，督促检查相关参建单位在项目施工过程中，正确处理安全与工期、效益的关系。

(3) 建设单位由于受路面环境的影响，勘察未能按设计计划完成全部勘察点，地下地质构成未完全掌握，设计图纸已然通过强审并出具蓝图。

(4) 建设单位应全面排查、梳理工程安全风险评估情况，科学分析安全风险类别、数量及分布情况，重点辨识重点环节、重点领域的重大安全风险。

(5) 建设单位应针对辨识出的安全风险，制定相应的管理措施和技术措施，实行分级、动态管控。针对风险性较大的施工，实施精细化管控，及时发现事故苗头性情况，及时作出预警，及时采取有效处置措施。

B 承包单位启示

(1) 勘察、设计单位要按标准及合同约定进行勘察、设计，对建设工程的勘察、设计质量负责。

(2) 施工单位落实主体责任，配齐安全管理人员，定期对施工现场进行安全检查，消除安全隐患。

(3) 施工单位必须落实增加必要地质探测手段的会议决议，在地质情况不明的条件下，按照施工设计图要求组织落实全面地质详勘，督促坚持使用超前地质勘探。

(4) 施工单位必须采取针对性安全技术措施，加强对拱顶围岩地质变化的风险监测和防控。

(5) 施工单位须督促、检查本单位的安全生产工作，及时消除喷浆机频繁出故障、井下通信设备故障等生产安全事故隐患。

(6) 施工单位应组织制定有针对性的地上地下应急处置联动制度。

(7) 施工单位需对横通道施工前期的隐患苗头有严格的技术审查，及时调整施工方案；对前期施工过程中的渗水、溶洞征兆，采取针对性安全技术措施，加强对拱顶围岩地质变化的风险监测和防控。

(8) 施工单位应急预案和处置应具针对性，组织制定有针对性的地上地下应急处置联动制度，在井下塌陷的情况下考虑地上的风险并采取封堵措施。

(9) 施工单位总经理对公司日常生产经营活动和安全生产工作全面负责、有生产经营决策权，是公司安全生产第一责任人，须加强对项目部管理，及时消除生产安全事故隐患。

(10) 施工单位党委书记、法定代表人、执行董事，根据安全生产党政同责的要求，与总经理同为安全生产第一责任人，须加强对项目部管理，及时消除生产安全事故隐患。

(11) 监理单位要认真落实安全监管职责，切实做好施工关键环节、关键工序的旁站监理工作，及时巡查现场安全状况。

3.1.6.2 应急行动

建设单位应健全参建各方应急响应机制，保证应急联络通信可靠。横通道施工过程中，现场施工员发现掌子面漏水后，有效组织了施工人员安全撤离，并按程序报告了施工方值班领导，未造成井下人员的伤亡。地面值班领导在接到情况报告后，依程序启动了应急预案，但是，应急预案中并未包含封堵掌子面上方路面的内容，也未调集人员加强警戒，以至于直接造成正常行驶的车辆和人员掉落塌陷区域。同时，井下也未配置可靠的通信设备保障与地面指挥部的联络，在无法保证手机信号稳定性的前提下，仅靠手机联络，在紧急情况下，无法及时处置，耽误处置良机。

3.2 青岛地铁坍塌事故（2019 年 7 月 4 日）

3.2.1 项目基本情况

3.2.1.1 地铁 1 号线情况

青岛地铁 1 号线为南北走向线路，连接黄岛中心区、青岛中心区和城阳区的南北向骨干线路，沿线连接了青岛火车站、青岛火车北站、流亭国际机场、黄岛汽车站、青岛汽车北站；并与轨道线网中 11 条交通线路换乘，全长 59.970km，全部为地下线，共设车站 40 座。

3.2.1.2 地铁 1 号线土建二标段某工区项目情况

青岛地铁 1 号线土建工程二标段某工区包含三站二区间（水开区间、开胜区间），其中新建车站 2 座（北岭站、水清沟站），改造车站 1 座（开封路站），合同总额为 7.06 亿元，线路总长约 2.805km，起点位于青岛市市北区人民路与瑞昌路交界处，沿四流南路南北走向，终点为胜利桥站，计划竣工日期为 2019 年 10 月。

3.2.1.3 地铁 1 号线土建某工区开胜区间施工情况

开胜区间主要位于河流侵蚀堆积区，场地地貌类型为河流侵蚀堆积一级阶地，距离场地北侧约 400m 为李村河，开胜区间大里程端主要存在燃气、自来水、雨水管线、通信等多条管线。隧道左线顶部位于四流南路西侧原捷能汽轮机厂院内，右线顶部为行道和机动车道，采用改造+暗挖法施工，拱顶埋深 17.8m，临近勘探孔显示地层自上而下依次为 2.4m 杂填土层、13.4m 中粗砂层、1.2m 中等风化花岗岩，下部为微风化花岗岩节理发育带。

隧道洞顶覆岩薄，累计覆岩厚度约 2m。根据掌子面照片显示，上台阶中部发育微风化煌斑岩岩脉，岩脉周边围岩节理发育较破碎。场区发育有厚层中粗砂，地下水丰富，粗砂透水性强。围岩分级为Ⅵ级。施工过程中，针对Ⅵ级围岩设计上采用半断面帷幕注浆对上半断面及拱部进行加固、止水施工，帷幕注浆每一循环注浆长度 10m，开挖 7m，预留 3m 止浆岩盘。帷幕注浆完成后，经现场检测满足要求后方可进行开挖施工，施工过程中现场严格控制开挖进尺，0.5m/循环，支护完成后及时进行封闭。针对开胜区间不良地质情况，地勘单位在左右线之间进行补勘，帷幕注浆范围由 3m 调整为 5m。

3.2.1.4 项目进展情况

地铁 1 号线土建施工二标段于 2016 年 9 月 29 日经监理单位和业主单位同意开工，事发前项目主要进展情况：（1）隧道左线总长 834.5m，已开挖 807m，剩余 27.5m；已衬砌 581.22m，剩余 253.28m。（2）隧道右线总长 835.8m，已开挖 790.8m，剩余 45m；已衬砌 243m，剩余 592.8m。

3.2.1.5 施工监测情况

（1）施工监测单位按照方案要求每日对开胜区间进行净空收敛、拱顶沉降、地表沉降的监测，每日对工点进行巡视，检查监测点有无污染、破坏等情况。根据施工进度及时的布设监测点，报审初始值，确保准确反馈正确的监测信息。经现场巡视，近期开胜区间各项监测数据变化趋势平稳，无异常变化，未发生预警及报警情况。按照相关要求及时提交日报、预警建议快报、周（月）报、总结报告等。

（2）第三方监测单位严格按照监测方案的要求对开胜区间地表沉降、拱顶沉降、净空收敛进行监测，6月份的监测数据变化趋势平稳，没有异常变化，未发生预警及报警情况。按照相关要求及时提交日报、预警建议快报、周（月）报、总结报告等。

3.2.2 事故发生经过

经对有关人员的调查询问，结合现场勘查情况，还原事故发生经过如下：2019年6月26日，开胜区间左线完成了ZSK45+884m~ZSK45+894m段帷幕注浆。至7月3日21：00左右完成左线ZSK45+891.0m~ZSK45+891.5m段上台阶初期支护，达到了上一循环帷幕注浆加固段的预定开挖里程，停止继续开挖并准备进行下一循环帷幕注浆施工。

7月4日上午8：00左右，现场技术员到达胜利桥站南端头地面施工场地，带1台挖掘机（SY65）和1台出碴车（$8m^3$小金刚自卸卡车）准备进行胜利桥站南端头管棚施工垃圾清理工作。9：30左右挖掘机加完油后开始作业。

8：15左右，开胜区间隧道内完成左线下台阶ZSK45+872.5m处坡道爆破作业，9：30左右完成坡道修整。

9：40，技术负责人、技术员、安全员、工班长，来到隧道内左线下台阶核查坡道修整效果，准备现场下道工序施工条件时，发现掌子面右上部突然出现涌水、涌砂、掉块现象，渗水量加大，并伴有异响。技术负责人立即通知其他3人向洞外撤离，当撤至1号横通道时，技术负责人采用洞内应急电话向洞外报告，洞外值班员接报告后立即向总工程师报告险情。

9：41位于胜利桥站南端头地面施工场地出现地面塌陷，挖掘机和自卸车陷入塌坑内。挖掘机司机从驾驶室内跳出，自卸车司机失踪，技术员立即对现场进行警戒并向总工程师报告。

9：42项目经理接到项目总工的报告后立即展开应急救援。

3.2.3 应急救援处置情况

事故发生后，青岛市委、市政府迅速处置，市委、市政府主要领导、分管负责同志第一时间赶赴现场指导救援。市应急管理局、市住建局、市公安局、市北区政府、市北区应急局、市北区交警等单位相关负责同志，公交及相关管线产权单位相关负责人立即赶赴现场开展搜救和抢险处置。

7月4日下午地铁集团成立了以董事长为总指挥的现场指挥部，下设应急协调组、技术专家组、工程抢险组、管线调流组、维稳善后组、安全监测组、舆论监控组、综合保障组等8个工作组，迅速开展现场救援抢险工作。

7月7日凌晨4时30分，在开胜区间左线隧道内距掌子面100m处找到失联人员，经法医鉴定，已无生命体征。

7月9日，善后工作组与死难者家属达成协议。

7月9日下午，给水管线恢复供水。7月15日凌晨1时10分许，四流南路辅路恢复道路通行，现场抢险救援工作基本结束。

3.2.4 事故损失及处理情况

3.2.4.1 地面塌陷情况

地面塌陷情况事故发生后，地面出现坍塌冒顶，地面塌陷范围中心纵向对应左线隧道开挖面坍塌位置，横向位于左线隧道中心线小里程方向右侧。坍塌造成四流南路西侧原捷能汽轮机厂院内地面塌陷，形成直径约10m、深7m的塌坑斗。

3.2.4.2 洞内坍塌情况

根据事故发生后现场测量，开胜区间左线大里程最前端塌体面里程为ZSK45+891.5m，根据事故发生后洞内初期支护变形监测，初支结构基本稳定。根据隧道二次衬砌和初支衬砌断面对土方量进行估算，确定左线塌方区域土方量约为1888.945m^3。

根据隧道洞内坍塌后掌子面照片分析，本次隧道坍塌后掌子面围岩完好，洞内塌腔未向掌子面前方扩展。已完成的隧道上台阶格栅钢架只有局部下沉，未发生格栅钢架垮塌。隧道上方坍塌的泥沙是通过已完成的初期支护与掌子面硬岩之间的间隙进入隧道。

3.2.4.3 事故造成的人员伤亡和直接经济损失

事故造成1人死亡，直接经济损失为269万元，主要用于抢险救援、善后处理、赔偿损失、回填恢复。

3.2.4.4 党纪政务处分及行政问责建议

（1）施工单位负责人，负责开胜区间的工程安全、质量和现场管理。未严格落实施工方案，及早组织封闭悬空间隙，未合理安排施工工序，履行职责不力。建议给予行政撤职处分。

（2）施工单位该项目部总工，作为项目部技术负责人，负责施工组织设计、施工方案制定、技术交底等，未督促有关人员在施工过程中严格落实施工方案要求，采取有效措施对拱部裸露围岩进行加强封闭处理，履行职责不力。建议给予行政记大过处分。

（3）施工单位该项目安全总监兼安质部长，负责项目安全和质量的管理，组织开展日常安全质量的巡查和隐患排查，组织参与应急预案的编制并进行演练。未督促有关人员在施工过程中严格落实安全质量要求，在组织安全巡查和隐患排查过程中未采取有效措施对拱部裸露围岩进行加强封闭处理，履行项目安全质量管理职责不力。建议给予行政记大过处分。

（4）施工单位该项目部经理，负责项目部全面工作。履行项目部管理职责不到位，在督促项目部各部门及人员落实职责方面存在不足，组织隐患排查和风险管控不到位。建议给予行政记大过处分。

（5）监理单位的监理部总监，负责事故标段土建监理全面工作。履行监理部管理职责不到位，未督促施工单位严格落实施工方案中安全质量规定，建议给予行政降级处分。

（6）监理单位的该项目区间业主代表，负责该区间施工过程中的监督管理。在督促监理单位、施工单位对项目进行风险辨识，督促施工单位做好应对措施中工作不力，建议给予行政警告处分。

（7）监理单位的工程处处长，组织开展对地铁1号线施工现场安全隐患排查工作存在不足，督促业主代表严格履行职责方面不到位，建议对其予以诫勉。

(8) 监理单位的副总经理，分管土建工程施工，履行安全监督管理职责不力，督促分管处严格履行职责不到位，对施工单位在施工过程中存在的问题失察，建议对其批评教育，责其作出书面检查。

(9) 监理单位的副总经理，主持工作。在主持工程管理部工作过程中，牵头组织对线路公司现场施工的指导、监督和考核存在不足，对一号线公司隐患排查不到位等问题失察，建议对其批评教育，责其作出书面检查。

(10) BT项目发起单位副总经理、青岛地铁一号线公司董事长，督促公司开展风险辨识、隐患排查工作不力，对一号线公司相关部门存在的问题失察，建议给予其党内警告处分。

(11) 建议施工单位对负有责任的项目部工程部长、工点技术负责人和开胜区间安全员按照公司内部规定给予处理；建议监理单位对负有责任的开胜区间专业监理工程师按照公司内部规定给予处理。

3.2.4.5 行政处罚建议

(1) 施工单位风险管控不到位，对事故发生负有责任，建议由青岛市市北区应急局依据《安全生产法》第一百零九条第一项规定对施工单位进行行政处罚。

(2) 监理单位对施工现场和施工单位安全监管不到位，对事故发生负有责任，建议由青岛市市北区应急局依据《安全生产法》第一百零九条第一项规定对监理单位进行行政处罚。

3.2.5 事故原因分析

3.2.5.1 直接原因

上台阶最后一循环开挖支护后，隧道拱部初支与开挖掌子面之间存在较大悬空间隙，施工单位没有及时对拱部裸露围岩进行喷护封闭处理，形成薄弱环节。长时间裸露的悬空段围岩在上覆深厚富水砂层的渗透压力下发生渗水崩塌破坏，导致地面塌陷，是本次事故的直接原因。

3.2.5.2 间接原因

(1) 施工单位事故隐患排查治理和安全风险管控不到位，事故应急预案编制不完善。

1) 施工单位在完成了上台阶最后一循环开挖支护后，隧道拱部初支与开挖掌子面之间存在较大悬空间隙，未按照《青岛地铁1号线工程开封路站-胜利桥站专项施工方案》中“初期支护尽早封闭”和“提高支护速度，缩短土体暴露时间”的施工要求，及时采取有效措施对拱部裸露围岩进行加强封闭处理，对这一事故隐患的排查治理措施不到位。

2) 事故发生地点已进入胜利桥站施工区域内，属施工单位可控范围，且该区域地质上覆深厚富水砂层，围岩等级为Ⅵ级，作业环境安全风险较大，施工单位对安全风险管控不到位，未充分考虑该区域地质条件的复杂性及坍塌可能对地面造成的影响，未合理布置施工工序，掌子面爆破施工后在其正上方区域内安排车辆进行渣土清运作业，自身荷载和施工扰动对隧道围岩稳定进一步产生不利影响，隧道坍塌后车辆直接掉入塌坑，无法及时逃生。

3) 通过查阅隧道坍塌应急预案，其中对隧道发生坍塌事故后地下人员撤离规定较为详细，但对发生坍塌后地面坍塌区域人员应急联络和处置规定不明确，可操作性不强。

（2）监理单位对施工现场安全监理不到位。

1）未充分考虑在上台阶最后一循环开挖支护后，掌子面和拱架之间围岩存在较大悬空间隙且长时间裸露未喷护封闭所存在的隐患，未充分考虑循环爆破作业和车辆作业时产生的震动可能对周边围岩造成的影响，对此环节施工未提出整改和加强要求，并督促施工单位进行整改，对施工单位在这一环节上的安全管理存在缺失。

2）未充分考虑该区域地质条件的复杂性及地下施工可能造成的影响、掌子面爆破施工后在其正上方区域内安排车辆进行渣土清运作业的隐患，未及时督促施工单位合理布置施工工序。

3）对施工单位编制的隧道坍塌应急预案审核不细致。

（3）建设单位是工程技术风险控制的首要责任方，对地铁1号线建设过程中的安全风险整体性管控存在疏漏；对参建单位的安全监管存在薄弱环节，未督促参建单位做好风险辨识，制定相应措施并抓好落实工作。

（4）青岛市市政工程管理处负责全市地铁建设工程的质量与安全监督管理工作。对可能引发事故的地质风险复杂性认识程度不足，对企业风险辨识不到位的问题预见性不够，督促企业落实主体责任力度不够，在深入指导、监督参建单位具体施工细节上存在薄弱环节。

3.2.6　应急管理启示

3.2.6.1　应急准备

A　建设单位启示

（1）建设单位应督促监理单位、施工单位对项目进行风险辨识，督促施工单位做好应对措施工作。

（2）建设单位组织开展对地铁1号线施工现场安全隐患排查工作存在不足，需加强对施工现场隐患排查工作。

（3）建设单位履行安全监督管理职责，对施工单位在施工过程中的问题严查。

（4）建设单位牵头组织对线路公司现场施工的指导、监督和考核，应对施工单位隐患排查不到位等问题加强考核。

B　承包单位启示

（1）施工单位项目部技术负责人负责施工组织设计、施工方案制定、技术交底等，要加强督促有关人员在施工过程中严格落实施工方案要求，采取有效措施对拱部裸露围岩进行加强封闭处理。

（2）施工单位要严格落实施工方案，及早组织封闭悬空间隙，合理安排施工工序。

（3）施工单位要组织开展日常安全质量的巡查和隐患排查，在组织安全巡查和隐患排查过程中采取有效措施对拱部裸露围岩进行加强封闭处理。

（4）施工单位组织参与应急预案的编制并进行演练。

（5）监理单位负责事故标段土建监理全面工作。应督促施工单位严格落实施工方案中安全质量规定。

3.2.6.2 应急行动

迅速开展现场救援抢险工作，全力搜救人员。

3.3 贵阳轨道交通 2 号线坍塌事故（2018 年 8 月 8 日）

3.3.1 项目基本情况

贵阳市轨道交通 2 号线一期工程土建施工 10 标起于马王庙站，止于三桥站。线路全长 3.21km，包括马王庙站-北京西路站区间、北京西路站、北京西路站-三桥站区间、三桥站共两站两区间，开工日期为 2015 年 8 月 30 日，工程造价 54937.74 万元。事发地北京西路站，车站主体为地下二层岛式车站，采用双侧壁导洞法施工，车站长 236.6m，车站两端均接矿山区间。

3.3.2 事故发生经过

2018 年 8 月 8 日 6 时，贵阳市轨道交通 2 号线一期工程土建施工某标段，钢筋班组 10 名工人在进行二衬双层钢筋安装作业。当时具体分工如下：1 人在台车下挂钢丝绳，1 人在台车上操作吊机，4 人分 2 组站在防水板台车作业平台上往钢筋笼内输送钢筋、4 人分 2 组进入钢筋笼内接输送的钢筋并进行安装，由于主筋与环向筋均为热轧带肋钢筋，台车上与钢筋笼内的工人在接送钢筋时反复的拖拽钢筋，拖拽的钢筋与已安装的环向主筋反复的摩擦导致已绑扎的钢筋笼失稳，6 时 40 分左右钢筋笼向小里程方向倾斜并坍塌，在钢筋笼内的 3 名工人不幸被压身亡，另外 1 名幸存者在坍塌过程中跳到防水板台车上幸免于难，本起事故造成 3 人死亡。

3.3.3 应急救援处置情况

（1）事发后立即启动应急预案，疏散洞内人员，拨打了 110、120，及时报送事故信息。

（2）配合公安现场取证等相关工作，待取证结束后再次进洞排查，相关人员配合施工单位做好善后处理工作。

（3）事故相关单位在规定的时间内向相关部门作了报告，并积极参与事故救援和善后赔偿工作。事故得到有效控制，无次生事故发生，善后处理工作有序开展，社会秩序稳定。

3.3.4 事故原因分析

3.3.4.1 直接原因

为便于向拱部传送纵向分布筋，钢筋班班长擅自将钢筋铺装台车向大里程方向移动到二衬钢筋骨架外缘，其他 4 名工人站在台车上向拱部二衬钢筋内进行纵向分布筋传送，3 名工人违规站到拱部二衬双层钢筋内接送需要绑扎的分布筋。由于主筋与环向筋均为热轧带肋钢筋，台车上与二衬双层钢筋内的工人在接送钢筋时反复拖拽，纵向钢筋与已安装的环向主筋反复摩擦，导致二衬钢筋骨架突然失稳，向小里程方向倾覆倒塌，造成 3 名作业人员被压埋。

3.3.4.2 间接原因

(1) 劳务分包单位对项目部的专项方案、作业指导书、技术交底执行落实不到位。对关键工序的工艺流程、作业流程没有充分的认识，二衬钢筋安装作业过程中措施不当。

(2) 劳务分包单位对大断面二衬钢筋安装作业的稳定性变化和保持稳定措施缺乏施工经验，其现场安全管理不到位。

(3) 劳务分包单位作业人员安全意识淡薄，思想麻痹，现场安全巡查不到位，没有及时发现和制止作业人员违章行为。

(4) 对于劳务分包单位未严格执行交底的施工方案和风险预控措施的情况，项目部未及时发现。

3.3.5 应急管理启示

3.3.5.1 应急准备

A 建设单位启示

建设单位应及时办理施工许可证。确保建设工程安全作业环境及安全施工措施所需费用，不得压缩合同约定的工期。配合相关部门做好施工现场的安全监管。

B 承包单位启示

(1) 施工单位应当严格落实企业主体责任，开展全员培训。细化责任，狠抓落实，加强全员安全警示教育和安全操作规程交底。对施工技术管理进行专项检查，加强项目技术管理，针对施工组织设计、专项方案尤其是临时支架专项方案的编制、审核和专家论证进行再排查、再确认。加强现场安全质量控制和过程监督检查，督促安全管理人员认真履行职责。

(2) 施工单位应当加强源头管理，进一步建立和完善企业内部安全管理制度。抓好企业管理的细胞建设，落实“班组管理”的安全生产骨干作用，在有条件施工单元增设独立安全体系，加强工人作业过程管理保障，保证作业过程工人行为可控。规范作业现场安全作业行为，提升管理人员过程履责及监控能力，提升现场作业队长、班组长安全技能水平，采取有效措施及时发现并消除事故隐患，杜绝违章作业现象。

(3) 施工单位应当加强关键工序安全管控工作，进一步加强对危险性较大的项目工程的安全管理。加强关键工序作业领导带班和安全卡控，落实技术人员旁站监督制度，及时有效制止违章行为，对各类安全隐患进行严防死守，坚决遏制住安全事故的多发势头。

(4) 监理单位应当按照法律、法规和工程建设强制性标准实施监理。严格执行监理程序，在实施监理过程中，发现存在安全事故隐患的，应当要求施工单位整改；情况严重的，应当要求施工单位暂时停止施工，并及时报告建设单位。施工单位拒不整改或者不停止施工的，工程监理单位应当及时向有关主管部门报告。督促施工单位落实安全生产企业主体责任。

3.3.5.2 应急行动

(1) 及时充分响应。事发后立即启动应急预案，疏散洞内人员，拨打了110、120，及时报送事故信息。

(2) 全力配合。事故相关单位在规定的时间内向相关部门做了报告，全力配合相关部门做好救援工作。

配合公安现场取证等相关工作，待取证结束后再次进洞排查，相关人员配合施工单位做好善后处理工作。

(3) 事故相关单位积极参与善后赔偿工作。事故得到有效控制，无次生事故发生，善后处理工作有序开展，社会秩序稳定。

3.4 长沙地铁坍塌事故（2018 年 6 月 30 日）

2018 年 6 月 30 日 17 时许，在长沙地铁 4 号线杜家坪站 1 号风亭组地连墙破除过程中发生一起坍塌事故，造成 2 人死亡，直接经济损失 305 万元。

根据《中华人民共和国安全生产法》《生产安全事故报告和调查处理条例》（国务院令第 493 号）和省、市政府有关规定，长沙市人民政府于 2018 年 7 月 9 日成立了由市安委办副主任、市应急局党组成员任组长的地铁 4 号线杜家坪站工地“6 · 30”坍塌事故调查组，事故调查组由市应急局牵头，市公安局、市住建委、市总工会、长沙县人民政府派员参加，全面负责事故调查工作。同时，邀请市监察委派员参加事故调查工作。

3.4.1 项目基本情况

(1) 长沙地铁 4 号线一期工程项目基本情况。为实现城市总体规划目标，完善交通网络结构，缓解城市交通拥堵，国家发展和改革委员会于 2012 年 12 月 6 日下发了《国家发展改革委关于印发长沙市城市轨道交通近期建设规划（2012~2018 年）的通知》（发改基础〔2012〕3854 号）。《规划》中明确长沙市规划远景城市轨道交通线网由 12 条线路组成，总长约 456km，设车站 333 座。按照《规划》中的近期建设方案，至 2018 年，建成 4 号线一期等工程，长约 96.3km，形成“米字型构架、双十字拓展”轨道交通网络主骨架，其中 4 号线一期工程自普瑞大道站至桂花大道站（也称杜家坪站），线路长 33.5km，设站 25 座，投资 219.38 亿元，规划建设期为 2013~2017 年。湖南省发展和改革委员会于 2014 年 9 月 28 日批复同意建设长沙地铁 4 号线一期工程，建设工期为 5 年。

(2) 杜家坪站 1 号风亭组基坑开挖、地连墙（地下连续墙）破除情况。按照长沙地铁 4 号线某标段项目部制定的《杜家坪站附属工程、主体结构防水及回填施工方案》要求，在车站基坑开挖前，十四工区项目部预先在基坑四周施工了地连墙（目的是为了防水、支撑基坑周边土体，保证基坑的稳定）。根据施工工艺要求，为了保证地连墙定位准确，地连墙施工前在地连墙上方浇筑了 1m 高，0.2m 宽的导墙。该《方案》要求：基坑开挖至混凝土施工面下方 1.5m 位置时，同时启动地连墙破除施工；将地连墙混凝土破除至开挖标高位置后，继续进行基坑开挖；以此类推直至地连墙混凝土破除清理完工。

2018 年 4 月 5 日，十四工区项目部对杜家坪站附属工程基坑开挖支护专项施工组织了技术交底，交底中要求对车站附属结构与车站主体结构通道接口处的主体地连墙在底板施工前需要采取绳锯法进行破除，局部无法施工部位采用人工凿除或湿法钻孔的方法进行拆除，具体施工方式可根据施工进度及现场施工难度综合考虑，但地连墙破除与基坑开挖必须同步施工。

6 月 10 日，十四工区项目部对杜家坪站 1 号风亭组的基坑进行开挖出土，在开挖出土的同时进行地连墙破除。至 6 月 30 日上午，地连墙内外层钢筋表面的混凝土已全部剥离，地连墙上方与冠梁相连的部分导墙混凝土块（约长 3m、高 1m、宽 0.2m，重 1.5t）由于有钢筋相连，尚未进行拆除，处于悬空脆弱平衡状态。

（3）事故现场勘察情况。经现场勘察，事故发生时，杜家坪站1号风亭组基坑已挖深度为5.8m，坑底较平整，坑底停放有2台工程机械（1台挖掘机、1台炮机）；地连墙立面被破除高度4.8m，掏掘深度0.1~0.4m不等（地连墙厚0.8m）；地连墙被掏掘后露出的钢筋已部分被切割掉，地连墙立面下事故现场有大量散落的混凝土块。

事故现场隐患模拟示意图如图3-6所示。

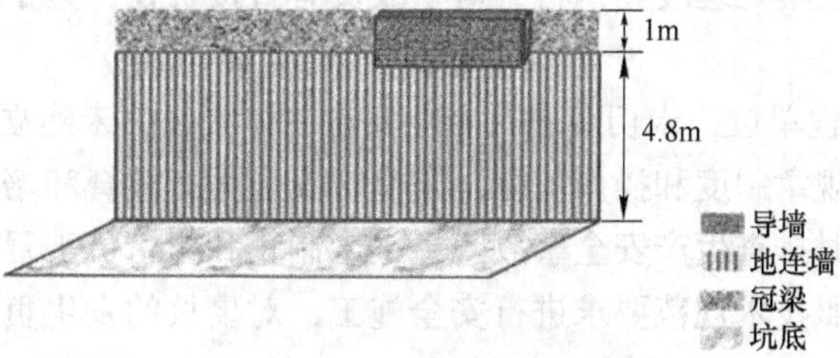

图3-6　事故现场隐患模拟示意图

事故现场照片如图3-7所示。

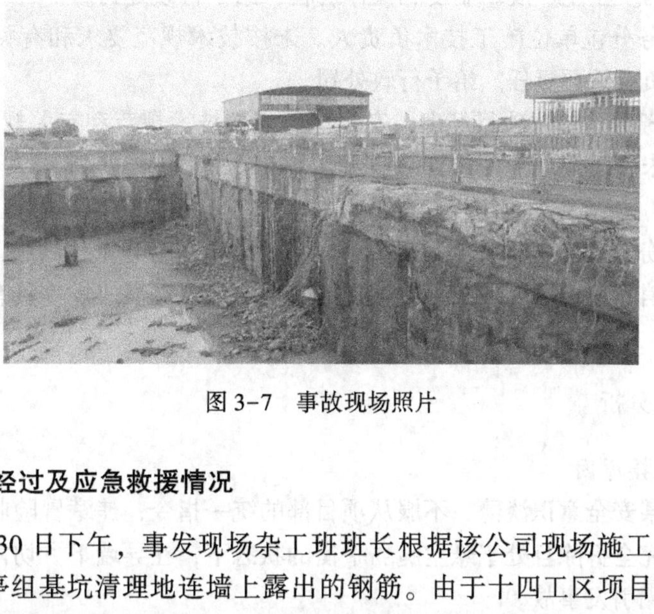

图3-7　事故现场照片

3.4.2　事故发生经过及应急救援情况

2018年6月30日下午，事发现场杂工班班长根据该公司现场施工员的安排，带着杂工进入1号风亭组基坑清理地连墙上露出的钢筋。由于十四工区项目部计划晚上进行土方开挖作业，要求所有人员于16时前全部撤出基坑。班长带领杂工于16时左右按要求离开了基坑作业现场，班长离开后就回到宿舍休息去了，但杂工在班长离开后，又擅自返回到基坑收集废弃钢筋，两人在导墙下方切割拉扯钢筋过程中，由于钢筋与处于悬空脆弱平衡状态的导墙相连，导致导墙混凝土块突然坍塌坠落，并瞬间将下方的杂工掩埋。

17时许，现场施工员巡查至杜家坪站1号风亭组基坑时，发现基坑内有大量坍塌坠落的混凝土块，在混凝土堆中露出1顶安全帽，于是判断可能有人被埋在混凝土堆里面。现场施工员立即打电话报告该公司总经理，总经理迅速调来挖掘机等装备抢救被埋人员，18时许，将掩埋在杂工身上的混凝土清理挪开后，发现杂工2人已无生命体征。

20 时许，黄兴镇派出所接报后，迅速协调处理，事发单位与死者家属于 7 月 1 日达成协议并一次性赔偿到位，救援及善后处理工作结束。

3.4.3 事故处理情况

（1）施工劳务分包单位杂工。其安全意识淡薄，在导墙混凝土块未拆除且处于悬空脆弱平衡的状态下冒险收集处理废弃钢材，对事故负有直接责任，鉴于其已经死亡，建议不再追究责任。

（2）施工劳务分包单位，未切实履行企业安全主体责任，未建立安全生产责任制，未制定完备的安全生产规章制度和操作规程，未制定安全生产教育和培训计划，对施工人员安全教育不力，未及时排查生产安全事故隐患，未制止和纠正员工冒险作业、违反操作规程的行为；未严格按照技术规范要求进行安全施工，对事故的发生负有责任，是事故的责任单位。

（3）施工劳务分包单位法定代表人、总经理。未严格履行主要负责人职责，未及时督促、检查本单位的安全生产工作，并消除生产安全事故隐患，未建立本单位安全生产责任制，未制定完备的安全生产规章制度和操作规程，给予行政处罚。

（4）施工劳务分包单位施工技术负责人。未按技术规范要求和有关规定组织施工作业，对事故发生负有重要责任。给予行政处罚。

（5）施工劳务分包单位项目经理、安全员。未按技术规范和有关规定组织施工作业，安全巡查不力，未及时发现工人的冒险收集废弃钢材的行为，对事故发生负有重要责任。给予行政处罚。

（6）施工劳务分包单位事发项目部执行经理。对劳务分包单位的施工现场管理督促检查不力，未及时消除地连墙拆除施工中存在的安全隐患，对事故发生负有责任。予以行政处罚。

3.4.4 事故原因分析

3.4.4.1 直接原因

徐某、唐某某安全意识淡薄，不服从项目部的统一指令，违章冒险收集废弃钢材，在导墙混凝土块未完全拆除且处于悬空脆弱平衡的状态下，在导墙下方切割拉扯钢筋，致使导墙混凝土块坍塌引发事故。

3.4.4.2 间接原因

（1）施工劳务分包单位违反《中华人民共和国安全生产法》第四条①、第十九条②、第十八条③规定，未建立安全生产责任制，未制定完备的安全生产规章制度和操作规程，未制定安全生产教育和培训计划，公司安全管理混乱，从业人员安全意识淡薄。

（2）施工劳务分包单位违反《建筑拆除工程安全技术规范》（JGJ 147—2016）第 4.5.4 条规定④，在导墙尚未完全拆除的情况下，未在拆除施工现场划定危险区域，未设置警戒线和相关的安全标志，未安排专人进行监管。

（3）施工劳务分包单位对施工现场废弃材料的处理管理不严，公司管理人员反映，经常有现场施工人员擅自收集处理废弃材料，但公司没有采取措施予以制止纠正。

3.4.5 应急管理启示

3.4.5.1 应急准备

A 建设单位启示

(1) 加强对相关参加建设单位的监督检查，督促检查相关参建单位项目施工过程。对不符合安全施工要求的问题，应及时发出整改通知，对存在的重大安全隐患，应该立即整改的立即整改，不能立即整改到位的。

(2) 应督促相关单位落实安全防护措施，加强现场监管，以确保施工作业安全。

B 承包单位启示

(1) 施工单位要建立安全生产责任制，健全各项安全生产规章制度、操作规程，全面落实安全生产教育与培训，提高劳务人员安全意识，严格执行劳动纪律号令。

(2) 施工单位严格按照劳务工程施工方案、作业技术规范要求组织施工。要切实加强对施工现场的巡查，发现未按技术规范要求进行施工作业的行为要坚决制止与纠正，及时整改消除生产安全事故隐患，提升安全管理水平，做到举一反三，切实防范类似事故的再次发生。

(3) 施工单位要进一步加大对施工现场组织领导。确保安全投入到位、安全管理人员履职到位、各项安全措施落实到位。

(4) 施工单位要进一步加强劳务分包施工单位作业人员管理，严格督促劳务施工单位严格按照技术规范组织施工，加强施工中安全检查，及时发现和消除施工中存在的安全隐患。

(5) 监理单位要认真履行安全生产监理职责。要严格监督施工单位和分包单位按照技术规范组织施工作业，加强现场巡查，及时发现和纠正不安全作业的行为。

(6) 要严格执行安全生产法律法规，对不符合安全施工要求的问题，应及时发出整改通知，对存在的重大安全隐患，该立即整改的立即整改，不能立即整改到位的，应督促相关单位落实安全防护措施，加强现场监管，以确保施工作业安全。

3.4.5.2 应急行动

现场施工员立即打电话报告该公司总经理，总经理迅速调来挖掘机等装备抢救被埋人员，事发及时报送事故信息。事故相关单位在规定的时间内向相关部门做了报告，全力配合相关部门做好救援工作，配合公安现场取证等，相关人员配合施工单位做好善后处理工作。事发单位与死者家属于 7 月 1 日达成协议并一次性赔偿到位，救援及善后处理工作结束。事故相关单位积极参与善后赔偿工作。事故得到有效控制，无次生事故发生，社会秩序稳定。

3.5 广州轨道交通坍塌事故（2018 年 1 月 25 日）

3.5.1 项目基本情况

3.5.1.1 工程总体情况

广州市轨道交通 21 号线是为加强科学城及萝岗中心区、东部新城以及增强城市与广州市中心区的快速交通联系，带动高新技术业、先进制造业等功能带的发展，支持中新知识城起步区的建设和城市“东进”战略而进行建设的市政工程。21 号线西起天河区，依次经过黄埔区、增城区，止于增城区荔城街增城广场，线路全长 61.6km，其中地下线路长约 40.1km，穿山隧道 6.8km，地上线 14.7km；共设 17 座车站，其中地下车站 14 座、高架车站 3 座；共有 7 座换乘站。

事故发生地的该线某标包括一站、一盾构区间、一明挖区间及出入场线，分别为：水西站、苏元站至水西站区间、明挖区间及水西站停车场出入场线。工程线路总长为 3249m，工法涵盖明挖法、盖挖法、矿山法、盾构法及盾构空推法等。

3.5.1.2 施工区间情况

盾构区间从水西站始发，向西南方向以曲线半径为 600m 的曲线经 220kV 迁岗变电站后转向南行进，沿水西路于知名地产香雪山小区处线路以曲线半径为 700m 的曲线转向西南行进，下穿广州市第二中学科学城校区停车场，经停车场前路边空地处区间中间风井和矿山法隧道施工竖井后，以曲线半径为 600m 的曲线向南，沿水西路行进到达苏元站吊出。区间隧道采用盾构法和矿山法+盾构空推施工，左线设计总长 1988.422m（长链 19.322m），右线设计总长 1969.1m。盾构法隧道两线总长 2069.3m，矿山法+盾构空推隧道两线总长 1888.1m。隧道为圆形隧道，最小曲线半径 600m，最大坡度为 15‰，隧顶覆土深度 16.51～35.5m。管片外径 6000mm，内径 5400mm，管片厚 300mm，管片宽度为 1500mm。管片环向与纵向均采用 M27 螺栓连接。区间地质复杂，孤石密集，导致盾构机的刀具遭受快速磨损，事故发生前进行了多次泥膜护壁带压开仓换刀工法作业。项目施工单位将带压进仓换刀工作委托了分包队伍实施。2017 年 3 月 28 日，左线隧道掘进至第 250 环（里程 ZDK18+545.6）时，遭遇孤石，第一次带压开仓换刀。至 2018 年 1 月 19 日，左线盾构掘进至第 579 环时（里程 ZDK18+070）遭遇未探明孤石群，掘进参数异常，被迫第 12 次停机换刀。2018 年 1 月 21 日 13：00 开始本次停机换刀的第 1 仓次带压开仓换刀作业。

3.5.1.3 事故发生部位（前盾）的基本情况及作业程序

盾体主要包括前、中、尾盾三部分，而事故发生位置主要涉及前盾和双室气闸。前盾与双室气闸的相对位置如图 3-8 所示。

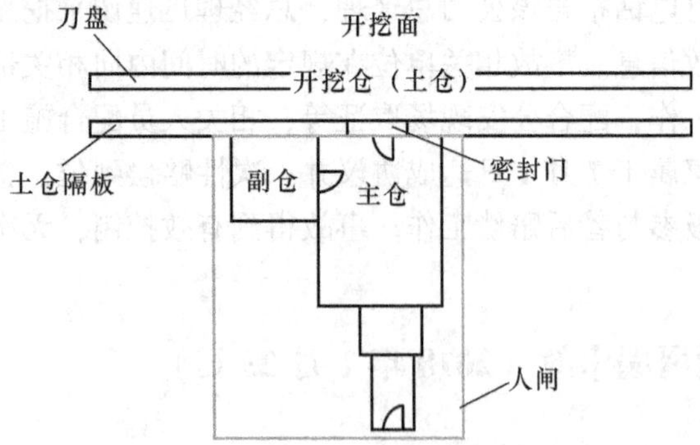

图 3-8 前盾与双室气闸位置示意图

前盾和与之焊在一起的土仓隔板用来支撑刀盘驱动机构，同时使土仓与后面的工作空间相隔离，推力油缸的压力可通过土仓隔板作用到开挖面上，以起到支撑和稳定开挖面的作用。土仓隔板上在不同高度处安装有4个土压传感器，可以用来探测土仓中不同高度的泥土压力。双室气闸装在前盾上，包括主仓和副仓两部分。当掘进过程中刀具磨损，换刀工作人员则通过双室气闸进入到土仓检查及更换刀具。在进入土仓时，为避免掌子面的坍塌，要在土仓中建立并保持与该地层深度土压力与水压力相平衡的气压。换刀人员首先从常压的操作环境下进入人闸主仓，关闭主副仓之间的隔离门，按照规定程序给主仓加压，直到压力和土仓相同时，打开主仓和土仓之间的压力平衡闸阀，使两边气体的压力处于平衡状态，便可以打开土仓仓门进入土仓。副仓主要供人员传送工具以及人员在作业过程中再进入主仓时使用，一般主副仓间隔离门是关闭的，但在该事故中正在土仓进行气刨动火作业，电缆线穿过了主、副仓及主、土仓间的隔离门，因此两道隔离门都是开启的。

A 土仓

在盾构机掘进过程中，掘进工作面的稳定性是通过控制土仓的支护压力实现的，压力过大会造成地表隆起，而压力过小容易导致地表沉陷甚至坍塌。换刀人员要进入土仓须先排出土仓腔内的渣土或泥浆，然后向密封腔注入高黏度衡盾泥形成泥膜，最后注入压缩空气作用在泥膜上以平衡土压及水压。事故发生时，3名换刀人员的主要工作任务就是在土仓内切割17/18号刀箱，属于在有限空间内带压动火作业，作业危险性大。

B 人仓

人仓主室又名主仓，是与土仓、副仓通过密封门直接相连的仓室。主仓与常压的仓外有密封仓门，作业人员在仓内外压力相等时可直接由密封门进入主仓，而不必从副仓绕进主仓。现场发现主仓虽没像副仓那样燃烧痕迹遍布，但壁上也有斑斑点点的锈迹。主仓内安装了一台视频监控摄像头，可监控土仓密封门附近人员操作的状况，但该视频监控摄像机于事故发生的前一日即1月24日发生故障，并未及时维修，因此1月25日该视频通道无监控信息。

C 副仓

副仓是与人仓、仓外通过密封门相连的仓室，日常作业中主要供人员放置工具以及于带压作业时传送工具。事发前，副仓储存有：木方、衣物、编织袋等。在本次事故中，副仓发生了火灾，火灾发生后，施工单位为了掩盖火灾事实，清理了火灾残骸，且用高压水做了清洗，但现场勘查可见仓内壁上火灾痕迹显著，副仓照明灯的玻璃灯罩由于高温烘烤发生整体碎裂，照明线绝缘层全部烧损。

D 刀盘

刀盘是装有滚刀、铲刀、刮刀且存在开孔形状尺寸不规则，开孔率约30%的框架式切削盘体，位于盾构机的最前部，用于切削土体。在盾构掘进过程中逐渐将泥土砂石削成碎块再排入土仓，因此巨大的孤石会严重磨损刀盘导致掘进受阻。

事故盾构机为日本小松产KOMATSUTM625PMM-18型盾构机，刀盘如图3-8所示。遇难人员本打算切割17/18号刀箱，位于一点半方位，属于双刃滚动刀具，由两片平行的刀刃组成。随着刀盘的旋转，盘形滚刀一面绕刀盘中心轴公转，同时绕自身轴线自转。滚刀在刀盘的推力、扭矩作用下，在掌子面上切出一系列的同心圆沟槽。当推力超过岩石的强度时，盘形滚刀刀尖下的岩石直接破碎，刀尖贯入岩石，形成压碎区和放射状裂纹；进一步加压，当滚刀间距满足一定条件时，相邻滚刀间岩石内裂纹延伸并相互贯通，形成岩石碎片而崩落，盘形滚刀完成一次破岩过程。

E 盾构机操作室

操作室位于盾中偏前部位，距人仓大约有 10m 左右。操作室内的主监控界面显示了整台盾构机的相关参数，包括铰接系统、注浆系统、推进系统、螺旋输送机系统、主驱动系统、盾尾密封系统、油温及其他显示等，可实时监测到土仓内的压力、刀盘轴承温度、刀盘转速、油缸推力、螺旋输送机的转速等数据及曲线，以及故障历史记录。操作室内可通过内线电话以及对讲机与地面、操仓员、仓内作业人员进行实时通话，在紧急状态下急停盾构机。同时在盾构机停机换刀作业过程中通过视频结合土仓气压变化等协助操仓员监控仓内作业。副仓照明灯玻璃高温碎裂（见图 3-9）。

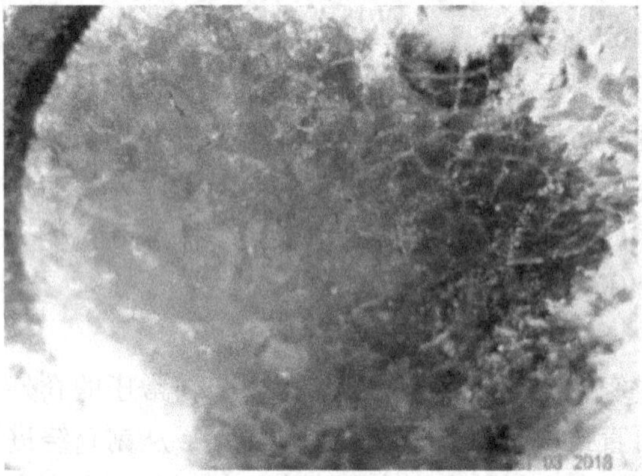

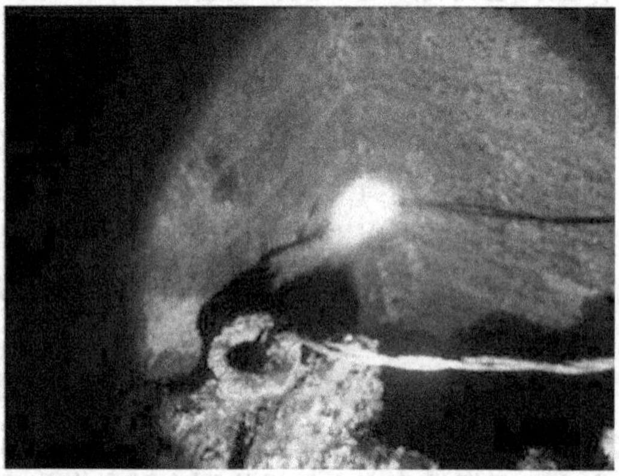

图 3-9 副仓照明灯玻璃高温碎裂

3.5.2 事故发生经过

1 月 25 日 14 时左右，带压开仓换刀作业的第 14 仓作业人员出仓后，向盾构机机长反映：严重变形的 17/18 号刀箱仍未切割下来，在实施碳弧气刨切割过程中土仓排烟效果不良，然后与第 15 仓的带班人员进行了工作交接。

1 月 25 日 14 时 45 分左右第 15 仓的带压换刀作业由外包人员执行，他们进入左线盾构机前部，首先开始第 15 仓气压开仓前准备，具体工作任务是继续切割和维修 17/18 号刀箱。电焊机位于仓外，由仓内人员通过对讲机通知操仓员，操仓员再联系盾构机机长核查开、关电焊机电源及氧气瓶阀门。该作业所需工具、材料均由施工单位隧道公司提供，具体包括氧气瓶、电焊机、焊条、切割中空焊条、风动工具、压缩空气管、氧气管、焊把、割枪、气动扳手、气动打磨机等物品，进仓的物品和工具大多集中在副仓，压缩空气、氧气、焊机两条电源线均通过仓壁贯穿孔进入副仓，使用两层防水胶与仓壁之间密封连接。

在上述外包公司的工人在土仓切割 17/18 号刀箱作业的同时，隧道公司安排带 1 名维修工人着手调试土仓 3 根主要排气管，目的是解决 14 仓人员提出的排烟差的问题。盾构机的排气管共有 6 根，这 6 根排气管，个别也可以作为注入管向土仓内加注衡盾泥。维修组所调试的 3 根排气管分别是左边 9 点位、11 点位和右边 1 点位。在之前的操仓作业中，排气管位于左边 9 点位，当天准备把排气改到右边操作平台右上方的 1 点位。隧道公司工人先是在排气管上接了长 5~6m 的软管，预防调试过程中泥水冲刷操仓员的工作平台，又通过调试安装在土仓隔板左、右两侧的注浆管以观察排气效果，前后调试了一个多小时，但排气效果改善不明显。随后刘某让杨某停下来，杨某就和工人到台车上休息。

1 月 25 日 17 时左右，操仓员通知仓内作业人员准备减压出仓，仓内人员回应收到。又过了几分钟，操仓员再次联系仓内人员但已没有应答，同时发现仓内排气中烟味较重。1 月 25 日 17 时 10 分左右，操仓员看到气压表在 2.2～2.3bar（$1bar = 10^5 Pa$）间持续约 30s 的波动，此时，仓外可闻到烧焦的味道并看到从排气阀冒出黑灰色的烟。操仓员先后使用对讲机、手电筒并多次敲打仓壁，未能再与舱内人员取得任何联系。为了救人，操仓员便通知隧道公司工人关闭进气管球阀、把排气管全部逐一打开进行极速泄压。同时让机长关闭舱内电焊机电源并通知地面。关断电源后，人仓和操仓员操作平台的灯也熄灭了。

地面中控室 17 时 18 分左右接到电话通知后，隧道公司左线隧道主管和盾构工区经理于泄压至零之前即赶到前盾。1 月 25 日 17 时 20 分左右，仓内气压经 10min 后从 2.0bar 降至 0.5bar。17 时 30 左右，隧道公司主管和盾构工区经理赶到并带人打开人仓闸门，人仓内有浓烟逸出，温度较高，救援人员无法进入人仓内进行救援，盾构工区经理等人通过打开进气阀、向人仓内用水管洒水降温、通风排烟等措施降温排烟。1 月 25 日 18 时 10 分左右，隧道公司盾构工区经理带几个工人用扳手拧开螺丝并踢开土仓闸门，进仓后，发现掌子面坍塌，3 名换刀工人被埋。

3.5.3 应急救援处置情况

3.5.3.1 企业应急处置情况

据事故调查组了解，火灾发生后，第一时间，操仓员朱友生及盾构机机长为了尽快打开仓门进入土仓救人，采取了急速泄压的处置方式，经过 12min 左右的急速泄压土仓压力降为 0bar，盾构工区经理等人打开土仓门，进入土仓后，发现掌子面已坍塌，未在土仓内发现进仓换刀人员，刀盘前方 12 点部位上部有空洞，并伴有渗水及土块脱落，掌子面存在再次坍塌风险。2018 年 1 月 25 日 18 时 25 分左右，盾构工区经理通过电话让地面值班人员向项目经理汇报；18 时 30 分左右，项目总工在施工单位项目部会议室接到监控室值班员当面汇报，并告知了同在开会的项目经理；18 时 40 分左右，项目经理和项目总工先后到达盾构监控室了解情况。经项目经理、项目总工与盾构工区经理商量后，隧道公司考虑可能会引发次生灾害，决定立即撤出人员，关闭仓门，进行带压救援。

20 时 30 分气压建仓，21 时 30 分进仓实施救援，未发现被埋人员后于 1 月 26 日 3 时 30 分，救援人员减压出仓。随后准备第二次救援，但是救援人员了解情况后，因存在恐惧心理，不肯进仓，企业自主救援无法继续进行。关于急速泄压的处置方式，经专家组论证：事发后，基于该事故中盾构机的设计，泄压是打开仓门的前提条件，当救援人员判定人仓内着火后，为尽快打开仓门救援，急速泄压进仓救人的处置方式并无明显不妥。

3.5.3.2 相关部门应急处置情况

A 事故信息接报及响应情况

1 月 26 日 7 时 52 分许，隧道公司项目部将事故情况上报业主及其他相关部门。

8 时 28 分，广州市应急管理办公室收到地铁集团报告，称 1 月 26 日 7 时 20 分，广州市轨道交通 21 号线某标一盾构机在带压开仓换刀作业时，仓内掌子面发生塌方，有 3 名施工人员失联。

8时58分，市应急管理局收到地铁集团信息快报，立即形成事故快报，报省应急管理厅、市委总值班室、市府总值班室。

1月26日9时55分，市应急管理局有关领导先后到达事故现场。

B 事故现场应急处置工作情况

在接报后，省应急管理厅、省应急办、市政府、市应急办、市住建委、市应急管理局、市国资委、市消防局、市应急站、黄埔区政府、地铁集团等部门负责同志第一时间赶赴事故现场开展应急救援处置工作，全力以赴争取救援。8时20分左右地面巡视人员发现盾构停机位置上方路面多处漏气严重。立即准备对地面漏气点进行封堵，同时对地面漏气影响区域进行了临时围蔽隔离。10时左右在政府各部门的配合下，全面封闭水西路路面交通，逐一检查漏气点，并进行封堵，同时向仓内加气保压，建立气压平衡后继续开仓救援。至13时15分左右，仓内压力能够稳定在2.2bar，在对开仓人员进行了安全教育和技术交底后，进仓开展救援工作。至20时22分，救援人员在土仓清泥至盾构刀盘中部以下，倒运出200多袋渣土，仍未发现失联人员。鉴于开挖未发现失联人员，也无法探测到生命体征，继续开挖风险不可预测。为确保不发生次生灾害，在收集专家意见建议基础上，经研究决定尽快从地面采用冻结法对掌子面进行加固。

1月26日21时30分左右，液氮冻结施工人员、设备到现场做准备。1月27日15时，开始进行“刀盘冻结加固方案”的地面钻孔施工。2月2日，完成全部地面钻孔。2月3日，完成冻结管测试、连接管路、设备安装调试。2月4日9时30分左右开始进行冻结施工。

2月8日20时，经过4天时间的冻结后，经专家对冻结加固效果进行评估，专家通过对冻结加固方案及冻结测温数据变化分析，一致认为冻结加固效果已达到常压开仓条件要求，可以进行常压开仓。

2月8日21时30分左右，组织救援队，进行连续开仓救援工作。

2月11日2时30分左右，三具遇难者遗体全部运出井口吊至地面，全部救援工作完成。

2月11日2时30分左右，黄埔区公安分局法医到达事故现场，对尸体进行尸检，3时11分左右完成尸检工作。

3.5.4 事故损失及处理情况

3.5.4.1 事故人员伤亡情况

据调查核实，事故共造成3人死亡。

3.5.4.2 直接经济损失情况

根据《企业职工伤亡事故经济损失统计标准》（GB 6721—1986）有关规定统计，事故造成直接经济损失为1008.98万元。

3.5.4.3 建议追究刑事责任5人

（1）施工单位项目部执行经理，在项目部中实际承担项目经理工作职责，未能依法履行岗位安全生产管理职责，未严格落实项目部安全生产责任制，未能有效督促检查项目部安全生产工作，未能及时消除带压开仓动火作业存在的事故隐患，对事故发生负有管理责任，且在明知及时如实上报事故是项目部负责人法定职责的情况下，仍然在事故发生后谎报事故，组织并参与干扰、对抗事故调查，安排人员破坏事故现场，销毁有关证据资料，是谎报事故的主要责任人，因涉嫌刑事犯罪，于2018年3月18日被公安机关立案侦查，并采取强制措施，建议由公安机关依法追究其刑事责任。

(2) 施工单位项目部副经理兼盾构区经理，负责整个盾构区的日常管理工作，未能依法履行岗位安全生产管理职责，未抓好隧道盾构作业安全管理工作，对左线盾构机仓内带压动火作业存在安全隐患未采取有效措施消除，未能对违反施工和安全生产规定的行为予以纠正，对事故的发生负有直接管理责任。事故发生后，组织并参与干扰、对抗事故调查，安排人员破坏事故现场，销毁有关证据资料，是谎报事故的重要组织者。因涉嫌刑事犯罪，于2018年3月18日被公安机关立案侦查，并采取强制措施，建议由公安机关依法追究其刑事责任。

(3) 分包单位驻广州市轨道交通21号线10标左线盾构机带压换刀作业现场负责人，未按规定做好对员工的班前安全教育，未督促员工按安全技术交底要求施工，未能有效排除焊机电缆线绝缘破损、员工未按规定穿戴防毒面具等防护用品等隐患，对事故的发生负有现场直接管理责任。事故发生后，组织并参与谎报事故，干扰、对抗事故调查。因涉嫌刑事犯罪，于2018年3月18日被公安机关立案侦查，并采取强制措施，建议由公安机关依法追究其刑事责任。

(4) 分包单位驻广州市轨道交通21号线10标项目部项目负责人，未履行岗位安全管理职责，未建立项目安全教育和安全检查制度，未组织每天检查安全状况，未能有效排除焊机电缆线绝缘破损、员工未按规定穿戴防毒面具等防护用品等隐患，对事故的发生负有重要管理责任。事故发生后，参与谎报事故，干扰、对抗事故调查，建议由公安机关依法追究其刑事责任。

(5) 监理单位的监理员，事故发生时旁站监理工程师未认真履行监理员职责，未对开仓动火作业全过程进行旁站，未及时发现和督促整改带压动火作业中存在的安全隐患，对事故负有主要监督责任。事故发生后，参与谎报事故，干扰、对抗事故调查。因涉嫌刑事犯罪，于2018年3月18日被公安机关立案侦查，并采取强制措施，建议由公安机关依法追究其刑事责任。待公安、司法机关作出处理后，建议市建设行政主管部门按照《建设工程安全生产管理条例》规定，作出相应处理。

3.5.4.4　建议给予党纪、政纪处分17人

施工单位项目部8人：

(1) 施工单位项目部项目总工，未履行项目安全技术管理职责，对项目换刀作业施工方案把关不严，危险性较大分部分项作业未按规定组织制定针对性的专项方案，换刀作业安全技术交底流于形式，未涉及动火作业内容，对未经审批即开展动火作业失管失察，对事故发生负有管理责任，事故发生后，参与谎报事故，干扰、对抗事故调查，建议给予行政撤职处分。

(2) 施工单位项目部盾构工区技术主管，气压动火作业方案的编制者，未能编制有效的作业方案并监督实施，未能按规定组织施工工人开展有效安全技术交底，对事故发生负有管理责任，事故发生后，参与谎报事故，干扰、对抗事故调查，建议给予行政记大过处分。

(3) 施工单位项目部事发左线盾构主管，事故发生时的地面值班领导，现场安全检查

不到位，未能制止无审批动火作业、员工未按规定穿戴防毒面具进入人仓等违章行为，对事故发生负有管理责任，事故发生后，参与谎报事故，对抗事故调查，建议给予行政记大过处分。

（4）施工单位项目部工程部长，作为项目工程部门负责人，未能对带压检查换刀作业方案进行修改完善，未能有效组织开仓作业人员按规定落实安全技术交底，疏于对施工过程中的安全管理，对事故发生负有管理责任，建议给予行政记过处分。

（5）施工单位项目部安全部长，未有效履行岗位安全管理职责，未组织对进场工人开展有针对性的安全培训教育，未能有效排除安全隐患，对有限空间动火作业等重大风险未及时辨识排查，未能及时消除动火作业无审批、焊机电缆线绝缘破损、现场灭火器缺失、人员未佩戴防毒面具进入作业面等安全隐患，对事故发生负有管理责任，建议给予行政记过处分。

（6）施工单位项目部左线机长（盾构机操作员），事故发生时的当班机长，未有效履行现场安全管理职责，未认真组织作业人员进行安全技术交底，未组织排查焊机电缆线绝缘破损、现场灭火器缺失、人员未佩戴防毒面具进入作业面等隐患。事故发生后，在盾构工区经理的安排下，带人毁灭火灾证据，破坏事故现场，对事故发生负有现场管理责任，建议给予行政记大过处分。

（7）施工单位项目部事发左线机修班组长，事故发生时其正在调试土仓排烟系统，未履行安全管理责任，未及时检查和排除人仓视频系统、土仓传感器等机械故障，对边调试排烟系统边作业负主要责任，建议施工单位给予行政记大过处分。

（8）施工单位项目部安全员，现场安全生产检查不到位，未能及时排查带压开仓动火作业重大风险，消除动火作业无审批、焊机电缆线绝缘破损、现场灭火器缺失、人员未佩戴防毒面具等防护用品进入作业面等安全隐患，对事故发生负有现场管理责任，建议给予行政记过处分。

施工单位 4 人：

（1）施工单位法定代表人是公司安全生产第一责任人，履行岗位安全生产管理职责不到位，未能有效落实安全生产责任制，未能有效督促检查项目部的安全生产工作，及时消除项目部存在的安全事故隐患，致使项目部施工组织不严密，现场安全管理不到位，默许项目部谎报事故、隐瞒事故真实情况，对项目部毁灭现场证据的情况不加制止，对事故发生和谎报负有重要领导责任，建议按照国有企业干部职工管理权限给予其撤销党内职务、行政撤职处分，自受处分之日起五年内不得担任任何生产经营单位的主要负责人。

（2）施工单位副总经理，主持总经理工作，履行安全生产管理职责不到位，未能有效督促检查项目部的安全生产工作，作为施工单位第一时间到达事故现场的公司最高领导，默许和参与项目部隐瞒事故真实情况，对项目部毁灭现场证据的情况不加制止，对事故发生和谎报负有重要领导责任，建议按照国有企业干部职工管理权限给予其撤销党内职务、行政撤职处分。

（3）施工单位安全总监，履行岗位安全生产管理职责不到位，未能有效组织开展对事发项目部安全生产的督促检查工作，致使该项目部存在现场安全管理不到位，隐患排查不彻底，对事故发生负有管理责任，对未有效组织公司认真吸取厦门事故教训，防范同类事故发生负有责任。建议由施工单位给予行政记过处分，由施工单位党组织按权限给予其相应党内处分。

（4）施工单位盾构设备管理部部长，未履行设备安全管理的职责，未能有效消除盾构设备安全隐患，事故发生后，在项目部人员的安排下，带领盾构机工程人员篡改盾构机系统参数，为查清事故发生时间和事故真相带来较大阻力，对事故发生和谎报负有重要管理责任，建议施工单位给予撤销党内职务、行政撤职处分。

施工单位的上级单位1人：施工单位的上级单位负责人，负责广东辖区内的市场开发和施工管理工作，未能及时发现并有效制止属下公司隐瞒事故实情，对施工单位谎报事故的行为负有领导责任，建议给予其党内严重警告、行政记过处分。

监理公司1人：监理公司项目总监，履行项目安全监理职责不到位，对监理小组人员管理不到位，未能有效组织开展对施工单位危险性较大分部分项工程开展旁站监督，对事故发生负有直接监督管理责任，建议依规定与其解除劳动合同。

建设单位3人：

（1）建设单位该项目业主代表，未认真履行建设单位业主代表职责，对盾构设备安全技术特性和危险性较大分部分项工程危险性认识不足，对施工、监理单位疏于督促管理，现场检查工作不到位，未能及时掌握项目施工安全情况，致使与事故相关的事故隐患未能及时发现，未能有效督促施工、监理单位及时排除安全隐患，对施工单位谎报事故失察，对事故发生负有现场管理责任，建议给予其党内严重警告、行政记过处分。

（2）该项目主管代表经理，其直接上级领导，对项目安全管理存在盲区，督促检查不到位，对事故发生负有管理责任，事故发生后，未能及时发现及掌握相关人员谎报、毁灭事故证据的行为，对施工单位谎报事故失察，建议给予其行政警告处分。

（3）建设单位安全质量管理主体责任部门的主要领导，对参建单位安全生产监督管理不力，督促参建单位建立、落实安全生产保证措施不到位，对事故的发生负有领导责任，建议给予其诫勉谈话。

3.5.4.5 行政处罚及问责建议（3个单位，5名个人）

（1）施工单位履行安全生产主体责任不到位，未按规定对《盾构带压开仓检查换刀方案》进行修改完善，未落实有限空间作业审批制度，未对新工艺采取有效的安全防护措施，未能及时排除人仓监控等安全设备的机械故障，未按规定配备应急物资及装备，在维修排气管时未能停止作业，未能深刻吸取本单位同类事故教训落实整改措施，未按规定如实报告生产安全事故，违反《危险性较大的分部分项工程安全管理办法》第十四条第二款，《有限空间安全作业五条规定》第一条，《中华人民共和国安全生产法》第二十六条、第三十三条第二款、第三十八条、第八十条第二款，《生产安全事故应急预案管理办法》第三十八条，《安全生产事故隐患排查治理暂行规定》第十六条，《生产安全事故报告和调查处理条例》第三十三条，对事故发生和事故谎报负有责任。建议由市安全监管部门根据《中华人民共和国安全生产法》第一百零九条《生产安全事故报告和调查处理条例》第三十六条等法律法规的规定，对隧道公司实施行政处罚，并由市住建部门依据《建筑市场信用管理暂行办法》作出相应处理。建议由市应急管理部门依据《生产安全事故报告和调查处理条例》第三十六条，对隧道公司负责人及直接参与和组织修改盾构机系统参数的主管人员、直接组织并参与谎报的其他直接责任人员实施行政处罚。

（2）监理单位现场监理缺位，风险管控措施不到位。安排未经监理业务培训的监理人员从事监理员工作，开仓作业时未按规定安排专人旁站监督和填写旁站监理记录，未督促施工单位严格实行作业审批制度；未能督促施工单位有效开展隐患排查，及时排除施工中的安全隐患。其行为违反了《危险性较大的分部分项工程安全管理办法》第十九条，《建设工程监理规范》(2.0.9、5.2.11)，《建设工程安全管理条例》第十四条第二款之规定，对事故发生负有责任。建议由市安全监管部门根据《中华人民共和国安全生产法》的规定，对监理单位、未及时消除生产安全事故隐患的法定代表人实施行政处罚。同时，建议由市住建部门依据《建筑市场信用管理暂行办法》作出相应处理。

(3) 分包单位未对进仓作业人员进行安全教育培训，未开展安全检查和隐患排查治理，未有效监督员工佩戴符合国家标准的劳动防护用品，违反了《中华人民共和国建筑法》第四十六条、《中华人民共和国安全生产法》第四十二条，对事故发生负有责任。建议由市安全监管部门根据《中华人民共和国安全生产法》等法律法规的规定，对分包单位、未及时消除生产安全事故隐患的法定代表人实施行政处罚。同时，建议由市住建部门依据《建筑市场信用管理暂行办法》作出相应处理。

(4) 施工单位向其上级单位作出深刻检讨。

3.5.5 事故原因分析

3.5.5.1 事故直接原因

事故调查组认定该起事故的原因为：作业工人在有限空间带压动火作业过程中，焊机电缆线绝缘破损短路引发人闸副仓火灾，引燃副仓堆放的可燃物，人闸主仓视频监控存在故障，未及时发现火灾苗头，人闸主仓、副仓无烟感温感消防监控系统，仓内人员缺乏消防安全与应急防护装备，无法实施有效自救，仓外作业人员极速泄压使衡盾泥泥膜失效，掌子面失稳坍塌将作业工人埋压。

3.5.5.2 事故间接原因

(1) 项目部未有效排除焊机电缆线绝缘破损、安全设备及监控设施存在故障等安全隐患。调查发现隧道公司项目部存在焊机电缆线无人维护、视频监控系统1月24日损坏后未及时维修、土仓内4台土压传感器只有1台能维持工作等安全隐患。

(2) 项目部应急预案缺乏针对性、应急物资配备不足。虽然项目部制定了盾构作业专项应急预案，带压开仓换刀作业专项方案中也含有事故应急预案的内容，但所有预案内容均未能有效针对土仓动火作业、人闸火灾等情景编制，且从未组织针对人仓、土仓发生火灾的演练，导致应急预案流于形式，对实际发生的火灾事故未能采取有效的安全技术与安全管理措施加以预防和处置。仓内气刨动火作业，未对照技术规范中相关规定，配备仓内消防应急器材、人员防毒装备、应急呼吸防护装备。

(3) 施工管理缺位，安全监理未依规定履职。监理单位对盾构带压开仓检查换刀方案审核不认真，未能发现该方案中并未涉及换刀箱以及动火作业等高风险作业内容，未能及时督促施工单位项目部结合实际修订完善《盾构带压开仓检查换刀方案》，对危险性较大的分部分项工程带压换刀作业未按监理方案和规定安排专人旁站监督和填写旁站监理记录，安排未经监理业务培训的实习人员从事监理员工作，未督促施工单位严格实行有限空间作业审批制度，未及时发现并督促排除换刀作业过程中的安全隐患。建设单位未认真履行建设单位职责，对重点安全风险认识不足，对施工、监理单位疏于督促管理，未能有效督促施工、监理单位及时排除安全隐患。

（4）分包单位未履行安全管理责任，未按照分包合同和安全管理协议的约定，严格履行分包单位的安全管理职责，未严格按照安全标准和安全技术交底要求、特种作业规定、技术交底文件及安全交底文件施工，工作时未佩戴符合安全标准的劳动保护用品，也未制定安全教育和安全检查制度，进仓作业前未对参与人员进行培训。

（5）开仓检查换刀作业专项方案缺乏针对性且未及时更新。盾构带压开仓检查换刀作业属于危险性较大的分部分项工程，但项目经理部仅于2015年12月3日编制了《盾构带压开仓检查换刀方案》，该方案虽然按程序组织专家通过了评审，但对土仓内动火作业，刀具焊接、刀箱气刨切割等危险性大的动火作业内容并未提及，且该方案一直未结合实际修改完善。到2018年1月25日事发，左右两线进仓作业377仓次，土仓内进行了多次动火作业，但专项方案始终沿用初始版本，造成危险性极大的土仓内带压动火作业始终缺乏针对性的安全技术措施，施工、监理、建设等单位对这一隐患均未发现并排除。

（6）忽视安全技术说明，安全培训和技术交底流于形式。在作业过程中忽视了衡盾泥气压开仓施工法专利说明中关于泥膜稳定性的风险警示，缺乏预防掌子面坍塌事故的安全技术措施。依据规定带压作业时严禁仓外人员进行危及仓压稳定的操作，但事故发生当日3名工人在土仓作业期间，屡次调试排气管，试图改善排气效果，边气压作业边维修排气管的行为增加了扰动掌子面稳定性的因素。在盾构机操作说明书安全篇第15页明确提出有关开挖面内检查维修的安全注意事项，但项目部以及分包单位对施工现场人员的安全培训和三级安全教育、安全技术交底内容均未围绕气刨作业等关键内容展开，也未涉及如何有效防范气刨作业导致火灾的内容。

（7）未深入开展安全警示教育，吸取同类事故的教训。施工单位曾在2017年2月12日厦门轨道某盾构现场，带压换刀作业减压过程中发生过一起火灾，造成3人死亡。按照该事故调查报告要求，人闸应配备火灾探测与报警、视频监控、压力温度在线监测、人员火灾应急防护装备、仓内外人员遵章定期联络等方面的防范措施。但施工单位仍未深入组织开展事故警示教育，未吸取事故教训和采取积极改进措施，以避免同类事故再次发生。

3.5.6 应急管理启示

3.5.6.1 应急准备

A 建设单位启示

（1）建设单位应对重点安全风险辨识，对施工、监理单位加强督促管理，督促施工、监理单位及时排除安全隐患。

（2）建设单位应加强对盾构设备安全技术特性和危险性较大分部分项目工程危险性认识，加强对施工、监理单位督促管理，加强现场检查工作，及时掌握项目施工安全情况，督促施工、监理单位及时排除安全隐患。

（3）建设单位加强对施工单位谎报事故检查，及时发现及掌握相关人员谎报、毁灭事故证据的行为。

（4）建设单位应加强对参建单位安全生产监督管理，督促参建单位建立、落实安全生产保证措施。

B 承包单位启示

（1）施工单位应履行岗位安全生产管理职责，严格落实项目部安全生产责任制，督促检查项目部安全生产工作，及时消除带压开仓动火作业存在的事故隐患。

（2）施工单位要及时如实上报事故，不得在事故发生后谎报事故，不得参与干扰、对抗事故调查，安排人员破坏事故现场，销毁有关证据资料。

（3）施工单位应抓好隧道盾构作业安全管理工作，对左线盾构机仓内带压动火作业存在安全隐患采取有效措施消除，对违反施工和安全生产规定的行为予以纠正。

（4）施工单位应按规定做好对员工的班前安全教育，按安全技术交底要求施工，有效排除焊机电缆线绝缘破损、员工未按规定穿戴防毒面具等防护用品等隐患。

（5）施工单位应深入开展安全警示教育，吸取同类事故的教训。隧道公司曾在2017年2月12日厦门轨道盾构现场带压换刀作业减压过程中发生过一起火灾，造成3人死亡。按照该事故调查报告要求，人闸应配备火灾探测与报警、视频监控、压力温度在线监测、人员火灾应急防护装备、仓内外人员遵章定期联络等方面的防范措施。但隧道公司仍未深入组织开展事故警示教育，未吸取事故教训和采取积极改进措施，以避免同类事故再次发生。

（6）分包单位应按照分包合同和安全管理协议的约定，严格履行分包单位的安全管理职责，严格按照安全标准和安全技术交底要求、特种作业规定、技术交底文件及安全交底文件施工，工作时佩戴符合安全标准的劳动保护用品，制定安全教育和安全检查制度，进仓作业前对参与人员进行培训。

（7）监理单位应认真履行监理员职责，对开仓动火作业全过程进行旁站，及时发现和督促整改带压动火作业中存在的安全隐患。

（8）监理单位应认真对盾构带压开仓检查换刀方案审核，及时发现该方案中并未涉及换刀箱以及动火作业等高风险作业内容，及时督促施工单位项目部结合实际修订完善《盾构带压开仓检查换刀方案》。

（9）监理单位应对危险性较大的分部分项工程带压换刀作业按监理方案和规定安排专人旁站监督和填写旁站监理记录，不得安排未经监理业务培训的实习人员从事监理员工作。

（10）监理单位应督促施工单位严格实行有限空间作业审批制度，及时发现并督促排除换刀作业过程中的安全隐患。

3.5.6.2 应急行动

A 企业二次救援处置措施无明显不妥

事发后，基于该事故中盾构机的设计，泄压是打开仓门的前提条件，当救援人员判定人仓内着火后，为尽快打开仓门救援，急速泄压进仓救人的处置方式并无明显不妥。

B 事故单位谎报情况

项目负责人、项目副经理兼盾构工区经理以及劳务队伍项目负责人、现场负责人等人接到事故报告后，并未按规定向建设单位和政府有关部门汇报，自行组织了现场应急处置。事发当晚1月25日19时30分左右，项目负责人，电话向施工单位法定代表人报告了事故情况，指示项目负责人立即启动应急预案，同时安排公司总经理、安全总监、盾构部长、事故发生地周边6个项目的负责人连夜赶往事故现场参与救援，自己立即从郑州乘机飞往广州。经查，施工单位代表人的航班晚点至约1月26日4时30分落地广州白云机场，于1月26日7时30分左右出现在事故现场。

1月26日7时52分，施工单位项目负责人在企业自行救援无望的情况下，才决定将事故上报业主单位和政府部门，但施工单位代表人为了不被追责，安排某人撰写了一份虚假的事故基本情况报告。在这份事故基本情况报告中，事故发生时间谎报为1月26日7时20分，并且未如实报告事故发生的初步原因，隐瞒了带压动火作业、人仓副仓发生火灾等关键情节。施工单位代表人等人除了将这份虚构的情况报告报业主、政府相关部门外，还安排施工相关人员熟悉这份情况报告，以统一口径，对抗政府部门调查。

施工单位隧道公司法定代表人、总经理、项目经理、项目总工、现场监理员、劳务分包单位项目负责人、现场负责人等人均没按照有关规定向建设单位及政府有关监管部门如实上报事故信息，存在谎报事故的真实时间和原因的情形。

1月26日、27日，为了隐瞒事故的真实情况，参与该项目的人多次参与组织本单位人员、监理单位、分包单位及员工通过正式会议、专门交代、私人聊天等方式进行统一口径，对抗事故调查：一是形成事故报送通稿，将事故发生时间篡改为2018年1月26日7时20分；二是不提施工过程中有动火作业；三是顺延15仓虚构16仓、17仓带压作业；四是清理副仓着火现场痕迹及物证；五是篡改伪造土仓顶部压力曲线图；六是对工地视频监控进行删除剪辑，格式化盾构机监控硬盘；七是伪造管理资料台账。

1月29日，调查人员到办案点对事故中涉及的单位和个人进行问询，接受问询的人员和提供的资料均称事故是2018年1月26日7时20分左右发生。2018年2月12日，事故调查组接到匿名举报信，反映迟报、瞒报事故的情况。事故调查组立即展开调查核实工作，在掌握一定证据的情况下，事故调查组于3月14日，再次进驻事故现场，进行调查核实。在事故调查组掌握充分证据后，相关单位仍未报告事故实情，3月16日，公安机关介入，先后对项目经理等4人采取强制措施。3月19日，施工单位递交事故情况报告，报告中称事故发生在1月25日。在先期的事故调查中，监理单位和分包单位有多人在施工单位的组织下，直接参与事故谎报。建设单位未能发现谎报事故情况。

C 施工单位应急预案应具有针对性、应急物资配备齐全

虽然项目部制定了盾构作业专项应急预案，带压开仓换刀作业专项方案中也含有事故应急预案的内容，但所有预案内容均未能有效针对土仓动火作业、人闸火灾等情景编制，且从未组织针对人仓、土仓发生火灾的演练，导致应急预案流于形式，对实际发生的火灾事故未能采取有效的安全技术与安全管理措施加以预防和处置。仓内气刨动火作业，未对照技术规范中相关规定，配备仓内消防应急器材、人员防毒装备、应急呼吸防护装备。

D 政府相关部门应急处置

政府相关部门在接到事故单位报告后，黄埔区委、区政府坚决贯彻省、市各级决策部署和指示批示要求，及时启动应急响应，市区应急、住建、公安、消防、卫生等相关部门第一时间开展应急处置，现场救援处置措施得当，信息发布及时，善后工作有序，在事故应急处置中无次生灾害、无衍生事故、无疫情发生。

E 事后补偿

事故发生后，施工单位在1月26日10时许联系3名死者的家属，当天晚上3名死者的家属到广州。善后工作组于1月27日上午向家属通报了事故情况，妥善处理了死者家属的安抚工作。1月31日，施工单位与3名死者家属协商并签订了工亡补偿协议，

足额支付了工亡补偿金。协议签订后，善后工作组劝留 8 名家属等待结果，以便后续遗体辨别、认领等工作。2 月 11 日，在遇难者遗体火化后，施工单位租用专车护送遇难者家属返乡。

3.6 长春地铁换乘通道坍塌事故（2017 年 5 月 26 日）

2017 年 5 月 26 日凌晨 1 时，长春市卫星广场卫星路西出口南侧，长春地铁 1 号线与轻轨 3 号线在建换乘通道洞内发生坍塌，导致地面塌陷（塌陷区域约 350m^2，深约 2m），塌陷事故未造成人员伤亡，未对交通造成较大影响。

3.6.1 项目基本情况

长春地铁 1 号线与轻轨 3 号线换乘通道，采用明暗挖相结合的方法施工。换乘通道自 1 号线“卫星广场站”车站主体站厅层向西延伸至轻轨 3 号线“卫星广场站”，并位于轻轨 3 号线、南部快速路之间，总长 171.3m，暗挖段长度 141.6m（其中平直段 118m，斜坡段 23.6m），明挖段长度 29.7m。

现场换乘通道内暗挖平直段已经完成二次衬砌结构 90m，剩余 51.6m 正在施工（平直段 28m，斜坡段 23.6m），事故发生在正在施工的 28m 平直段。

3.6.2 事故发生经过

2017 年 5 月 25 日 21 时，长春地铁 1 号线与轻轨 3 号线换乘通道初支结构出现裂缝，监测数据报警显示侧壁及中隔壁发生变形，施工单位立即组织人员对变形部位进行加固处理，并将险情上报；25 日 22 时，监管部门、管线产权单位、建设单位以及各相关参建单位赶到现场；25 日 23 时，隧道初支结构变形加剧，地表局部出现裂缝，施工单位立即撤离洞内人员，隔离地表受影响区域，燃气产权单位立即关闭事故影响区内燃气管线，停止燃气输送；26 日 1 时，地面隔离区域内发生坍塌。

3.6.3 应急救援处置情况

（1）5 月 26 日 2 时，建设单位立即组织成立抢险专家组，组织召开现场专家会议（第一次），协助施工单位制定抢险措施，施工单位立即按照制定的抢险措施进行抢险，及时对结构自身和临近的既有结构建立监控量测体系，同时进行塌陷区硬壳破除和回填材料准备工作。

（2）5 月 26 日 10 时左右，轨道集团第二次召开专家咨询与市政、管线等产权单位联动会，进一步明确抢险措施是否可行，并分析事故对临近的既有轻轨 3 号线和市政快速路的影响。会后工程各参建单位和管线产权单位按照专家咨询论证会的方案实施抢险。

（3）5 月 27 日上午 9 时，塌陷区回填至燃气管线标高位置时，回填区局部出现沉陷，现场立即停止回填并咨询专家组，经现场组织专家分析，主要为塌方体中存在空隙、不密实，回填过程中局部土体发生滑移，下一步需采取地面注双液浆，对塌方体空隙进行填充、加固，注浆完成土体稳定后，再进行路面恢复。

（4）5 月 27 日 12 时 30 分至 20 时，在施工单位准备注浆设备和材料并开始注浆的同时，建设单位第三次组织召开了专家咨询论证会，形成专家意见指导现场施工。

(5) 5月28日早8时，回填体注浆已约合150m^3水泥浆，换乘通道内塌方区两侧堆码砂袋厚度达到2m并进行了喷砼封闭，既有轻轨3号线和快速路结构监测未出现异常。

(6) 5月29日早8时，回填体注浆已约合480m^3水泥浆，换乘通道内塌方区两侧堆码砂袋并挂钢筋网，对其喷射混凝土并形成封堵墙，既有轻轨3号线和快速路结构监测未出现异常，燃气管线已在塌陷区内重新布设完成、通信管线已经改迁撤离塌陷区。下午，建设单位第四次组织专家咨询论证会，研究注浆加固效果、后期管线恢复和路面恢复方案，现场按专家意见严格实施。

(7) 5月30日早8时，管线下方30cm厚钢筋混凝土已经浇筑完成并已养护了4h，既有轻轨3号线和快速路结构监测未出现异常。上午10时，建设单位组织各管线产权单位、维管中心以及工程各参建单位，召开了道路恢复和管线排迁、保护协调会，要求各管线产权单位加快排迁速度，工程施工单位全力配合。上午11时，燃气管道恢复，各通信管线路由井和管道均已完成铺设。下午1时开始，市政道路单位按照专家意见进行路面恢复施工。

(8) 5月31日早7时，抢险基本结束，未发生次生灾害。

3.6.4 事故原因分析

引起初期支护变形超控制值的原因分析：根据调查情况，发生初期支护变形超标前（5月21日前）施工过程中没发现违反设计和质量、安全要求的行为。分析认为，引起初支变形超标的主要原因有以下3点：

(1) 工程地质复杂，造成了初支结构承受压力大。换乘通道坍塌地段两侧分别为轻轨卫星广场站、城市快速通道地下隧道。换乘通道周边土层因先期施工已经多次受到扰动，回填土中包含大量杂物，易形成水道和水囊。

(2) 地下水丰富，而且洞内土体含水量大。由于在建换乘通道处于既有轻轨3号线和城市快速路之间，无法设置降水井，施工采用洞内止水方法减少水量。自通道开始施工以来，洞内基本处于积水抽排的状态，《施工日志》和《监理日志》多有记载。据反映，25日在导洞南侧（临近国商大厦一侧）出现较大的不明来源水流，事故救援邀请的专家到达现场时也曾看到坍塌的3号导洞内有成股水流流出。

专家组认为，25日水流增大，致使周围土体含水量增大，土体软化，是变形增大进而引发塌方的重要原因。

(3) 地表振动作业，促进土体液化。在建通道上方地面近期修路，振动压路机作业对导洞上方土体有不利影响，可能会加大土体液化进而影响初支结构。

3.6.5 应急管理启示

3.6.5.1 应急准备

(1) 建设单位启示。建设单位应加强专业专家咨询力量储备。此次事故，在事故前制定预防措施，抢险过程中制定方案以及现场咨询指导，事故后原因调查分析，专业的咨询专家扮演了极为重要的作用，因此，轨道交通工程建设应急抢险工作，加强专业专家咨询力量的储备十分必要，通过现场专家咨询指导，防范事故发生及保障应急抢险技术支持。

（2）承包单位启示。严格落实安全生产责任。各参建方应严格落实安全生产责任，加强施工现场的安全生产检查力度，对于发现的安全隐患应及时汇报、及时整改，防止事故的发生。

3.6.5.2 应急行动

（1）企业现场处置措施无明显不妥。燃气管道恢复，各通信管线由井和管道均已完成铺设。维管中心组织市政道路单位按照专家意见进行路面恢复施工。

（2）加强综合应急演练，提高应急处置能力。本次抢险工作，是在省市多部门的联合指导和帮助下，抢险技术专家组的全程跟踪咨询下，与工程各参建单位以及燃气、电力、通信管线产权单位共同努力完成的，在事故抢险过程中，多部门共同行动、相互配合是抢险工作致胜的关键，因此，轨道交通建设过程中，加强综合应急演练，提高应急处置能力十分必要。

3.7 深圳地铁坍塌事故（2017年5月11日）

2017年5月11日10时左右，位于福田区绒花路的深圳市轨道交通工程3号线三期南延工程3131标基坑发生一起土方坍塌事故，造成3人死亡，1人受伤，直接经济损失345万元。

事故发生后，市委、市政府领导同志先后作出批示，要求全力科学组织救援，防止发生次生事故，同时，查明事故原因，举一反三，深刻汲取事故教训，全面排查全市地铁施工现场安全生产隐患，避免事故再次发生。市委、市政府领导还先后赴现场指挥应急救援工作。

事故发生后，根据市委、市政府领导批示及《生产安全事故报告和调查处理条例》（国务院令第493号）的有关规定，市政府成立了由市监察局、安委办、公安局、住房建设局、轨道办、法制办、福田区应急局及市总工会为成员单位的事故调查组对事故进行调查，并邀请市检察院参与。调查认定，深圳市城市轨道交通3号线三期南延工程主体某标“5·11”坍塌事故是一起较大生产安全责任事故。

3.7.1 项目基本情况

深圳市城市轨道交通3号线三期南延线工程从既有3号线益田站南端引出，侧穿益田村，下穿广深高速、转凤凰道，拐入红花路，上跨广深港客运专线后在红花路和益田路交叉口设福保站，线路全长约1.45km，共设1站1区间，均为地下敷设方式。3号线南延线3131标为该线路的主体工程标，施工内容为1站1区间，全标长1.45km，区间长约890m，采用盾构法施工。

车站即为福保站，位于深圳市福田区益田路与绒花路交界处，为地下两层明挖岛式车站，车站总长569m，基坑围护结构采用800mm厚地下连续墙加4道内支撑，其中第1道为砼支撑，第2道为609mm钢管支撑，第3、4道为800mm钢管支撑。基坑标准段宽19.7m，深17.2~18.5m。

3.7.2 事故发生经过

3.7.2.1 停工通知传达情况

5月9日下午1时55分，建设单位在微信群（某标危险性较大工程管理群）发出停工通知："即时开始停工认真对照施组（施工组织设计）检查，彻底清查安全隐患，停工至下周一（5月16日）"。群内成员包括地铁集团、市政总公司、甘肃铁科咨询公司的项目管理人员。

随后，施工单位项目执行经理将停工通知通过短信发给分包单位负责人和现场生产经理。

5月10日下午，建设单位某中心副总经理带队到现场进行停工检查并传达停工通知，检查时未发现现场进行土方开挖。

3.7.2.2 现场土方开挖情况

在施工过程中，现场由现场生产经理统一协调土方开挖事宜。5月9日下午建设单位通知停工后，现场一直未停工，5月10日下午，建设单位检查期间现场停工，5月10日傍晚，在建设单位现场检查后，分包单位现场机械班长打电话问现场生产经理晚上开不开工，现场生产经理答复可以开工，随后现场机械班长又与施工单位现场负责人电话核实后就一直开工到事故发生。

下达停工通知后，基坑现场每天都有进行土方开挖，通过公安天网提供的监控视频统计，5月9日土方外运44车，5月10日土方外运44车，5月11日土方外运26车，从5月9日至11日上午事故发生，共外运土方114车。

3.7.2.3 事故发生经过

5月10日晚上，现场生产经理交代现场工长于次日带工人下基坑进行抽排水、检查钢支撑、钢围檩作业。5月11日上午7点多，现场工长安排杂工班班长等5人下基坑作业。

事故发生前，分包单位正在开挖面挖土，有4台挖掘机在作业、坡顶有泥头车在装土（上午7：30~9：30期间因交通管制现场暂停作业）。杂工班班长等5名工人在基坑内作业，其中1名工人在15轴附近第四层钢围檩托架上用砂浆抹墙，2名工人在下方拌砂浆，某人检查15~16轴之间的钢围檩，杂工班班长在基坑底排水。作业现场坑底有积水，垫层浇筑接近14轴，土方挖到底至15轴附近（垫层未施工）。

11日上午10时左右，基坑内15~18轴附近北侧土体突然发生滑塌，滑塌土方约200m^3，导致15轴第四层钢管支撑移位，造成在基坑15轴附近的3名作业人员瞬间被埋（后确认死亡），1人轻伤，杂工班班长未受伤。

3.7.3 应急救援处置情况

事故发生后，市领导共3人，市公安消防支队、市住建局、市安全监管局、市应急办、市轨道办、市交警支队、福田区委区政府、地铁集团等单位主要负责同志及时赶赴现场，指导事故救援工作，召开现场会议，研究部署善后处置及事故调查工作。

3.7.4 事故损失及其处理情况

3.7.4.1 事故损失

事故共造成现场作业人员3人死亡，1人轻伤。事故调查组依据《企业职工伤亡事故经济损失统计标准》（GB 6721—1986），核定事故造成直接经济损失345万元。

3.7.4.2 事故发生单位及其相关人员在事故调查中的表现

事故发生后，事故调查组进驻之前，5 月 12 日凌晨 6 时许，市政总公司董事长、总经理召集事发单位总经理、标段项目经理、副总经理以及项目部部分工作人员召开会议，分包单位负责人等人参加了会议。会议在研究部署加强事故救援工作的同时，为掩盖该项目违法分包以及未按规定进行分包招投标等事实、减轻事故责任，根据副总经理提议，决定在分包单位配合下，通过事后伪造的方式补充完善相关合同、招投标文件、工程管理等文件资料和相关手续。随后，由副总经理具体组织，事发单位及其项目部相关工作人员为主分工实施，在分包单位配合下，先后伪造了劳务分包合同、土方工程运输合同补充协议。

在随后接受事故调查过程中，施工单位及其项目部相关工作人员将上述伪造的文件资料提供给事故调查组，将与分包单位签订的专业分包合同等真实执行的合同等文件资料隐匿不报，并组织员工统一口径，在接受调查询问时作伪证，意图掩盖分包单位违法将土方工程再行分包的事实，一度误导事故调查。为彻底查明事实真相，事故调查组重点针对上述事实进行深入调查，全面收集了施工单位、分包单位有关参与人员的证言以及有关书证，查明了施工单位在事故发生后牵头进行有组织的弄虚作假、在事故调查中作伪证的事实。在确凿充分的证据面前，施工单位负责人面对事故调查组的一再询问，仍然采取回避的态度，虽改口承认将项目违法予以专业分包的事实，但拒不承认组织有关人员隐瞒真相、作伪证的事实。事发单位临时负责人罔顾事实，不仅对所参与的造假活动矢口否认，甚至在其他相关事实上仍坚持既有口径，隐瞒事实真相，对事故调查采取对抗态度。项目经理对作伪证的行为拒不悔改，其虽承认专业分包合同的存在，但否认系事后伪造，坚称双方真实执行的为劳务分包合同。

3.7.4.3 对事故有关责任人员及责任单位的处理建议

根据事故原因调查和事故责任认定，依据有关法律、法规和党纪政纪规定，对事故有关责任单位和责任人员提出处理意见：

公安机关已对 4 人以涉嫌重大责任事故罪立案侦查并采取刑事强制措施，事故调查组另建议以涉嫌重大责任事故罪刑事追究 1 人并采取刑事强制措施。对上述涉嫌犯罪人员中属中共党员或国有企业内部监察对象的，按照有关管理权限，责成相关单位在具备处理条件时及时作出党纪政纪处理。

根据调查认定的失职失责事实、性质，事故调查组在对 3 个涉责单位的 17 名责任人员调查材料慎重研究的基础上，依据有关规定，建议对 17 名责任人员给予党纪政纪处分。

事故调查组建议对 5 家事故责任单位及 13 名责任人员的违法行为给予行政处罚。

事故调查组另建议对市住建局等 4 家单位，分别责成其作出书面检查或作书面告诫处理。

对于事故可能涉及的相关职务犯罪线索，建议由检察机关继续依法独立调查。

3.7.5 事故原因分析

3.7.5.1 直接原因

（1）擅自组织实施的土方开挖作业未按照施工方案进行，开挖面开挖坡度偏陡，挖掘机作业时局部超挖，坡顶超载。在此情况下，由于场地地质条件较差，受 5 月 9 日至 10 日深圳市普降中到大雨影响，基坑开挖面土体含水量增加，土体强度有不同程度的降低，开挖面失去稳定，造成了本次边坡滑塌事故。

（2）分包单位违反地铁集团停工通知要求，擅自组织施工作业。2017 年 5 月 9 日 14 时至 11 日上午 10 时，分包单位违反地铁集团停工通知要求，分别组织部分员工进行土方开挖作业和下基坑进行抽排水、检查钢支撑、钢围檩等作业。期间，共外运土方 114 车。

事故发生后，事故调查组委托专业单位对事故发生区域进行了补充勘察并出具《深圳市 5 · 11 事故现场的补充勘察说明》（以下简称《勘察说明》），《勘察说明》和现场实际开挖情况与该项目勘察单位所提供的地质条件和岩土参数基本一致，可排除项目勘察单位提供地质资料不准确的因素。本项目采用地下连续墙加内支撑的方案，事故发生后基坑支护体系仍处于安全状态，可排除项目设计单位设计方案不安全的因素。本项目发生滑塌事故时，现场正常作业，排除人为破坏的因素。

3.7.5.2 间接原因

（1）建设单位未认真落实建设单位职责，对施工、监理单位现场人员履职情况检查整改不力，未跟踪落实停工通知。

1）未落实施工、监理单位人员履职情况管理要求。未按施工总承包合同要求对施工单位项目经理、技术负责人、安全主任履职情况进行检查并提出整改；未按监理合同要求对监理单位安全监理工程师人员到岗履职情况进行检查并提出整改。

业主代表未按其岗位职责要求定期对施工单位及监理单位管理人员到岗履职情况进行检查，并形成书面记录；也未将项目经理、技术负责人不履职、监理单位安全监理工程师配备不足问题向上级反映。

2）未跟踪落实停工通知。5 月 9 日下午下达停工通知后，未对现场是否真正停工进行有效督促落实。

（2）施工单位未认真落实施工单位职责，项目主要管理人员未完全履职，违法分包、对分包单位管理不力，对土方开挖工程现场监督整改不力，未有效督促落实建设单位的停工通知。

1）项目管理人员配置不符合合同约定，主要管理人员未完全到岗履责。项目经理及项目总工程师任职不符合合同中不得兼职的约定，项目经理及项目总工程师都未履行其岗位职责，施工资料中部分项目经理签字由项目部人员假冒签名。

2）违法分包工程。未经建设单位认可，施工单位与分包单位签订了《深圳市市政工程总公司工程施工专业分包合同》，违反了《房屋建筑和市政基础设施工程施工分包管理办法》第九条的规定。

3）未履行对分包单位的管理职责。分包单位未设置健全的管理机构，现场负责人无相应资质证书。施工单位未按《房屋建筑和市政基础设施工程施工分包管理办法》第十七条规定履行对分包单位的管理职责。

4）对危险性较大的土方开挖工程安全隐患未进行有效监督。对土方开挖工程未进行现场监督，对超挖现象未采取有效整改措施，违反了《危险性较大分部分项工程安全管理办法》第十六条的规定。

5）未按要求落实停工通知。在地铁集团下达停工通知后，未将停工通知下达给分包单位；未按通知要求对照施工组织设计开展现场安全隐患排查；也未对现场是否实际停工进行检查。

6）施工单位未落实对项目部的管理。施工单位对项目部的管理，主要依托其下属部门进行，未对项目部人员履职情况、分包单位人员配备情况、项目部对分包单位管理情况进行检查。

(3) 分包单位违法承包工程，违法分包工程，现场管理架构不健全，不落实停工通知，安排工人到危险区域作业且无相应安全防范措施。

1) 违法承包工程。分包单位超越资质等级与施工单位签工程施工专业分包合同，违反了《房屋建筑和市政基础设施工程施工分包管理办法》第八条的规定。

2) 违法分包工程。分包单位将土方工程分包给另一家单位，违反了《房屋建筑和市政基础设施工程施工分包管理办法》第九条的规定。

3) 未按规定配备项目管理人员。现场未设置健全的管理架构，现场负责人郑壮桃无任何资质证书，违反了《建设工程质量管理条例》第二十六条的规定要求。

4) 未按要求停工，在停工期间擅自开工。5 月 9 日下午，分包单位现场负责人接到项目部执行经理传达停工通知后，继续安排土方开挖作业。并于 5 月 10 日下午建设单位现场检查后，分包单位继续施工，直到 5 月 11 日上午事故发生。违反《建设工程安全生产管理条例》第二十四条的规定。

5) 安全防范措施缺失。5 月 11 日上午，分包单位现场工长安排杂工班长等 5 人到土方开挖面作业，在危险区域作业未采取相应安全防范措施。违反了《安全生产法》第四十五条的规定。

(4) 分包单位项目管理人员配备不足，在明知建设单位停工通知的情况下擅自组织施工，且不按施工方案进行土方开挖作业，现场超挖，未及时消除安全隐患。

1) 未按规定配备项目管理人员。现场未设置健全的管理机构，现场负责人无任何资质证书，违反了《建设工程质量管理条例》第二十六条的规定。

2) 擅自组织的土方开挖作业未按施工方案要求进行，存在超挖。明知建设单位已组织检查停工情况，仍擅自组织土方开挖作业。5 月 11 日，现场土方开挖时，处于软土层中的第二级平台收坡较快，形成局部超挖。其现场作业未按《福保站深基坑专项施工方案》要求进行，未按照施工方案要求落实雨季施工土方开挖面保护措施，违反了《危险性较大的分部分项工程安全管理办法》第十四条的规定。

3) 未及时发现和消除土方开挖面安全隐患。5 月 11 日上午，开挖过程中未采取有效的技术和管理措施及时发现并消除土方开挖坡面的坍塌事故隐患，违反了《危险性较大的分部分项工程安全管理办法》第十六条的规定。

(5) 监理单位安全监理人员配备不足，对施工单位履职情况监督不力，对施工单位违法分包工程、分包单位违法承包工程失察，对土方开挖工程现场旁站监理缺失。

1) 未按规定配备监理人员，安全监理力量不足。项目部只配备安全总监，未配置专业安全监理工程师，未按照合同要求和监理规划配备 1 名安全总监和 2 名专业安全监理工程师，违反了《深圳经济特区建设工程监理条例》第五章第三十一条规定。

2) 未履行监理职责。未按照建设工程监理规范要求在分包工程开工前审查分包单位资格报审表和分包单位有关资质资料，对违法分包行为失察。

3) 未按规定督促、检查施工单位严格执行工程承包合同，对施工单位管理人员配置及履职不到位失察。分包单位项目经理、技术负责人等主要管理人员未在岗履职，分包单位未配备符合规定的管理机构，监理单位没有为此提出整改意见，也未将相关情况上报建设单位。违反了《深圳经济特区建设工程监理条例》第八条第五项规定。

4）未按规定实施土方开挖现场监理，土方开挖安全监管缺失。监理项目部未按照《深圳市城市轨道交通3号线某标安全旁站监理细则》和《深圳市城市轨道交通3号线某标监理规划》要求，安排监理工程师对土方工程实施安全旁站监理，填写旁站记录。违反了《危险性较大的分部分项工程安全管理办法》第十九条的规定。

（6）市政总站对某标项目部的安全生产监管不力。市政总站于2016年5月成立，作为市住建局直属事业单位，受市住建局委托负责包括在市住建局报建的市轨道交通等工程的质量安全监督执法工作。2016年5月，地铁3号线三期南延工程经报市住建局办理项目质量、安全提前介入监督登记手续。2016年5月至2017年4月，市政总站对地铁3号线三期南延工程某标项目部开展质量安全监督执法工作，存在未及时制定监督计划，对项目施工管理人员、监理人员到位履职情况和施工总分包情况检查不力等问题。

（7）市住建局对某标项目部的安全执法检查缺乏有效的监督指导。市住建局依据《深圳市党政部门安全管理工作职责规定》，负责市轨道交通建设工程及其造成的建筑边坡安全生产监督管理，承担监管责任。市住建局内设机构质量安全监管处作为具体监管部门，负责监督执行建设工程质量、安全生产施工的法律、法规和政策。质量安全监管处对市政总站在某标项目部的监督检查中存在的未制定监督计划，对项目施工管理人员、监理人员到位履职情况和施工总分包情况检查不力等问题缺乏有效监管，对市政总站的失职问题失察。

3.7.6 应急管理启示

3.7.6.1 应急准备

A 建设单位启示

（1）建设单位安全质量相关岗位设置应该合理，现场业主代表安全质量职责较重。但对业主代表履职情况又疏于管理，应按岗位职责进行履职考核，理顺下属国有企业的内部管理，提高安全质量管理水平。

（2）地铁明挖车站深基坑工程普遍采用一道砼支撑加多道钢管支撑的支护方式，因钢管支撑太密，对土方开挖造成很大难度，不按方案开挖、先挖后撑、超挖成为施工常态，碰到淤泥质土及暴雨季节，很易发生土方坍塌。建设单位应认真总结该事故的设计不利因素，提高深基坑工程设计水平，寻求施工更便捷更安全的设计方案。

（3）建设单位应根据职责建立健全危险性较大分部分项工程安全管控体系，特别要落实危险性较大分部分项工程实施过程的管理。

（4）建设单位要在确保质量、安全的前提下，充分考虑影响施工进度的因素、建设工程的复杂程度，特别是前期建筑物拆迁、管线迁改等影响，认真、慎重、合理地确定施工合同工期。避免出现因工期紧张，施工单位抢进度，进而风险防控能力下降的情况。

（5）建设单位应按施工总承包合同要求对施工单位项目经理、技术负责人、安全主任履职情况进行检查并提出整改。

（6）建设单位应按监理合同要求对监理单位安全监理工程师人员到岗履职情况进行检查并提出整改。

（7）建设单位应定期对施工单位及监理单位管理人员到岗履职情况进行检查，并形成书面记录。

(8) 建设单位应跟踪落实停工通知。5月9日下午下达停工通知后，未对现场是否真正停工进行有效督促落实。

(9) 要把加强安全培训作为安全生产治理体系的重要内容和保障手段，切实做到员工培训不到位企业不能生产，全面提高从业人员安全素质。

B 承包单位启示

(1) 施工总包单位除按要求落实自身施工安全管理职责外，还应加大对分包单位的安全管理，通过对分包单位人员履职及现场施工安全进行管控，杜绝总包与分包两层皮及“以包代管”现象。

(2) 施工单位要科学合理安排施工进度，实现以人为本、安全发展的理念，妥善处理工程安全与工程工期的关系，提高安全施工水平。

(3) 施工单位应加强危险性较大分部分项工程安全专项施工方案的编制和论证管理，严格实施专项方案，明确岗位责任并责任到人，在重要环节中要做到留痕且可追溯，真正做到有交底、有检查、有整改、有验收，有效管控好危险性较大分部分项工程，遏制群死群伤事故。

(4) 施工单位应加强对操作工人的安全教育，不走形式，保证足够课时，让工人真正意识到安全风险，掌握相应的安全常识和操作安全知识；在日常安全检查中，要对工人安全意识淡薄、违章作业等行为做好批评与再教育，逐步提高操作层的安全意识，真正把施工安全各项制度落实到操作层，保证项目的施工安全。

(5) 施工单位应按规定配备项目管理人员。现场设置健全的管理机构。

(6) 施工单位停工期间，应按施工方案要求进行土方开挖，不得超挖。现场作业应该按施工方案要求施工，按照施工方案要求落实雨季施工土方开挖面保护措施。

C 监理单位启示

(1) 监理单位应配备足够安全监理人员，全面把控现场施工安全情况。

(2) 监理单位应按照建设工程监理规范要求在分包工程开工前审查分包单位资格报审表和分包单位有关资质资料，对违法分包行为查处。

(3) 监理单位应按规定督促、检查施工单位严格执行工程承包合同，对施工单位管理人员配置及履职不到位情况进行查处。

(4) 监理单位应按规定实施土方开挖现场监理。

3.7.6.2 应急行动

A 响应及时

5月11日11时23分27秒，福田区总值班室接福田公安分局指挥中心报“保税区3号门深福保大厦银行附近一工地塌方，有3名工人被困，目前情况不明”。接此情况后，区总值班室与公安分局确认通知了福田消防大队（综合应急救援大队）和120后，立即按照应急预案和信息报送要求向区有关领导报告和通知相关单位，并于11时37分，在微信“福田应急指挥群”中发布了事故简要情况。

11日11时42分40秒，福田区应急办在现场进行电话报告，应急办副局长已到场，救援大队及120已在场，并确认事故坍塌点是地铁3号线延长线（福保站）在建工地。

11日11时47分，区有关各位领导已先后赶到事故现场指挥先期处置，在市抢险救援指挥部成立后，全力协助和配合市抢险救援指挥部抢救被困人员。

11 日 11 时 45 分 52 秒，福田区总值班室向市政府总值班室口头报告了事故基本情况。11 日 11 时 53 分 40 秒，福田区总值班室向市委值班室、市政府总值班室上报了事故突发事件书面报告。11 日 12 时 06 分 56 秒，福田区总值班室根据市委值班室要求，将事故现场图片以及福田区主要领导在现场的照片上传至全市“深圳哨兵”值班微信群。

B 事故现场应急处置情况

事故发生后，市委、市政府领导共 3 人、市住建局、应急局、应急办等单位领导均第一时间到达现场。福田区住建局、应急局、应急办、城市更新局（轨道办）、环水局（地防办）、福保街道办领导及工作人员，福田消防大队（综合应急救援大队）、消防特勤大队和 120 救护力量、福田公安分局、福田交警大队等力量均到场全力协助救援工作。期间，鉴于地铁 3 号线塌方已引起部分媒体关注，福田区宣传部立即启动了舆情监控处置预案机制。福田区卫计局根据市抢险救援指挥部要求，协调福田医院救护车到现场支援。

在此期间，市、区、街道办三级相关部门及时互通救援情况。福田区总值班室第一时间将市委值班室、市政府总值班室先后转来的市委、市政府党组成员就“福田区福保街道地铁 3 号线延长线在建工地出现一处塌方”信息的指示向区委区政府领导进行了报告，并通报了区相关部门。

C 搜救被困人员情况

在搜救过程中，福田区主要领导多次长时间深入到坍塌点了解情况，区现场总指挥刘柏廷常委带区相关单位人员坚守岗位，通宵达旦在事故现场协助救援工作。由于事故现场结构复杂，大型机械设备难以施展，同时可能引发的次生灾害，救援工作难度大。11 日 18 时 11 分 42 秒，福田区应急局向区总值班室报，挖出第一个被困人员，已无生命体征。11 日 20 时 02 分 09 秒，福田区刘柏廷常委来电告之区总值班室，已挖出第一具尸体和发现第二具尸体。

从 12 日凌晨起，坍塌处不断有土方塌落，考虑到安全原因，12 日 6 时现场指挥部调整了救援方案，确定主要以清淤为主，待 12 日 8 时 30 分再重新调整为救援为主。

12 日 13 时 23 分，福田区应急局向福田区总值班室报告，发现第三个被困人员，已无生命体征，正在清理，准备送至殡仪馆。12 日 14 时 00 分救援工作基本结束，整体工作进入善后阶段。

综上，该事故信息报送渠道通畅，信息流转及时，应急响应迅速，响应程序正确，未发现救援指挥、参与人员失职、渎职现象。

3.8 重庆轨道坍塌事故（2017 年 4 月 26 日）

3.8.1 事故发生经过

2017 年 4 月 26 日 00 时 20 分，轨道交通 10 号线渝北广场站 3A 出入口掌子面塌方冒顶，造成掌子面上方的渝长路农贸市场路面发生塌陷，因事发时仍在降雨，加之污水管道破裂，塌陷部位在雨水、污水的冲刷下，不断扩大。

4 月 26 日 0 时 25 分，施工单位项目部启动了应急预案，项目经理等管理人员赶赴现场展开应急抢险工作，当地政府在接到施工单位报告后，也迅速组织公安、交警等部门进行周边人员、车辆的应急疏散。因处置得力，本次塌陷险情未造成人员和财产损失。

4月26日17时35分，完成混凝土回填。

3.8.2 应急救援处置情况

(1) 地面塌方处周围5~10m范围外设置警戒带，派人引导过往行人绕道通行，且进行警戒，同时施做临时围挡，进行封闭式的抢险施工。

(2) 查找周边排污管道，在管道上游处截流并使用污水泵抽污水，确保污水不流入隧道内；及时组织人员及机械设备对塌方冒顶处进行回填处理，对塌方体进行稳固，避免范围扩大。

(3) 隧道内在已完成开挖段堆码高3m宽2m的沙袋，并在洞内挖设一集水井，配备4台污水泵，对车站内的淤泥进行清理。

(4) 塌陷范围内采用钢板、钢管、钢筋网片对塌腔进行封堵。

(5) 加强对地表沉降、地表位移等数据的监控量测。

3.8.3 事故原因分析

根据塌孔处的地质现状及冲入洞内流塑状土体，加之塌孔时暴露的DN600的混凝土污水管判断，造成地面塌陷的原因是：(1) 塌陷范围内大部分为素回填土和砂质泥岩；(2) 污水管破损水流和地下渗水长期浸泡致使周边围岩强风化严重，致使回填土成流塑状；(3) 3A出入口开挖掌子面距离此不良地质范围较近（仅3m），且此处隧道岩层已受渗漏水影响发生变化，围岩自身稳定性减弱。

3.8.4 应急管理启示

3.8.4.1 应急准备

A 建设单位启示

(1) 建设单位采用暗挖施工地铁出入口时，在进行浅埋隧道暗挖期间，尤其是进入回填土范围内，一定要高度重视实际地质情况与地勘报告的比对工作，避免疏漏，发现地质异常情况后，及时通知勘察、设计单位进行处置，将安全风险消除在萌芽状态。

(2) 进一步强化建设单位的首要责任，明确在“BT”和“PPP”等多元化建设模式下，建设单位、BT公司、PPP运营公司等单位的法律责任。

B 承包单位启示

落实参建单位主体责任。目前，施工单位和监理单位项目实际负责人与合同约定不符或未按合同约定足额配备管理人员等问题依然突出。

3.8.4.2 应急行动

施工单位项目部启动了应急预案，项目经理等管理人员赶赴现场展开应急抢险工作，当地政府在接到施工单位报告后，也迅速组织公安、交警等部门进行周边人员、车辆的应急疏散。

因处置得力，本次塌陷险情未造成人员和财产损失。

3.9 重庆轨道交通坍塌事故（2016年7月29日）

2016年7月29日8时10分左右，重庆轨道交通5号线5108标巴山站配线段钻爆区间在绑扎钢筋过程中，发生一起较大坍塌事故，造成3人死亡、1人重伤，直接经济损失668.6万元。

根据《中华人民共和国安全生产法》《生产安全事故报告和调查处理条例》（国务院493号令）《重庆市安全生产条例》等有关法律法规之规定，成立了由市应急局牵头，市监察局、市城乡建委、九龙坡区监察局、九龙坡区应急局、九龙坡区公安分局、九龙坡区总工会、高新区建设局等部门组成的“重庆轨道交通5号线某标‘7·29’较大坍塌事故调查组”（以下简称调查组），并邀请九龙坡区检察院派员参加。调查组下设技术组、管理组、综合组。

3.9.1 基本情况

重庆市轨道交通5号线一期工程起于园博园中心站，止于跳蹬。线路全长39.75km，分为十个标段施工建设。本次事故标段全长5.03km，含两站三区间，开工日期为2014年3月31日，工程造价约9.4亿元。

巴山站配线段钻爆区间为巴山站-凤西路站区间其中一部分，全长224.8m，埋深17.5~25.7m，围岩等级为Ⅳ级，设计为a、b、c、d四种衬砌断面。

3.9.2 事故发生经过

2016年7月29日7时，重庆轨道交通5号线一期工程土建某标巴山站配线段钻爆区间ZDK32+239~ZDK32+248范围内，钢筋班组12名工人在进行二衬双层钢筋安装作业。8时10分左右，钢筋绑扎班组长等6名工人在二衬台架顶部进行钢筋绑扎作业时，位于台架顶部左侧的人为了调直纵向钢筋，将两根钢管支撑顶托相继拆除，导致临时支撑体系性能变差，造成还未形成整体受力钢筋骨架的二衬双层钢筋下沉变形，重心侧倾失稳发生坍塌事故。

事故造成3名现场作业人员死亡，其中1名受重伤，1名受轻伤，1名未受伤。

3.9.3 应急救援处置情况

事故发生后，九龙坡区人民政府立即启动了应急救援预案，区委宣传部、区政府办公室、区公安分局、区应急局、区城乡建委等部门立即赶赴事故现场开展应急救援和现场处置工作，市应急局、市城乡建委等相关部门相继赶赴现场指导救援处置工作。

施工单位在规定的时间内向相关部门做了报告，并启动应急救援预案，积极参与事故救援和善后赔偿工作。事故得到有效控制，无次生事故发生，善后处理工作有序开展，社会秩序稳定。

3.9.4 事故损失及其善后处理情况

3.9.4.1 人员伤亡情况

事故造成3人死亡，1人重伤，1人轻伤。

3.9.4.2 直接经济损失情况

直接经济损失668.6万元，其中，丧葬及善后赔偿费用522万元，伤者治疗费用5万元，事故罚款141.6万元。

3.9.4.3 建议免于追究刑事责任的人员

钢筋绑扎班组长。为了绑扎钢筋作业方便，违规擅自将两根钢管支撑顶托相继拆除，导致事故发生，对本次事故负有直接责任，应该移交司法机关处理，鉴于已在事故中死亡，建议对其免于责任追究。

3.9.4.4 建议追究刑事责任的人员

钢筋班组施工现场实际负责人。安排钢筋班组进行钢筋绑扎作业时，未履行安全生产的管理职责，未在事故现场进行有效的安全监督管理，未及时消除施工现场作业人员违反《钢筋施工方案》的违章行为。王某对本次事故负有主要安全管理责任。其行为涉嫌违反《中华人民共和国刑法》第一百三十四条第一款之规定，按照《中华人民共和国安全生产法》第九十三条的规定，建议由司法机关依法追究刑事责任。

3.9.4.5 建议由纪检监察部门处理的人员

(1) 重庆市轨道交通5号线一期工程主监，对5号线施工建设进行安全指导服务。未及时有效审查发现施工单位制定的施工方案和施工技术交底存在针对性不强的安全隐患；对监理单位未按照法律法规和工程建设强制性标准实施监理和严格履行监理职责工作失察。对该事故负有管理责任，建议由市建委给予其处理。

(2) 重庆某区建设工程质量安全监督站站长，未严格履行属地安全监管职责，针对辖区内的重庆轨道交通5号线一期工程土建某标项目，未制定相应安全检查计划，未采取安全监管措施，对本次事故发生负有责任。建议由九龙坡区监察局给予其处理。

3.9.4.6 建议吊销相关证照的人员

5号线一期工程土建某标项目经理部安全副总监，一分部安全总监。未对钢筋安装过程进行全过程检查，没有及时发现并制止钢筋绑扎班组长违反安全操作规章违章作业的行为，对本次事故发生负有责任。依据《中华人民共和国安全生产法》第九十三条之规定，建议由发证机关按照规定撤销其安全员C证。

3.9.4.7 对企业经济处罚的处理意见

(1) 施工总包单位，企业主体责任不落实：编制的施工方案和施工技术交底针对性不强；对事故段进行二衬双层钢筋衬砌的过程中，加固措施不当，对可能导致坍塌的风险判断预估不足；针对二衬双层钢筋的绑扎不符合相关要求；施工单位安全管理人员教育和督促从业人员严格执行公司的安全生产规章制度和安全操作规章作业不力；事故隐患排查不到位，未采取有效措施及时发现并消除事故隐患，未能起到有效的安全管理的作用。上述行为违反了《中华人民共和国安全生产法》第三十八条第一款、第四十一条、第四十三条的规定，对本次事故的发生负有主要管理责任。依据《中华人民共和国安全生产法》第一百零九条第一款第二项之规定，建议由重庆市应急局75万元人民币的行政处罚。

(2) 监理主监单位，未按照法律法规和工程建设强制性标准实施监理，未严格履行安全监理职责：对施工方案和施工技术交底针对性不强，二衬双层钢筋的绑扎存在不符合要求等情况，未及时发现和消除；日常安全监理、隐患排查流于形式，监理人员未能及时发现并制止作业人员违章作业行为，未能达到有效的安全监理的作用。上述行为违反了《中华人民共和国安全生产法》第三十八条第一款和《建设工程安全生产管理条例》第十四条的规定，对本次事故的发生负有管理责任。依据《中华人民共和国安全生产法》第一百零九条第一款第二项之规定，建议由重庆市应急局给予55万元人民币的行政处罚。

3.9.4.8 对企业相关人员经济处罚的处理意见

（1）施工单位项目经理，没有经常在施工现场，督促、检查该项目部安全生产工作不到位，未及时发现消除编制的施工方案和施工技术交底针对性不强的安全隐患，未及时消除施工现场生产安全事故隐患。对本次事故发生负有责任。其行为违反了《中华人民共和国安全生产法》第十八条第五项的规定，依据《中华人民共和国安全生产法》第九十二条第二项之规定，建议由重庆市应急管理局给予严某处以3.2万元（8万元×40%）人民币的行政处罚。

（2）施工单位项目安全生产主要负责人，督促、检查一分部事故段的安全生产工作不到位，未及时消除生产安全事故隐患，对本次事故发生负有责任。其行为违反了《中华人民共和国安全生产法》第十八条第五项的规定，依据《中华人民共和国安全生产法》第九十二条第二项之规定，建议由重庆市应急管理局给予朱某处以4万元（10万元×40%）人民币的行政处罚。

（3）事故段的安全监理直接主管人员，未切实履行安全监理职责，未及时消除生产安全事故隐患。对本次事故发生负有责任，其行为违反了《建设工程安全生产管理条例》第十四条第三款和《中华人民共和国安全生产法》第十八条第五项的规定，依据《中华人民共和国安全生产法》第九十二条第二项之规定，建议由重庆市应急管理局给予胡某处以4万元（10万元×40%）人民币的行政处罚。

3.9.4.9 建议不予责任追究的单位及人员

经查，九龙坡区某街道办事处及九龙坡区安全生产监督管理局对重庆轨道交通5号线一期工程土建某标提供了应有的服务，未发现有失职渎职行为，建议不予责任追究。

3.9.4.10 其他的处理建议

施工单位、监理单位、建设单位对本次事故负有责任的其他人员，建议由各公司按照内部管理规定对其进行处理。

3.9.5 事故原因分析

3.9.5.1 直接原因

事故点 d 型断面二衬双层钢筋安装过程中，二衬双层钢筋未完全形成整体稳定骨架前，提前拆除了部分临时支撑，加之二衬双层钢筋未有效设置纵向临时支撑是导致此次二衬双层钢筋失稳坍塌事故的直接原因。

3.9.5.2 间接原因

（1）施工单位企业主体责任落实不到位：

1）施工单位安全生产管理人员没有根据本单位的生产特点，对二衬钢筋绑扎进行经常性检查。没有及时消除徐某违章作业的安全隐患；没有及时消除二衬双层钢筋未设置有效纵向临时支撑的安全隐患。根据《巴山站-凤西路站矿山法区间二衬及防排水安全技术交底》："6 钢筋绑扎安装安全措施（5）开始绑扎安装时，应边绑边撑，在钢筋未形成稳定的骨架结构前，严禁拆除支撑"和《巴山站-凤西路站矿山法区间二衬及防排水施工技术方案》"5.4 风险预防措施（5）钢筋坍塌事故 2）对现场作业人员进行安全、技术交底，并配置安全员、质检员对钢筋安装过程进行全过程检查，要求作业队伍对钢筋骨架定位钢筋进行加密"。但事故现场，施工单位安全管理人员没有及时发现并制止钢筋绑扎班组长违反安全操作规章违章作业的行为，也没有及时消除施工现场二衬双层钢筋的绑扎不符合要求的安全隐患。

2）施工单位制定的施工方案和施工技术交底针对性不强。其编制的《重庆轨道交通5号线某标实施性施工组织设计》《巴山站-凤西路站矿山法区间二衬及防排水施工技术方案》《巴山站-凤西路站矿山法区间二衬及防排水施工技术交底》，对临时支撑（包括纵向临时支撑）设置的要求不明确，针对性不强。对台车两侧第一、第二台阶操作平台处如何设置钢管临时支撑也未作明确要求。对台车两侧如何设置缆风绳或斜撑等其他措施（纵向临时支撑）未作明确的要求。

3）施工单位对事故段进行二衬双层钢筋衬砌的过程中，对其稳定性变化和相应维稳措施缺乏实践经验，加固措施不当，对可能导致坍塌的风险判断预估不足。根据《巴山站-凤西路站矿山法区间二衬及防排水施工技术方案》："5.4 风险预防措施（5）钢筋坍塌事故 4）必要时在骨架两侧设置缆风绳或斜撑等措施"。在二衬双层钢筋失稳坍塌事故现场，在台车右侧第一阶平台上方约 2m 高位置的掌子面上发现一根 22 锚杆与坍塌的钢筋骨架焊接拉结，二衬双层钢筋失稳坍塌后，该焊接拉结点已脱落；事故现场未见两侧设置缆风绳或斜撑等其他措施（纵向临时支撑）。

4）施工单位针对二衬双层钢筋的绑扎不符合要求。根据《巴山站-凤西路站矿山法区间二衬及防排水施工技术交底》："4.2.1 钢筋施工工序 14 钢筋绑扎，扎丝在每一个钢筋交叉点上都有设置，且绑扎牢固，扎丝的尾端要放在两层钢筋之间，不能朝向混凝土内表面或外表面。用直径 0.7mm 的铁丝，按逐点改变绕丝方向（8 字型）交错扎结，或按双对角线（十字型）方式扎结"。但在二衬双层钢筋失稳坍塌事故现场发现，对已绑扎完成的二衬外层钢筋网片，存在采用四股 22 号铁丝进行顺向跳 2~3 孔的方式跳扎，存在外层钢筋网片环向跳 9 孔和纵向跳 9 孔绑扎的情况。

（2）监理单位未能严格履行监理职责，未按照法律法规和工程建设强制性标准实施监理。监理单位对施工方案和施工技术交底针对性不强，二衬双层钢筋的绑扎存在不符合要求等情况，未及时发现和消除。监理单位对二衬双层钢筋未有效设置纵向临时支撑失察。监理人员未能及时发现并制止现场作业人员违章作业行为。

（3）行业监管部门重庆市建设工程施工安全管理总站。

重庆轨道交通 5 号线一期工程土建某标相关工程办理了质量安全提前介入手续。按照市政府下发的"三定方案"，重庆市城乡建委轨道处综合协调推进轨道交通建设进度。重庆市建设工程施工安全管理总站受重庆市城乡建委委托，对办理了提前介入手续的工程进行业务指导服务。

经调查，重庆市建设工程施工安全管理总站未能对事发项目的安全情况进行有效的服务指导；未及时有效审查发现施工单位制定的施工方案和施工技术交底存在针对性不强的安全隐患；对监理单位未按照法律法规和工程建设强制性标准实施监理和严格履行监理职责工作失察。重庆市建设工程施工安全管理总站对该事故负有管理责任。

（4）属地监管部门重庆市某建设局。

针对重庆轨道交通5号线一期工程土建某标，重庆市某建设局未严格落实属地监管职责。根据《重庆市人民政府办公厅关于加强安全生产监管执法的意见》第二条第（五）项规定："切实强化政府监管责任。各区县（自治县）人民政府要严格落实属地监管职责，组织负有安全生产监管职责的部门按照职责分工，对本行政区域各类企业（包括中央、市属企业）进行严格执法检查和监督管理，实施安全生产日常检查，承担属地监管责任；有安全生产监督管理职责的各级部门负责本行业领域的安全监管，承担直接监管责任"；《重庆市城乡建设委员会关于房屋建筑和市政基础设施工程项目施工安全生产实行属地监督管理的通知》第一条规定："从本通知印发之日起，全市所有房屋建筑和市政基础设施工程按照属地管理原则，全部由工程项目所在地区县城乡建设主管部门履行安全监管职责，负责项目的施工安全监管工作"。经调查，重庆市某区建设局主要做了轨道建设的相关征地、拆迁及协调工作；轨道建设临时用地协调；群众投诉解释、围挡美化修整、进出车辆带泥扬尘等督促工作。但重庆市某区建设局未履行安全属地监管职责，未对辖区内的重庆轨道交通5号线一期工程土建某标项目制定相应安全检查计划，也未采取安全监管措施，针对生产安全事故的防范存在失察失管。重庆市某区建设局对该事故负有管理责任。

3.9.6 应急管理启示

3.9.6.1 应急准备

A 建设单位启示

（1）建设单位应及时办理施工许可证。

（2）确保建设工程安全作业环境及安全施工措施所需费用，不得压缩合同约定的工期。配合相关部门做好施工现场的安全监管。

B 承包单位启示

（1）施工总包单位编制的施工方案和施工技术交底要有针对性，对可能导致坍塌的风险判断预估。

（2）施工单位安全管理人员应教育和督促从业人员严格执行公司的安全生产规章制度和安全操作规章作业。

（3）施工单位应加强对事故隐患排查，采取有效措施及时发现并消除事故隐患。

（4）施工单位应当严格落实企业主体责任，开展全员培训，夯实安全生产基础。细化责任，狠抓落实，加强全员安全警示教育和安全操作规程交底。

（5）施工单位应对施工技术管理进行专项检查，加强项目技术管理，针对施工组织设计、专项方案尤其是临时支架专项方案的编制、审核和专家论证进行再排查、再确认。

（6）施工单位加强现场安全质量控制和过程监督检查，督促安全管理人员认真履行职责。

（7）施工单位应当加强源头管理，进一步建立和完善企业内部安全管理制度。抓好企业管理的细胞建设，落实"班组管理"的安全生产骨干作用，在有条件施工单元增设独立安全体系，加强工人作业过程管理保障，保证作业过程工人行为可控。规范作业现场安全作业行为，提升管理人员过程履责及监控能力，提升现场作业队长、班组长安全技能水平，采取有效措施及时发现并消除事故隐患，杜绝违章作业现象。

(8) 施工单位应当加强关键工序安全管控工作，进一步加强对危险性较大分部分项工程的安全管理。加强关键工序作业领导带班和安全卡控，落实技术人员旁站监督制度，及时有效制止违章行为，对各类安全隐患进行严防死守，坚决遏制住安全事故的多发势头。

C 监理单位启示

(1) 监理单位应按照法律法规和工程建设强制性标准实施监理，严格履行安全监理职责：对施工方案和施工技术交底针对性不强，二衬双层钢筋的绑扎存在不符合要求等情况，应及时发现和消除。

(2) 监理单位应加强日常安全监理，隐患排查不能流于形式，监理人员应能及时发现并制止作业人员违章作业行为，应能达到有效的安全监理作用。

(3) 监理单位在实施监理过程中，发现存在安全事故隐患的，应当要求施工单位整改；情况严重的，应当要求施工单位暂时停止施工，并及时报告建设单位。施工单位拒不整改或者不停止施工的，工程监理单位应当及时向有关主管部门报告。督促施工单位落实安全生产企业主体责任。

3.9.6.2 应急行动

事故发生后，九龙坡区人民政府立即启动了应急救援预案，区委宣传部、区政府办公室、区公安分局、区应急局、区城乡建委等部门立即赶赴事故现场开展应急救援和现场处置工作，市应急管理局、市城乡建委等相关部门相继赶赴现场指导救援处置工作。

施工单位在规定的时间内向相关部门作了报告，并启动应急救援预案，积极参与事故救援和善后赔偿工作。事故得到有效控制，无次生事故发生。

3.10 南宁地铁坍塌事故（2014年10月7日）

2014年10月7日21时50分许，南宁市在建轨道交通1号线土建某标动物园站至鲁班路站区间在进行盾构设备开仓换刀作业期间发生坍塌事故，造成3名作业人员死亡，直接经济损失约1300万元。

由于该起事故造成多人伤亡，发生时适逢国庆黄金周和第45届世界体操锦标赛在邕举办，且为群众举报、事故单位涉嫌瞒报，社会影响极其恶劣。为此，南宁市委、市政府领导高度重视，在市应急管理局、城乡建委和轨道公司核实确认群众举报属实后当即做出指示，要求彻查事故原因，严肃处理有关责任人。按照《中华人民共和国安全生产法》《生产安全事故报告和调查处理条例》（国务院令第493号）和《广西壮族自治区实施〈生产安全事故报告和调查处理条例〉办法》（自治区人民政府令第50号）的有关规定，南宁市人民政府成立了以副市长为组长的轨道交通1号线某标施工工地“10·7”坍塌死亡事故调查组。调查组由市应急管理局牵头，市公安局、监察局、城乡建委、总工会等部门组成。市人民检察院应邀参加调查，自治区应急局对事故调查全过程进行监督指导。

3.10.1 项目基本情况

3.10.1.1 工程总体情况

南宁轨道交通1号线西起石埠站，东至南宁东站，途经大学路、衡阳西路、朝阳路、民族大道、高坡岭路等，全长约32.12km，设24个土建标段。其中，事故发生的7标位于南宁市西乡塘区境内，建设单位于2014年3月取得该标段《建筑工程施工许可证》，其工程总量包括一站三区间，线路均沿大学东路而设，区间总长度为6418.768m，区间隧道采用土压平衡盾构机施工工法进行掘进。本次“10·7”坍塌事故发生在动物园站至鲁班路站区间左线2号联络通道加固区内。

3.10.1.2 2号联络通道加固区施工情况

2号联络通道位于动物园站至鲁班路站区间，中心里程为YCK11+100。设计采用0.6m厚的C20素混凝土地下连续墙，外围止水加中间土层袖阀管注浆加固。地下连续墙加固区外围设计尺寸为22.5m×10.7m，深度为32.29m，嵌岩不小于2m，设计分为12幅，接缝采用锁口管的形式，设计计算常水位为70.80m，实际结构设计抗浮设防水位为75.4m，施工图已经审图机构审查并报市城乡建委备案。在实际施工中，由于现场一条D300给水管和一条光缆迁改滞后，施工单位将地连墙施工由12幅调整为13幅，最后施工的L6地连墙位于左线盾构停机开仓正前方位置，浇筑时间为2014年7月13日，和相邻L5、L7两幅地连墙的浇筑时间分别相距87天、71天，浇筑完成后形成L5~L6，L6~L7两条施工接缝。7月25日，施工单位委托检测单位采用超声波透射法随机检测了L3、L7、L12等3幅地连墙的完整性，检测结论是所抽检地连墙各幅墙身完整。2号联络通道内加固范围为地下12~26m，共设105个注浆孔，平面孔距为1.5m，呈梅花状布置。施工记录显示注浆加固施工无异常，经施工单位钻孔取芯送样检测，芯样无侧限抗压强度符合设计要求。据此，建设单位组织监理、设计、勘察等参建各方对2号联络通道加固区进行了验收。

7月30日至8月2日，右线盾构机在2号联络通道加固区内换刀时，曾发现盾构机尾部有渗水现象。为了防止地连墙接缝渗漏，增强止水效果，保证左线换刀安全，施工单位采取了施工保护措施，即在联络通道加固区外西北侧增加一幅宽度6.5m、厚度1.0m、深度与联络通道加固区地连墙一致的素混凝土墙，该段混凝土墙于9月29日完工。

3.10.1.3 工程和水文地质概况

从勘察单位郑州地质勘察院提供的该地段详勘报告显示，事发地段位于邕江北岸Ⅱ级阶地，属侵蚀堆积河谷阶地区，地面高程为（即海拔）75.90m，工程地质和水文条件复杂，主要体现在：岩土层自上而下分别为素填土、黏土、粉质黏土、粉土、圆砾、卵石、泥岩等。其中，素填土层厚2.70~7.40m，结构疏密不均，工程性能差，抗剪强度低。对于端头及联络通道基坑土方开挖时坑壁易坍塌，同时影响上层滞水的疏排，引起地面下沉。圆砾层层厚12.10~20.50m，层粒径2~20mm颗粒平均含量为47.99%，粒径大于20mm颗粒平均含量为30.18%，最大粒径一般50~70mm，粒间充填中、粗砂为主，不均匀系数Cu平均33.94，属不连续级配，重型动力触探试验修正后击数6.7~17.8击，平均11.4击。勘探期间（2011年7月），2号联络通道距离心圩江250m，水位标高（即海拔）约为66.06m，水深约0.30m，多为生活污水，水量小。根据钻探揭露，在钻探深度范围内，场地内有两层地下水：第一层地下水主要赋存于素填土层中，属上层滞水，该层地下水水量贫乏，主要由大气降雨及生活废水补给，主要通过大气蒸发方式排泄，无统一水位。第二层地下水主要赋存于圆砾层和卵石层中，属松散岩类孔隙水，具承压性，水量丰富，与邕江及心圩江的水力联系紧密。勘察期间初见水位埋深在10.05~11.29m，稳定水位埋深在9.25~10.26m，承压水头0.60~1.30m。圆砾层的地下水位受心圩江、邕江水位高低影响而变化。现场抽水试验发现圆砾、卵石层的渗透系数为105m/d，为强透水层，渗透性非常强。

根据资料显示，心圩江在该施工区域设计勘查后实施环境整治工作，多次下闸试蓄水后再放空。2013 年 9 月正式蓄水至设计水位后至今未放空，其水位标高（亦指海拔）约 70.8m，水深约 4~5m。10 月份前，南宁市遭受“威马逊”“海鸥”等强台风影响，市区降雨量暴增，8、9 月份累计降雨量分别达 228.8mm、211.6mm，为全年最高，比历史同期降雨量（2003~2013 年各年平均数）高出将近 1 倍，受此影响，邕江水位上涨，部分低洼地段出现内涝。

3.10.2 事故发生经过

10 月 6 日上午，施工单位组织人员开展左线盾构开仓换刀前的检查工作，在确认 2 号联络通道加固区内土仓掌子面稳定、气体检测合格、活体试验无异常、应急物资到位后，施工和监理单位相关负责人在《开仓程序签认表》《有限空间作业条件验收表》上签署了同意开仓换刀的意见。左线盾构共需更换 31 把刀具，计划于 10 月 9 日完成。换刀过程施工单位均安排有值班工程师，劳务分包单位一般则安排两名工人进入土仓内负责更换刀具，两名工人驻守人闸内负责联络、传送工具和其他材料等，另外还安排两名工人在仓外负责其他的配合工作。整个过程要求有监理工程师旁站监督。

当天下午 4 时左右，施工单位开始组织左线盾构的开仓换刀作业。截止到 10 月 7 日晚上 8 时，共完成了 6 把刀具的更换，另有 2 把刀具已拆卸。在此期间，除降水井一台水泵因故障停止运行，导致水位升高、土仓内渗漏水增多暂停换刀外，并无其他异常现象。施工人员在排除水泵故障后继续实施换刀。7 日晚上 8 时，作业人员正常换班，接班的一共 12 人，分别是施工单位值班工程师，安全员、机修工和盾构机中控手等 5 人，劳务公司施工现场副主管和班长、劳务工人等 7 人。该时段，负责旁站的监理工程师，但其以忘记携带照相机为由于 20 时 30 左右离开工作面回到办公室，事发及公司项目部自行组织救援时其均不在现场，处于脱岗状态。21 时 30 分左右，作业人员完成此前所拆卸两把刀具的更换后，出到人闸外面平台休息。稍作休整后，于 21 时 40 分左右继续开工。恢复作业前，由施工单位安全员在拼装机边上值守，值班工程师再次进入土仓内检查掌子面稳定情况。过了 5min 左右，值班工程师出仓表示掌子面稳定，可以继续换刀。劳务公司的施工现场副主管和劳务工人听到值班工程师的信息，再次进入土仓内施工，劳务工人则在土仓门外负责传送工具和材料，他在人闸通道外侧负责联络。刚过了几分钟，土仓内就发生了土方坍塌事故，大量塌落的黄泥夹杂着水泥块、卵石瞬间充满土仓并从土仓门迅速往外喷涌，施工现场副主管和劳务工人被埋在土仓内，班长被困在人闸内，身体部分被掩埋，劳务工人被泥石流及瞬间关闭的人闸门冲出。事故发生后，现场值班工程师当即安排中控手用隧道内专线电话向地面的值班室报告，值班工程师、安全员、劳务工人等工作面上的其他人员则设法施救，使用撬棍、千斤顶等工具撬顶人闸门。但由于仓内压力过大，人闸门一直无法打开。

3.10.3 应急救援处置情况

3.10.3.1 企业应急处置情况

施工单位项目部经理、副经理、总工程师以及劳务队伍现场负责人等人接到事故报告后，并未按规定向建设单位和政府有关部门汇报，自行组织了现场应急处置。事发当晚

10时30分左右，项目部经理、副经理、总工程师劳务队伍现场负责人和劳务队主管先后到达事发隧道组织救援；11时许，总工程师和项目安全总监赶到事发隧道路面位置，组织施工围挡，回填因坍塌造成的路面塌孔。隧道内救援人员先后采用大铁锤打碎人闸主副仓观察窗玻璃，切割人闸主副仓分隔钢板，用盾构管片拼装机顶开人闸门、持续冲水、人工掏挖泥土等方式施救。至10月8日中午12时许，困在人闸内的韦某被挖出。13时47分左右，劳务公司现场班长被送至南宁市第二人民医院，此时其已死亡。因自行施救过程中，泥土一直往外涌出，施工单位项目部考虑到可能会引发次生灾害，遂于10月8日下午1时关闭了人闸仓门，暂时放弃救援工作。

3.10.3.2 政府及有关部门应对处置情况

10月11日上午，对事故进行核查确认后，市应急局立即将事故信息分别报告市委、市政府和自治区应急管理局。市人大副主任、轨道建设指挥部常务副指挥长，市政府副市长、轨道建设指挥部副指挥长等两位市领导立即带领市应急管理局、城乡建委、国资委、轨道公司等相关部门和单位领导赶赴现场，开展事故应急救援和抢救工作，同时成立事故应急救援指挥部。当晚，自治区党委常委、南宁市委书记，市长组织召开专题会议，研究事故处理的有关问题。会后，南宁市委书记、市长带领市委常委、政法委书记，市委常委、纪委书记，市委常委、市委秘书长等市领导和有关部门负责人至事故现场察看，并再次召开现场会，强调部署应急抢险相关工作。自治区应急局局长接到事故报告后，指示两位副局长到事故现场指导应急救援工作，提出“制定救援方案，一切以救援抢险为主”的指导意见。

综合考虑技术可行性、实施条件、施工周期、对后续施工的影响等方面的优缺点的讨论和比选，并经过专家严密论证，事故应急救援指挥部决定采用盐水冻结加固方案进行抢险。2014年12月31日凌晨和2015年1月2日中午，失踪人员的尸体被挖出。

3.10.4 事故损失及处理情况

事故人员伤亡：据调查核实，事故共造成3人死亡。

直接经济损失情况：事故造成直接经济损失约1300万元。

3.10.4.1 建议移送司法机关处理的人员（4人）

（1）施工单位项目部经理，项目安全生产第一责任人，履行安全生产职责不到位，未能有效督促检查项目部安全生产工作，且在明知及时如实上报事故是项目部经理法定职责的情况下，仍然在事故发生后想方设法掩盖事故信息，安排下属等人接来家属协商赔偿事宜，试图私了，是瞒报事故的主要策划者，其行为已涉嫌不报、瞒报安全事故罪，建议移送司法机关依法追究戴某的刑事责任。

（2）施工单位项目部技术负责人，履行项目技术管理职责不到位，对施工过程技术措施组织不到位，且事故发生后不按规定及时向有关部门报告，而是组织人员回填坍塌路面，试图掩盖事故信息，且在轨道公司派人向其核实事故信息时，否认事故发生，是瞒报事故的主要参与者，其行为已涉嫌不报、瞒报安全事故罪，建议移送司法机关依法追究其刑事责任。

（3）劳务单位项目现场负责人，履行安全生产职责不到位，未能有效督促检查本公司安全生产工作，事故发生后不按规定及时向有关部门报告，而是积极与家属协商赔偿事宜，试图掩盖事故信息，是瞒报事故的主要参与者，其行为已涉嫌不报、瞒报安全事故罪，建议移送司法机关依法追究其刑事责任。

(4) 施工单位项目部副经理，分管项目安全生产工作，履行安全生产管理职责不到位，未能有效组织开展隐患排查整治工作，且事故发生后不按规定及时向有关部门报告，而是协调各方在短时间内火化死者尸体，安抚家属，试图掩盖事故信息，是瞒报事故的参与者，其行为已涉嫌不报、瞒报安全事故罪，建议移送司法机关依法追究其刑事责任。

3.10.4.2 建议给予党政纪处分的人员（10人）

(1) 施工单位项目部2人：

1) 施工单位项目部安全总监，项目质量安全部负责人，履行安全生产管理职责不到位，未能有效组织开展安全隐患排查治理，及时消除项目部在人员管理、施工监测、现场施工等方面的安全隐患，对事故发生负有现场管理责任，建议给予其党内严重警告、行政记大过处分。

2) 施工单位项目施工员，事发当天值班工程师，现场安全生产检查不到位，对左线盾构机土仓前掌子面土体稳定情况误判，对事故发生负有直接责任，建议给予其行政记大过处分。

(2) 施工单位2人：

1) 施工单位副总经理，分管公司生产和安全管理工作，是公司安全生产工作的主要责任人，履行安全生产管理职责不到位，未能有效督促检查项目部的安全生产工作，致使项目部施工组织不严密，现场安全管理不到位，对事故发生负有重要领导责任，建议广东省有关方面按照国有企业干部职工管理权限给予其党内警告、行政警告处分。

2) 施工单位工程技术部长，是公司安全生产管理工作的具体责任人，履行安全生产管理职责不到位，未能有效组织开展对项目部安全生产的督促检查工作，致使项目部存在现场安全管理不到位，隐患排查不彻底情况，对事故发生负有领导责任，建议广东省有关方面按照国有企业干部职工管理权限给予其行政记过处分。

(3) 监理单位2人：

1) 监理单位项目部监理小组负责人，履行项目安全监理职责不到位，对监理小组人员管理不到位，未能有效组织开展对施工单位的安全监理工作，对事故发生负有直接监督管理责任，建议给予其行政记大过处分。

2) 监理单位项目部工程质量专业监理工程师，履行项目质量监理职责不到位，未能及时督促施工单位办理施工补充措施的变更手续，导致2号联络通道加固区阻水和止水效果不佳而存在施工隐患，对事故发生负有直接监督管理责任，建议给予其行政记过处分。

(4) 建设单位3人：

1) 项目业主代表，未认真履行建设单位业主代表职责，对施工、监理单位疏于督促管理，现场巡查工作不到位，对项目现场监测点损坏、施工单位变更施工设计不办理审批手续、隐患排查不彻底等问题不能及时督促整改或及时上报轨道公司，对事故发生负有现场管理责任，建议给予其行政记大过处分。

2) 建设单位安全质量监督部副部长，作为安全质量监督部分管领导，组织对工程参加单位和公司工程管理部门的建设管理行为监督检查不力，组织开展安全质量隐患排查不到位，导致事故的发生；事发后，没有深入现场认真调查核实事故情况，未能及时发现事故及掌握相关人员瞒报行为，造成恶劣社会影响，负有主要领导责任，建议给予其行政记过处分。

3）建设单位工程一部部长，作为轨道交通工程土建施工建设管理的直接责任部门和安全质量管理的主体责任部门的主要领导，对参建单位安全生产监督管理不力，督促参建单位建立、落实安全生产保证措施不到位，组织施工现场安全质量检查不到位、未能及时掌握项目施工安全情况，督促整改存在问题，导致事故的发生，造成恶劣社会影响，负有重要领导责任，建议给予其行政记过处分。

(5) 政府有关部门1人：建设单位建筑管理处主任助理、轨道监督站站长。督促参建单位落实安全生产责任制不力，组织开展轨道工程施工安全监督管理不到位，负有领导责任。建议给予其行政警告处分。

3.10.4.3 建议给予其他行政处理或处罚的人员（3人）

劳务单位1人：

劳务公司总经理，安全生产第一责任人，履行安全生产职责不到位，未能有效督促检查本公司安全生产工作，导致公司对劳务队伍管理不到位、允许无相关资质的劳务队伍挂靠其名下承揽工程，建议南宁市城乡建委依据《建筑工程施工转包违法分包等违法行为认定查处管理办法（试行）》等有关规定依法对其进行处理。

监理单位2人：

(1) 监理单位总监理工程师，项目监理部安全生产第一责任人，履行项目安全监理职责不到位，对项目监理部人员管理不到位，未督促监理人员认真开展旁站工作，对现场监测工作督促不力，对可能引发的安全隐患未能及时了解并协调施工方及时研究处理，对事故发生负有重要监督责任。建议建设行政主管部门按照《建设工程安全生产管理条例》第五十八条规定对其处以吊销执业资格证书，5年内不予注册的处理，并进行通报批评；由市应急局依据《生产安全事故报告和调查处理条例》（国务院493号令）的有关规定给予其经济处罚。

(2) 监理单位项目经理部监理员，事发时为值班监理员，未认真履行监理员职责，未对开仓作业全过程进行旁站，对可能引发的安全隐患未能及时了解记录清楚，也未协调施工方及时研究处理，事故发生后对盾构机不正常关仓和停止换刀没有认真核查，导致施工单位发生事故后又隐瞒事故，对事故发生负有主要监督管理责任。建议建设行政主管部门按照《建设工程安全生产管理条例》第五十八条规定对其处以吊销执业资格证书，5年内不予注册的处理，并进行通报批评。

3.10.4.4 建议处理的有关单位（6个）

(1) 施工单位对复杂地质水文条件下的施工安全认识不足，现场安全生产管理组织不严密。存在人员管理不到位；增加施工补充措施未办理变更手续；施工监测不到位；隐患排查不彻底；现场应急处置措施不当等问题，且在事故发生后，瞒报事故。其行为违反了《中华人民共和国安全生产法》第四条、第七十条第二款，《生产安全事故报告和调查处理条例》第九条第一款和《城市轨道交通工程安全质量管理暂行办法》（建质〔2010〕5号）第四十条、第四十一条之规定，对事故发生及其瞒报行为负有责任，建议责成其向广东省建工集团做出深刻书面检查，由建设主管部门按照《建筑施工企业安全生产许可证动态监管暂行办法》（建质〔2008〕121 号）的有关规定暂扣其安全生产许可证，并由南宁市应急局依据《生产安全事故报告和调查处理条例》第三十六条、三十七条之规定对其依法进行经济处罚。

（2）监理单位施工现场监理缺位，风险管控措施不到位。未按规定编制报送《开仓作业旁站监理方案》和填写旁站监理记录；未能及时督促华隧公司项目部纠正现场施工人员与专项方案不符的问题；旁站监理工程师当班期间脱岗；监测数据比对不及时；现场监督检查不到位，未能及时督促施工单位办理施工补充措施的变更手续，也未能督促施工单位有效开展隐患排查，及时治理危害施工的水患，检查发现施工单位关仓停止换刀的异常行为。其行为违反了《建设工程旁站监理管理规定》（建市〔2002〕189 号）第三章第九条、第十三条，《南宁轨道交通集团有限责任公司盾构施工管理办法（试行）》（南轨发〔2014〕80 号）第七章第二十二条第 12 项第（14）点，《南宁轨道交通有限责任公司工程监测管理办法（试行）》第 2.3.3、2.3.5 条，《城市轨道交通工程安全质量管理暂行办法》（建质〔2010〕5 号）第五十四条、第五十五条第一、二项，《建设工程安全管理条例》第十四条第二款之规定，对事故发生负有责任，建议由南宁市应急管理局依据《生产安全事故报告和调查处理条例》第三十七条之规定对其依法进行经济处罚。

（3）劳务公司对劳务队伍管理不到位，允许无相关资质的劳务队伍挂靠其名下承揽工程，建议由南宁市城乡建委依据《房屋建筑和市政基础设施工程施工分包管理规定》（住建部第 19 号令）和《建筑工程施工转包违法分包等违法行为认定查处管理办法（试行）》（建市〔2014〕118 号）对其违法行为进行立案查处，同时启动建筑施工企业人员和资质核查，依法吊销其相关施工资质。

（4）建设单位履行项目业主职责不到位，对参建单位安全生产监管不严、检查不细，导致施工现场管理混乱、监理单位不认真履职，监测工作失效等问题不能够及时发现、有效整改，也未能够及时掌握项目施工安全情况、事故发生情况及施工现场异常情况。建议责成其向南宁市人民政府做出深刻书面检查。

（5）南宁市建筑管理处监管不到位，督促参建单位落实安全生产责任制不力、开展轨道工程施工安全监督管理不到位，安全隐患排查不够准确彻底。建议责成其向南宁市城乡建委做出深刻书面检查。

（6）南宁市城乡建委监管不到位，未能有效组织轨道交通建设安全隐患排查，建议责成其向市人民政府做出深刻书面检查。

3.10.5 事故原因分析

3.10.5.1 直接原因

2 号联络通道连续墙体外地下水受自然天气及复杂工程水文地质环境等多重因素叠加影响，形成高压水头，压迫左线盾构机前方连续墙接缝处，使之超过承压极限而被破坏，导致土仓外土体瞬间坍塌，大量水土涌入土仓和人闸，掩埋作业人员，造成事故。

3.10.5.2 间接原因

（1）施工单位对复杂地质水文条件下的施工安全措施认识不足，现场安全管理不到位。

1）施工现场人员管理不到位。事发时，左线盾构机实施开仓换刀作业的人员与专项方案所列人员不相符，人员变更后未报经监理单位审查同意。

2）2号联络通道连续墙施工补充措施未办理变更手续，亦未组织必要的技术咨询和论证。

3）施工监测不到位。监测孔因施工交叉作业屡遭破坏，导致施工现场监测工作开展不正常，部分监测数据缺失。

4）隐患排查不彻底，流于形式。对地下水情变化情况疏于观察，对左线盾构机土仓前掌子面土体稳定性出现误判。

5）应急处置措施不当。事故发生后，擅自用土方回填因隧道内坍塌形成的路面塌坑，加剧了盾构机土仓的救援难度。

（2）监理单位施工现场监理缺位，风险管控措施不到位。

1）现场旁站监理不到位。未按《建设工程旁站监理管理规定》（建市〔2002〕189号）编制《开仓作业旁站监理方案》和填写旁站监理记录；未能及时督促项目部纠正现场施工人员与专项方案不符的问题；旁站监理工程师当班期间脱岗。

2）监测数据比对流于形式。未能督促项目部有效开展施工监测，导致部分监测数据缺失，数据比对严重滞后。

3）现场监督检查不到位。未能及时督促施工单位办理连续墙分幅和增设等施工补充措施的变更手续，亦未能督促其组织必要的技术咨询和论证；未能督促施工单位有效开展隐患排查，及时治理危害施工的水患；事故发生后未能检查发现施工单位关仓停止换刀作业的异常行为。

（3）劳务公司对劳务队伍管理不到位，允许无相关资质的劳务队伍挂靠其名下承揽工程。

（4）建设单位督促检查不到位，对风险防控应对措施跟踪落实不到位。

1）对复杂工程地质水文条件下施工作业的风险应对措施不足。

2）对施工单位采取的施工补充措施没有及时察觉并督促其组织论证。

3）未能有效督促施工、监理单位及时纠正施工监测、监测数据比对等方面存在的安全隐患；也未能及时检查发现施工单位关仓停止换刀作业的异常行为。

（5）南宁市建筑管理处监督检查不到位。过于侧重工程实体方面的巡查，对参建单位落实安全生产责任制督促不力，开展轨道工程施工安全监督管理不到位，对施工、监理单位的管理行为监督不到位。

3.10.6 应急管理启示

3.10.6.1 应急准备

A 建设单位启示

（1）建设单位应强化对轨道各参建单位的履约检查，严格落实主体责任。要建立健全企业全员岗位安全生产责任制和员工激励约束考核制度，完善企业内部工作协调沟通机制，增强决策执行力，构建符合市情、高效运转的轨道建设安全管理体系。

（2）建设单位要着力协调解决管线迁改等困扰施工的外部问题，保证施工整体衔接和连续性。

（3）建设单位要进一步强化现场业主代表履职能力，督促其加强对设计、施工、监理、第三方监测等参建单位的履约管理，强化施工现场人员、机械、设备、施工工艺、监理程序的监督检查，从源头上堵塞漏洞。

(4) 建设单位正确处理工作效率与安全质量之间的关系，施工推进速度必须绝对服务安全质量的要求，绝不能以牺牲安全生产来换取施工进度。

B 承包单位启示

(1) 参与轨道工程的勘查、设计、建设、施工、监理、监测、检测等各个相关方要坚决执行“管生产经营必须管安全”等“三个必须”，切实落实责任，强化各项安全防范措施，筑牢安全基础，严防事故发生。

(2) 参建各方要进一步加强轨道交通工程重大风险源的管理，严格按照《隧道施工安全九条规定》（应急总管二〔2014〕104 号）的要求做好安全管控。

(3) 参建各方在落实安全管理制度上要力戒形式主义，务求实效。勘察和设计单位要强化对现场施工组织的指导，确保实际施工符合施工图设计要求。

(4) 施工单位要加强现场施工人员的管理，严格施工组织设计和安全专项方案的执行，对关键节点和地质水文复杂地段要加强施工监测的频次，依靠数据比对科学指导现场施工。

(5) 施工单位对涉及重大风险源的，施工作业前必须编制安全专项施工方案，明确针对性的安全防范措施并经过专家论证。

(6) 施工单位针对工程水文地质条件复杂的，要强化安全风险评估，对施工方案要反复推敲论证。施工环境发生重大变化的，要及时补勘或调整施工方案。

(7) 施工单位对施工环节相关联或相互影响的，要严格检测和验收。

(8) 施工单位对深基坑开挖、盾构始发及到达、盾构开仓、隧道联络通道开挖、隧道下穿重大风险源、矿山法隧道开挖、爆破施工以及轨行区铺轨等关键节点施工前要严格按照既定程序组织安全条件验收，各相关方在验收中要逐条逐项检查、核实、确认并签字，明晰责任；主控条件不合格或有缺陷的，整改后须经主管部门复查确认方可施工；一般条件不合格或有缺陷的，整改后要报监理和业主审查确认方可施工。

(9) 监理单位要督促各责任主体扎实开展隐患排查整治工作，及时消除违反建设程序施工、不按图施工和监测数据比对滞后等重大隐患，确保轨道建设安全生产。

3.10.6.2 应急行动

轨道交通建设工程参建各方要建立完善事故报告制度和生产安全事故应急救援预案，公开事故报告和应急处置程序，并把之列为工人岗前三级安全教育培训的必选内容进行普及教育。

参建单位项目领导要树立依法报告事故的法律责任观念，接到事故报告后，要在法定时间内向安全监管部门或建设主管部门报告事故情况，坚决杜绝迟报、漏报、不报和瞒报事故。同时，要坚守现场指挥事故应急处置，科学合理地制定完善救援抢险方案，避免盲目施救。

4 透水涌土事故案例分析

4.1 青岛地铁较大涌水突泥事故（2019年5月27日）

4.1.1 项目基本情况

4.1.1.1 项目概况

青岛市地铁4号线为主城区东西向的骨干线，连接市南区、市北区、崂山区，线路总体呈东西走向，从青岛城区的中部东西向连接老城区、东部新区以及崂山区沙子口街道办事处。线路自人民会堂站起，主要沿太平路、江苏路、热河路、辽宁路、华阳路、内蒙古路敷设，过海泊桥后，向东沿鞍山路、辽阳西路、辽阳东路、规划长沙路、李宅路（S296）、李沙路（S214）到达沙子口，全长约26km，共设车站22座，全部为地下线。

4.1.1.2 土建11工区简要情况

青岛地铁4号线土建11工区，负责两站（静港路站、沙子口站）、两区间（九静区间、静沙区间）土建施工，线路全长约2.7km，合同工期49个月，计划竣工日期为2020年12月19日。

4.1.1.3 工程概况

青岛地铁4号线静港路站-沙子口站区间位于青岛市崂山区静港路站至沙子口站之间。区间线路出静港路站后，沿李沙路路中向南敷设，线路在渔港路路口附近偏离李沙路，向东方向敷设，从东尖山西北侧下方穿越后往沙子口街道方向前进，在沙子口街道中心空地到达沙子口站。

静沙区间总平面图（见图4-1）静港路站-沙子口站区间起止里程：（Z）YDK24+739.400~（Z）YDK25+879.000，左线全长1123.531m，右线全长1143.346m（右线长链3.746m，左线短链16.069m）。区间在YDK25+300.000设1座联络通道兼废水泵房。本区间设计主要采用盾构法施工，中间硬岩段先采用矿山法施工开挖，盾构平推通过后在矿山法隧道端头再次始发。区间矿山法段在YDK25+452.018处设置一处施工竖井及横通道。

事故发生位置在静沙区间左线ZDK25+090.9~ZDK25+528硬岩段，坍塌里程为ZDK25+343，隧道净宽7.4m，隧顶埋深约19.6m，基本位于渔港路正下方，上方无建筑物。事故发生区域周边地势平坦，基本为农田和菜地。

4.1.1.4 事故发生前基本情况

2017年5月该项目正式开工，至事故发生前，静沙区间矿山法段隧道左线小里程设计382.13m，完成114m；左线大里程设计64.97m，已全部完成。矿山段右线小里程设计386.32m，完成132m；右线大里程设计113.48m，完成64m。

4.1.2 事故发生经过

2019年5月27日10时55分，4号线静港路站至沙子口站区间左线小里程ZDK25+

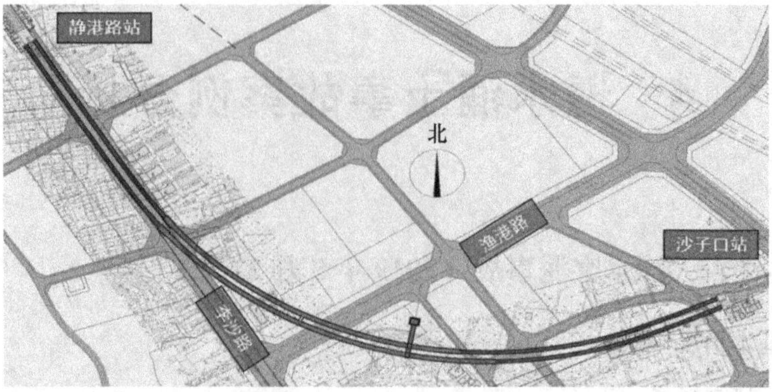

图 4-1 静沙区间总平面图

343 完成上台阶爆破作业。11 时 10 分左右，劳务单位立架开挖班班长带领立架班进入左线小里程，开始格栅钢架安装及锁脚锚管安装。立架完成后，喷浆班进入隧道，15 时左右拱架喷射混凝土完成。

15 时 30 分，施工单位技术员巡视发现已完成支护前方及掌子面局部存在渗水、掉块情况，向项目部副总工程师、专业监理工程师、工程部部长反映了情况。

项目部副总工程师接到施工单位技术员的报告后立即去现场进行查看，按照《静沙区间主体结构矿山法段开挖及支护安全专项施工方案》规定的流程和措施，组织工人采用掌子面挂钢筋网片喷射混凝土封闭的常规处置方式对渗水、掉块情况进行了封闭。期间，劳务队长、项目部副经理、专业监理工程师、总监等人均到达左线洞内掌子面查看了施工情况。

17 时 30 分左右，掌子面封闭施工已经完成，掌子面未再出现渗水、掉块情况。专业监理工程师、总监、项目部副经理、劳务队长等管理人员先后离开，现场负责封闭掌子面的 7 名人员（项目部副总工程师、劳务单位立架开挖班班长等）仍在收拾清理现场工具准备撤离。

17 时 40 分左右，专业监理工程师、总监、项目部副经理已返回地面，劳务队长到了横通道位置，掌子面突然出现涌水突泥，瞬间冲垮掌子面，掌子面附近 7 名人员和距离掌子面约 30m 的项目部副经理受到泥水冲击，5 人失联，3 人逃生。

4.1.3 应急救援处置情况

5 月 28 日 0 时 31 分许，消防救援力量先后救出 3 名被困人员，经医护人员确认 3 人已无生命体征，另有 2 人失联。5 月 30 日 18 时，施工人员在清淤过程中发现 1 名失联人员，已无生命迹象，于 18 时 46 分将其转移至地面，移交医疗部门。6 月 1 日时许，施工人员在左线小里程发现最后 1 名失联者，已无生命迹象，于 22 时 53 分将其转移至地面，移交医疗部门。至此 5 名失联人员全部找到，搜救工作结束。

4.1.4 事故损失及善后处理情况

4.1.4.1 事故损失

事故造成 5 人死亡，3 人受伤，直接经济损失约为 785 万元。

4.1.4.2 相关人员党纪政务处分及行政问责建议

（1）施工单位项目部经理，履行项目部管理职责不力，未保证视频监控系统和门禁系统的可靠使用，未按照有关规定及时更换技术负责人，组织教育培训流于形式，建议由施工单位对其给予撤职处分。

（2）监理部总监，履行总监职责不力，未及时发现并纠正项目部存在的管理问题，且对监理资料管理混乱，不能如实反映日常监理、验收等工作情况，建议由监理单位对其给予撤职处分。

（3）建设单位项目业主代表，履行对参建单位管理职责不到位，未及时发现并纠正土建11工区项目部存在的管理问题，建议由建设单位对其进行诫勉谈话。

（4）施工单位总经理，对土建11工区项目部存在的管理问题失察负有领导责任，建议施工单位对其给予诫勉谈话。

（5）施工总承包部指挥长，对项目部存在的管理问题失察负有领导责任，建议其上级单位对其给予诫勉谈话。

（6）建设单位总经理，对参建单位监督检查不到位等问题负有领导责任，建议责令其作出深刻检查。

（7）项目发起单位、建设单位董事长，对参建单位监督检查不到位等问题负有领导责任，建议对其予以诫勉谈话。

（8）青岛市地铁工程建设指挥部副总指挥、项目发起单位总经理，对项目发起单位在地铁建设过程中未充分考虑可能存在的地质风险，履行安全质量管理职责不足等问题负有领导责任，建议对其予以诫勉谈话。

（9）青岛市地铁工程建设指挥部常务副总指挥、项目发起单位董事长，对项目发起单位在地铁建设过程中未充分考虑可能存在的地质风险，履行安全质量管理职责不足等问题负有领导责任，建议对其批评教育。

其他相关人员，由各单位按照内部规定给予相应的党纪政务处分及经济处罚。

4.1.4.3 行政处罚建议

（1）施工单位项目部存在安全培训制度不落实，施工现场管理有漏洞，未及时办理变更技术负责人等问题，针对劳务单位个别施工人员未进行安全培训教育的问题，建议由住建部门依据《建设工程安全生产管理条例》第六十二条，对施工单位在内的单位处10万元罚款。

（2）承包单位项目部未按法律法规规定建立健全安全生产规章制度的违法行为，针对未建立事故隐患排查治理制度的问题，建议由住建部门依据《中华人民共和国安全生产法》第九十八条，对承包单位处6万元罚款。

（3）监理单位在日常监理工作中存在的问题，建议由住建部门依据《建设工程安全生产管理条例》第五十七条，对监理单位处10万元罚款。

4.1.4.4 其他处理建议

建议市政工程管理处向市住房城乡建设局做出深刻检查。建议项目发起单位就此次事故向青岛市政府做出深刻检查。

以上处理建议，待各有关单位落实后，报市纪委市监委及市应急管理局备案。

4.1.5 事故原因分析

4.1.5.1 直接原因

经综合分析，事发段强风化凝灰岩受断裂影响带地下水渗流侵蚀形成“存水空洞”，风化深槽处地下水承压性大幅增加，地层局部隔水层缺失导致强风化凝灰岩遇水软化承载力大幅降低，随着开挖的临近，隧道掌子面上方和前方围岩在水土压力下达到极限状态突然垮塌，造成大规模、高流动性涌水突泥灾害事故，是本次事故发生的直接原因。

4.1.5.2 间接原因

工程地质条件及水文地质条件复杂，含水体规模大、难探明、水力联系强，事发时开挖掌子面已封闭完成，没有明显征兆，瞬间发生坍塌并涌水突泥，超出隧道施工灾害预判的传统认识，导致工程不能覆盖。

涌水突泥过程中泥浆初始速度大，最大速度达到 20.89m/s，冲击压力大，达到 0.53MPa，11s 内抵达横通道位置，且泥沙、泥浆测算总量达到 $6924m^3$，常规的应急预案无法应对这种大规模高猛度的突发事件，现场人员应急反应时间不足，导致逃生困难。

4.1.6 应急管理启示

4.1.6.1 事前阶段

A 建设单位启示

（1）建设单位应履行对参建单位管理职责，对参建单位监督检查，及时发现并纠正土建 11 工区项目部存在的管理问题。

（2）建设单位在地铁建设过程中未充分考虑可能存在的地质风险，应履行安全质量管理职责。

（3）建设单位要组织专业力量，在现行国家行业规范基础上，组织国内专家对复杂地质风险的施工区域再分析、再研判、再评审，要研判复杂地质情况带来的安全风险和事故隐患，有针对性地强化安全管控和事故防范措施。

B 承包单位启示

（1）施工单位存在劳务单位个别施工人员未进行安全培训教育的问题，应严格落实安全培训制度。

（2）施工单位应保证视频监控系统和门禁系统的可靠使用，施工现场管理有漏洞，未及时办理变更技术负责人等问题，按照有关规定及时更换技术负责人。

（3）施工单位应按法律法规规定建立健全安全生产规章制度的违法行为，建立事故隐患排查治理制度。

（4）施工、监理单位要严格落实风险分级管控和隐患排查治理措施，确保有效防范风险。

（5）监理单位应及时发现并纠正项目部存在的管理问题，且监理资料应能如实反映日常监理、验收等工作情况。

4.1.6.2 事中阶段

事故发生后，项目经理部负责人及施工人员立即拨打“120”“119”报警，及时组建现场指挥部，明确人员分工，主动配合消防救援支队展开先期救援工作，避免了次生衍生事故及事故扩大。建设单位在规定时间向住房城乡建设局报告情况，地铁集团根据事故现场救援抢险进展，每日三次向市政府总值班室和应急管理局书面报告，有新的进展情况及时续报。

市委、市政府主要领导先后赶到事故现场指挥救援抢险工作。市应急管理局、市住房城乡建设局、市公安局、市委宣传部、市消防救援支队、市卫健委、崂山区政府、有关管线产权等部门、单位在事发两小时内全部到达事故现场，开展救援抢险工作。青岛警备区、武警支队、蓝天救援队主动赶到现场，协助参与应急救援工作。5月27日晚，现场成立了以分管副市长为总指挥，分管副秘书长和市住房城乡建设局局长为副总指挥的现场指挥部，下设综合协调、现场救援、医疗救治、现场警戒、新闻舆情、善后处置、专家技术、事故调查等8个工作组，迅速开展工作。

4.1.6.3 事后阶段

施工单位成立了善后工作组，对事故伤亡人进行了医治、安抚，同时与伤亡人员亲属就赔偿问题进行协商，并于6月3日前与遇难者亲属达成了补偿协议，完成了善后处理。

4.2 佛山地铁透水坍塌重大事故（2018年2月7日）

4.2.1 项目基本情况

4.2.1.1 工程项目概况

佛山市轨道交通2号线是佛山市东西走向的骨干轨道线路，计划分两期建设，其中一期工程规划由佛山南庄出发，跨东平水道、陈村水道，至广州南站。项目总投资约200亿元，计划2019年底建成投入使用。2012年9月，国家发展改革委批复同意建设佛山市轨道交通2号线一期工程。2013年12月，广东省住房城乡建设厅批复同意项目选址及规划。同月，佛山市轨道交通2号线一期工程BOT特许经营项目投资人招标，以中国交通建设股份有限公司、佛山市轨道交通发展有限公司、中车青岛四方机车车辆股份有限公司等3家单位组成的中交股份联合体被确定为第一中标候选人，中标金额为198.35亿元。2014年12月，广东省发改委批复可行性研究报告，广东省环境保护厅批复同意该项目环评报告书。2015年6月和2017年8月，佛山市交通运输局分别颁发TJ1标的《建筑工程施工许可证（临时）》及《建筑工程施工许可证》。2018年2月7日，佛山市国土资源和城乡规划局颁发佛山市轨道交通2号线一期工程湖涌站至绿岛湖站地下主体（盾构区间）的《建设工程规划许可证》。

4.2.1.2 施工进度及质量情况

（1）施工进度情况。湖涌站至绿岛湖站区间右线盾构机于2017年5月10日始发，至2018年2月7日，右线累计完成施工904环1356m。事故发生时左线盾构掘进至1028环，左右线盾构机距离约177m。

（2）施工质量及地面沉降监测情况。事故区间隧道整体拼装质量较好。根据第三方监测单位提供的《文件发送记录》，2017年6月1日至2018年2月7日共向相关单位发送19份橙色及红色预警报告。

4.2.1.3 事故区间位置及周边环境条件

湖涌站至绿岛湖站区间西起湖涌站、东至绿岛湖站，区间线路呈东-西走向，双线隧道，沿季华西路下穿季华立交、澳边涌公路小桥等，区间隧道为单线长度约1932m，采用盾构法施工。区间沿线地表下5m深度内敷设有大量各类管线，对隧道施工有一定影响。

4.2.1.4 工程地质条件

TJ1标湖涌站至绿岛湖站区间隧道主要穿行区域大部分岩土松散、承载力低、自稳定差，总体上工程地质条件很差。事故段隧道底埋深约30.5m，由上至下分别为人工填土、淤泥质粉土、淤泥质土、淤泥质粉土、粉砂、中砂、圆砾以及强风化泥质砂岩。事发前，右线盾构机的中下部处于中砂和粉砂交界位置，盾构机隧洞顶是淤泥质粉土层、隧洞底是软弱的粉砂层，盾构机头的前方是粉砂和中砂的交界部位，中砂层的透水性中-强，含承压水，而盾构机本身处于软弱的粉砂层，这是非常不利的组合体，盾构机在这种交界位置停留时间越长则水压失衡而冲破防渗体系的风险就越大。一旦涌水发生，盾构机下的粉砂就会随涌水流失。

4.2.1.5 工程水文条件

湖涌站至绿岛湖站区间线路下穿澳边涌，该河涌常年有水、水量丰富。地下水则主要为第四系松散层孔隙水和基岩裂隙水，孔隙水又分为上部黏性土层中的潜水和下部砂、砾石层中的承压水，砂、砾石层连续，分布广、水量丰富。

4.2.1.6 隧道设计概况

湖涌站至绿岛湖站区间隧道左线长度为1929.702m，右线长度为1931.976m，区间线路纵断面为V形坡，最大坡度27‰，线路埋深15.58~33.83m，隧道顶覆土10.29~28.54m。盾构管片采用6分块方案，1块封顶块，2块邻接块，3块标准块，衬砌环间错缝拼装。

4.2.1.7 盾构机概况

湖涌站至绿岛湖站盾构区间采用2台中交天和机械设备制造有限公司全新制造的直径为6980mm的土压平衡式盾构机施工。左线盾构机工号为97号，右线盾构机工号为98号。

A 盾尾密封结构情况

目前，盾构机普遍采用在多道钢丝刷之间填充密封油脂的盾尾密封方式，一般每道钢丝刷由弹簧钢片、钢丝和尾端钢板构成。98号盾构机盾尾密封方式为盾尾刷+密封脂，采用2道钢丝刷+1道钢板钢丝刷+1道止逆板的结构形式，盾尾油脂通过安装在后配套系统中的一个气控油脂泵压注，采用注入压力和注入量双控方式。盾尾密封设计最大耐压为1.0MPa。

B 盾尾密封油脂使用情况

2月4日至2月7日右线盾构机共使用盾尾油脂约10桶，共掘进30环（每环1.5m，下同），平均使用量约3环/桶。875至905环掘进过程中，油脂平均压力在2.0MPa以上（见图4-2）。

4.2.2 事故发生经过

2018年2月7日晚事发前，右线盾构机完成905环掘进后，位于隧道底埋深约30.5m的淤泥质粉土、粉砂、中砂交界处且具有承压水的复杂地质环境中，在进行管片拼装作业时，突遇土仓压力上升，盾尾下沉，盾尾间隙变大，盾尾透水涌砂。经现场施工人员抢险堵漏未果，透水涌砂继续扩大，下部砂层被掏空，使盾构机和成型管片结构向下位移、变

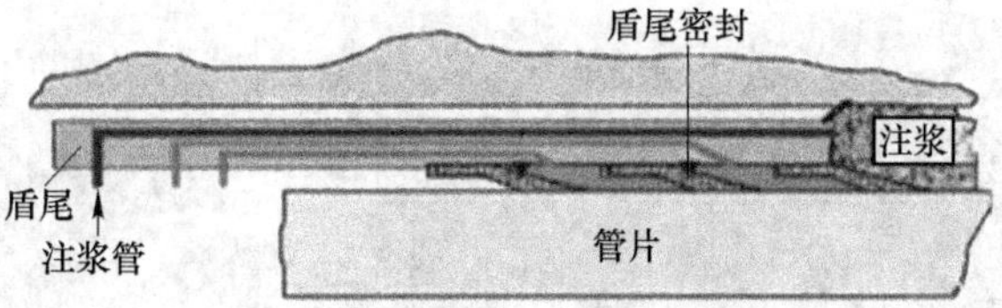

图 4-2 盾尾密封原理示意图

形。隧道结构破坏后，巨量泥沙突然涌入隧道，猛烈冲断了盾构机后配套台车连接件，使盾构机台车在泥沙流的裹挟下突然被冲出 700 余米，并在隧道有限空间内引发了迅猛的冲击气浪，隧道内正在向外逃生的部分人员被撞击、挤压、掩埋，造成重大人员伤亡。

事故过程如下：

2 月 7 日 18 时 10 分，右线隧道 905 环完成掘进，随后进行管片拼装前的盾尾清理、冲洗。

18 时 52 分，右线 905 环第 1 块管片拼装完成管片吊机起吊第 2 块管片时，土仓压力突然上升约 43kPa，即由 233kPa 上升至 276kPa，盾体后部俯仰角开始增大，盾尾出现下沉，与此同时盾尾内刚拼装好的第 1 块管片（A2 块）右侧（约盾尾 6 点钟位置）附近突发向上冒浆，旁边打螺杆的作业工人立刻尝试去封堵冒浆点，但浆液上升很快，18 时 53 分浆液即漫过了已安装的第 1 块管片，盾尾附近工人开始撤离迅速被浆液漫过的拼装作业区域；18 时 54 分浆液完全漫过并排放到拼装区的其余 4 块待拼装管片表面。

19 时 3 分，作业人员采取应急堵漏措施，向盾尾密封内打入油脂，并采取向盾尾漏浆处抛填砂袋的反压措施，同时将盾尾漏浆险情向地面监控室报告，当时正在监控室的项目部盾构分部经理接报后一方面安排洞内人员采取堆砂袋堵漏，一方面安排人员巡视盾构机上方地面情况，并安排人员向交警、燃气、供水等单位报告，对道路、燃气管线、供水管线等进行封闭预警。

19 时 47 分，某盾构分部经理在与隧道内人员通话后，立即组织相关人员赶赴隧道内察看险情，组织抢险，继续采取向盾尾透水涌泥涌砂区域抛填砂袋等抢险措施，但仍未能有效控制涌泥涌砂险情。

20 时 03 分，盾尾竖向偏差达-460mm，相对停机时盾尾位置下沉了 417.5mm，此后激光导向系统无法监测到盾尾竖向偏差。

20 时 35 分，隧道内人员开始撤退。

20 时 36 分，大约 899 环管片环缝 4 点位置出现泥砂流持续剧烈喷射而出，盾尾方向流出的泥砂流明显加大。此时盾体后部俯仰角已增加至 2.7°，据推算盾尾相对停机时下沉了约 463.5mm。

20 时 38 分 49 秒，盾构机高压电断电，井下监控录像视频信号中断。

20 时 40 分许，地面出现大面积坍塌，洞内突然涌出的大量泥砂推动盾构机台车向后滑冲约 700 余米，隧道内泥砂流和伴随涌起的气浪将正在向外撤离的部分逃生人员击倒或掩埋。最终造成 10 人当场死亡，1 人经抢救无效在医院死亡，1 人失踪，8 人受伤。地面坍塌范围东西向约 65m，南北向约 81m，深度约 6~8m，地面塌方面积约 $4192m^2$，坍塌体方量接近 2.5 万立方米（见图 4-3）。

图 4-3 南面塌陷区航拍照片

4.2.3 应急救援处置情况

A 事故信息接报及响应情况

2 月 7 日 18 时 52 分，佛山市轨道交通 2 号线一期工程 TJ1 标湖涌站至绿岛湖站盾构区间右线 905 环发生渗漏。

19 时 03 分，白班掘进班班长通过盾构机操作室有线电话向地面监控室报告渗漏情况；在地面监控室的盾构分部经理电话向项目部总工报告要求封路，同时指派盾构分部总机电长立即下隧道组织堵漏。

19 时 05 分，项目部总工安排项目部工程部部长组织现场封路并电话向项目部经理报告。同时，掘进班班长在操作室与晚班掘进班班长进行交接，交代渗漏情况。掘进班班长随后组织人员用砂袋实施封堵，并安排人员到隧道最低点抽排水。

19 时 16 分，项目部工程部长先后向燃气、供水等单位报告，请求关闭相关管线。

19 时 20 分，项目部经理电话向 EPC 项目总经理部总经理报告，并电话通知项目部书记到现场组织封路。

19 时 22 分，项目部书记向公安交警部门报告，请求封路。

19 时 25 分，交警到达现场封路。

19 时 40 分，EPC 项目总经理部总工程师、安全总监、工程部经理、TJ1 标现场工程师进入隧道查看情况（于 20 时 23 分左右出隧道）。

19 时 47 分，盾构分部经理电话向项目部经理报告后带领相关人员进入隧道指挥抢险堵漏。

20 时，供水管理单位抢修人员开始关闭阀门（于 20 时 50 分完成关闭）。

20 时 05 分，燃气管理单位抢修人员开始关闭阀门，随后降压放散（于 21 时 28 分放散完毕）。

20 时 35 分，盾构分部经理通知地面监控室切断洞内高压电，并向隧道内人员发出了撤退指令，隧道内人员开始撤退。

20 时 40 分许，地面突然发生坍塌。

20 时 47 分，佛山市委市政府总值班室收到佛山市公安局 110 报告称：“2 月 7 日 20 时 40 分，禅城区季华西路一环桥底东往西方向的路面出现约 200m^2 的下陷，该路段已双向封闭，已通知交警、国土等相关部门等部门赶往现场处置，人员伤亡情况不明”，佛山市委市政府总值班室随后立即向禅城区核实相关情况。

20时50分，项目总经理电话向执行总经理报告。21时10分，他到达现场。

21时32分，佛山市委市政府总值班室向佛山市有关领导发送手机短信报告简要情况。21时34分，佛山市委市政府总值班室接到市委书记电话指示，要求禅城区和有关部门迅速察看处置，将佛山市委书记指示传达市有关领导。

21时39分，盾构分部安全总监拨打119，请求消防队伍救援。

21时50分，佛山市副市长到达现场勘察实地情况，并研究下一步工作措施。随后，佛山市委书记、市长和副市长以及禅城区委、区政府主要领导先后赶到现场组织指挥救援善后处置工作。

21时52分至22时25分，消防队伍陆续到达现场展开救援。

23时50分，佛山市委书记、市长在事故现场召开紧急会议，决定成立由副市长为总指挥的现场临时救援指挥部，下设救援、专家、支援、宣传、善后5个工作小组，全力开展救援工作。

8日2时许，省安全监管局副局长赶到事故现场指导救援工作。

8日7时21分，受省委书记、省长委托，常务副省长带领省政府副秘书长、省安全监管局局长、省住房城乡建设厅党组书记等赶到事故现场指挥协调救援处置工作，在现场召开会议，研究布置事故救援与处置工作。

8日10时43分，中国交建重庆隧道抢险救援队26名队员到达事故现场，协助消防队伍救援。

8日18时，原国家安全监督总局监管二司司长率工作组赶到现场指导救援工作。

B 事故应急处置总体情况

事故发生时，隧道内共有39人，其中：晚班当班人员17人、白班当班工长1人、参与抢险人员12人、另有9人正在进入隧道查看、协助抢险途中。事发后，19人自行逃生，企业自救7人。

截至2月8日2时01分，消防人员陆续搜救出2名生还者（其中1名在医院经抢救无效死亡）；至8日19时08分，消防人员又陆续搜救出10具遇难者遗体，尚有1人失踪。

4.2.4 事故损失及处理情况

4.2.4.1 事故直接损失情况

根据《企业职工伤亡事故经济损失统计标准》（GB 6721）及《国家安全监管总局印发关于生产安全事故调查处理中有关问题规定的通知》（应急总政法〔2013〕115号）等规定，经项目部统计、佛山市政府确认，调查组核定事故直接经济损失为5323.7894万元。

4.2.4.2 免予追究责任人员1人

项目经理部盾构分部经理，盾构分部安全生产第一责任人。未及时消除右线盾构机盾尾密封失效的事故隐患，事故发生时对事故危害严重性预判不足，现场应急处置指挥不当，未及时下达撤离指令，对事故的发生负有直接责任。鉴于其已在事故中死亡，建议免予追究责任。

4.2.4.3 公安机关已采取强制措施人员2人

（1）项目部盾构分部总工程师。因涉嫌重大责任事故罪，于2018年3月8日被公安机关立案侦查，3月14日被取保候审。

（2）盾构分部工程部负责人兼土建副总工。因涉嫌重大责任事故罪，于2018年3月8日被公安机关立案侦查，3月14日被取保候审。

上述2人建议待司法机关依法作出处理后，由涉事企业或其上级主管部门按照管理权限及时给予相应的党纪政务处分。

4.2.4.4 建议给予党纪政务处分和问责处理人员29人

（1）施工单位副总经理。履行安全生产管理职责不到位，对盾构机在复杂地质条件下施工安全风险认识、研判不足；未有效督促下属单位落实安全生产主体责任；对项目部和盾构分部未落实安全生产规章制度、未按规定采取措施消除事故隐患、未如实记录安全生产教育培训台账等违法违规行为失察；未向公司提出盾构分部安全生产双重管理导致安全生产责任不落实问题的改进意见，负有重要领导责任。建议给予党内警告处分。

（2）施工单位安全总监。未认真履行安全生产管理职责，事发前仅对项目部进行过一次安全检查，对检查发现的问题和隐患督促整改落实不到位；对工程项目发包时未签订专门的安全生产管理协议、未在合同中约定各自的安全生产管理职责的问题失察；未及时发现项目部存在的没有按规定配备机电副经理责任人员、盾构司机未按规定交接班等安全生产管理混乱问题并提出改进意见；未组织或参与针对项目部的安全生产专项督查检查；未组织或参与项目部的应急救援演练等，负有重要领导责任。建议给予党内严重警告、行政记过处分。

（3）项目部经理，应急救援指挥部总指挥，项目安全生产第一责任人。未督促检查发现98号盾构机盾尾密封失效的事故隐患；对各分部安全培训实施情况检查不到位；事故发生时仅启动路面塌陷事故应急预案，未对事发隧道内的应急处置进行指挥和部署；未严格履行岗位职责，缺乏对项目部各分部安全生产的有效管理，负有重要领导责任。建议给予撤销党内职务、行政撤职处分。

（4）项目部党总支书记，应急救援指挥部副总指挥兼后勤保障组组长，与项目部经理共同负责安全生产。未按照“党政同责、一岗双责”要求履行安全生产职责，在应急救援总指挥不在现场的情况下，未能履行应急救援现场指挥的职责，事故应急处置不当，负有重要领导责任。建议给予撤销党内职务、行政撤职处分。

（5）项目部执行经理，应急救援指挥部副总指挥兼事故抢救组组长，与项目部经理共同负责安全生产。未认真履行岗位职责，未组织项目部的安全生产检查，分析安全状况并制定事故防范措施；事故发生时，未及时主动了解湖绿区间右线透水抢险处置情况，未能履行应急救援副总指挥的职责，事故应急处置缺位，负有重要领导责任。建议给予党内严重警告、行政降级处分。

（6）项目部总工程师，应急救援指挥部抢救组副组长，负责项目技术管理、应急救援工作。未及时消除98号盾构机盾尾密封失效的事故隐患；未针对事发隧道处于危险状态采取有效措施，对险情处置措施不当负有重要领导责任。建议给予党内严重警告、行政记过处分。

（7）项目部安全总监，应急救援指挥部副总指挥，分管安全生产工作。未组织对盾构分部98号盾构机盾尾密封失效事故隐患进行排查并提出改进安全生产管理建议；未监督盾构司机严格执行交接班制度；对未按规定如实记录部分劳务派遣人员安全生产教育和培训等问题失察，负有重要领导责任。建议给予党内严重警告、行政记大过处分。

（8）施工单位法人代表、董事长、党委书记，安全生产第一责任人。未认真履行职责，对公司工程管理部和安全监督部督促检查不到位，对公司相关领导及工作人员履职不到位问题失察；未采取措施督促、检查本单位的安全生产工作和消除生产安全事故隐患，负有重要领导责任。建议给予党内警告、行政警告处分。

（9）施工单位总经理，主持公司行政全面工作，与公司董事长同为安全生产第一责任人。对工程管理部和安全监督部不认真执行安全生产法律法规和标准规范，组织管理项目施工不力等问题失察；组织对项目的安全生产检查不到位，督促事故隐患排查整治不彻底，负有重要领导责任。建议给予党内严重警告、行政记过处分。

（10）施工单位安全总监，负责安全管理工作。未有效履行安全生产管理职责，对盾构分部事故隐患排查治理不力、违反操作规程等问题失察；未组织对盾构分部进行安全检查，负有主要领导责任。建议给予党内警告、行政记过处分。

（11）盾构施工分包单位负责人，全面负责安全生产工作。未及时督促、检查盾构分部安全生产工作，未采取技术和管理措施消除98号盾构机盾尾密封失效的事故隐患；事故发生前对盾构机在复杂地质条件下施工安全风险管控不足；未落实安全生产责任制，未对除项目经理以外的其他岗位责任人员进行考核，对盾构分部违反有关法律规定延长施工现场作业人员工作时间及从业人员未严格执行安全技术交底、交接班制度、安全生产教育培训等情况失察；未有效督促盾构分部按照应急救援预案的要求进行应急处置，负有重要领导责任。建议给予党内严重警告、行政记大过处分。

（12）盾构施工分包单位副经理，分管盾构分部。未组织落实98号盾构机盾尾密封失效事故隐患整改工作；事故发生前，未根据监控参数、视频信息、路面沉降等信息反映出的事故征兆，及时下达从危险区域内撤出作业人员的指令；对盾构分部从业人员未严格执行安全技术交底、交接班制度、安全生产教育培训等情况失察，负有主要领导责任。建议给予党内严重警告、行政撤职处分。

（13）盾构施工分包单位副经理兼安全总监。未发现并督促盾构分部消除98号盾构机盾尾密封失效事故隐患；未监督盾构分部落实安全生产责任制；对盾构分部未严格执行安全技术交底、交接班和安全生产教育培训等制度的问题失察，负有主要领导责任。建议给予党内警告、行政记过处分。

（14）项目部盾构分部安全总监。对员工安全教育培训工作监督、检查不到位，对未如实记录员工安全教育培训记录的问题失察；日常安全检查工作中未能发现98号盾构机司机多次脱岗、没有面对面交接班的违规行为，负有主要领导责任，建议给予行政降级处分。

（15）项目部盾构分部98号盾构机司机，负责盾构掘进作业。违反盾构分部安全生产规章制度，事发当班不按规定交接班，盾尾密封开始泄漏前脱岗，未及时注入盾尾油脂进行应急堵漏，负有直接责任，建议中交二航局给予解聘合同开除处理。

（16）建设单位总经理兼总工程师，负责公司全面管理工作，公司安全生产第一责任人。未健全安全生产责任制，未明确业主代表岗位责任范围；未按规定组织安全生产全面检查；未按要求组织事故应急救援演练，负有重要领导责任。建议给予党内警告处分。

(17) 监理单位总监理工程师，全面负责和组织项目监理工作。对监理人员未按规范旁站施工单位安全教育失察；对总监理工程师代表未按规定对施工段面沉降严重的风险预警跟踪落实等情况失察，负有重要领导责任，建议给予党内警告处分。

(18) 建设单位副总经理监管工作小组组长，负责制定监管制度、督促抄送安全隐患问题给相关政府部门等工作。未制定监管工作小组工作制度，未明确岗位职责；对未将安全检查发现的问题抄送给佛山市交通运输局、未按规定向佛山市政府提交书面监督情况报告失察，负有主要领导责任。建议给予党内警告处分。

4.2.4.5 行政处罚建议

(1) 盾构施工分包单位对事故发生负有责任，建议由安全监管部门根据《中华人民共和国安全生产法》《生产安全事故报告和调查处理条例》等法律法规规定，对盾构施工分包单位以及负责人实施行政处罚。

(2) 施工单位对事故发生负有责任，建议由安全监管部门根据《中华人民共和国安全生产法》《生产安全事故报告和调查处理条例》等法律法规规定，对施工单位以及法定代表人实施行政处罚。

4.2.4.6 其他建议

(1) 建议责成建设单位向国务院国资委作出深刻检查，认真总结和吸取事故教训，加强和改进本单位及所属企业安全生产工作。

(2) 建议责成佛山市委、市政府向省委、省政府作出深刻检查，认真总结和吸取事故教训，进一步加强和改进轨道交通工程施工安全生产工作。

(3) 建议由佛山市交通行政主管部门根据有关法律法规的规定对劳务单位违法行为作出处理。

(4) 建议由佛山市交通行政主管部门根据有关法律法规的规定对监理单位违法行为作出处理。

(5) 建议由佛山市政府根据《中华人民共和国行政许可法》等法律法规规定，责令佛山市交通运输局、佛山市国土和规划局（市轨道办）对未严格按法定条件作出的行政许可决定予以改正。

4.2.5 事故原因分析

事故主要原因是盾尾密封承压性能下降，遭遇特殊地质环境等因素叠加，引发隧道透水坍塌。

4.2.5.1 事故直接原因

(1) 事故发生段存在深厚富水粉砂层且临近强透水的中粗砂层，地下水具有承压性，盾构机穿越该地段时发生透水涌砂涌泥坍塌的风险高。

1) 事故段隧道底部埋深约 30.5m，地层由上至下分别为人工填土、淤泥质粉土、淤泥质土、淤泥质粉土、粉砂、中砂、圆砾以及强风化泥质砂岩。大部分土体松散、承载力低、自稳性差、易塌陷，其中粉砂层属于液化土，隧道位于淤泥质土和砂层处，总体上工程地质条件很差。

2) 隧道穿越的砂层分布连续、范围广、埋深大、透水性强、水量丰富，且上部淤泥质土形成了相对隔水层，下部砂层地下水具有承压性，水文地质条件差。

3）事发时盾构机刚好位于粉砂和中砂交界部位，盾构机中下部为粉砂层，中砂及其下的圆砾层透水性强于粉砂层并且水量丰富和具有承压性，一旦粉砂层发生透水，极易产生管涌而造成粉砂流失。

在上述工程地质条件和水文地质条件均很差的地层中，盾构施工过程具备引发透水涌砂坍塌的外部条件，盾构施工风险高。

（2）盾尾密封装置在使用过程密封性能下降，盾尾密封被外部水土压力击穿，产生透水涌砂通道。

1）事故发生前，右线盾构机已累计掘进约 1.36km，盾尾刷存在磨损，盾尾密封止水性能下降。在事故发生前已发生过多次盾尾漏浆，存在盾尾密封失效的隐患。

2）管片拼装期间盾尾间隙处于下大上小的不利状态，盾尾底部易发生漏浆漏水。

3）盾构机正在进行管片拼装作业，管片拼装机起吊 905 环第 2 块管片时，盾尾外荷载加大，同时土仓压力突然上升约 40kPa，对盾尾密封性不利。

上述因素导致盾尾密封装置在使用过程中耐水压密封性下降，导致盾尾密封被外部压力击穿。

（3）涌泥涌砂严重情况下在隧道内继续进行抢险作业，撤离不及时。

1）19 时 03 分盾尾竖向偏差已达 307mm，19 时 08 分大约 899 环管片 4 点至 5 点位置出现涌泥涌砂，隧道内已有大量泥砂堆积，20 时 03 分盾尾下沉了 417.5mm，激光导向系统已无法监测到盾尾竖向偏差。上述现象可判断出隧道已处于危险状态。

2）19 时 03 分作业人员向盾尾密封内打入应急堵漏油脂，并向盾尾漏浆处抛填砂袋反压，但盾尾透水涌泥涌砂现象仍在持续，表明抢险措施难以有效控制险情。

上述情况下，不及时撤离抢险人员属于险情处置措施不当。

（4）隧道结构破坏后，大量泥砂迅猛涌入隧道，在狭窄空间范围内形成强烈泥砂流和气浪向洞口方向冲击，导致部分人员逃生失败，造成了人员伤亡的严重后果。

盾构机所处位置为上坡段，盾构机距离井口距离较远（约 1.36km），人员逃生距离长，隧道周边地层被掏空后，上部地层突然下陷，隧道结构破坏，地下水和泥砂流瞬间倾泄而入，形成的冲击力直接冲断了盾构机后配套台车连接件，使盾构机台车在泥砂流的裹挟下突然被冲出 700 余米，并在隧道有限空间内引发了迅猛的冲击气浪，隧道内正在向外逃生的部分人员被撞击、挤压、掩埋，造成重大人员伤亡。

4.2.5.2 事故间接原因

（1）盾构施工分包单位安全生产主体责任不落实。盾构施工安全风险管控不足，冒险组织抢险堵漏；未采取有效的技术和管理措施及时消除事故隐患；未制定隧道坍塌应急预案，在涌水突泥应急预案中未明确紧急情况下撤人的时机和程序；应急处置不当，未严格执行项目部及盾构分部应急预案的规定及时撤出作业人员；未按规定落实安全生产责任制，未对除项目经理以外的其他岗位责任人员进行考核；未按规定向从业人员告知危险因素、防范措施以及事故应急措施，进行安全技术交底；违反有关法律规定延长施工现场作业人员工作时间；未按规定严格督促盾构司机执行交接班制度，未及时纠正当班脱岗等违章行为；未按规定如实记录部分劳务派遣人员安全生产教育和培训情况。

（2）施工单位安全生产主体责任不落实。对施工安全风险认识研判不足，应急处置不当，未及时撤出作业人员；未对承包单位的安全生产工作进行统一协调管理，未开展定期安全生产检查；未认真吸取该项目2017年“11·5”路面坍塌事故教训及落实整改措施，未及时发现并消除盾构施工事故隐患；未落实安全生产责任制，督促从业人员执行《安全生产标准化达标考核及施工现场综合考评细则》等制度不到位。

(3) 施工单位所属的上级单位安全生产责任制落实不力。对施工安全风险认识研判不足，应急处置不当，未及时撤出作业人员；安全生产责任制不健全；未按“五落实五到位”的要求按程序任命项目部党总支书记，未配备项目部机电副经理；将施工项目（包括事故区间）发包给施工单位时，未签订专门的安全生产管理协议，未在合同中约定各自的安全生产管理职责，组织对项目进行安全检查时，未及时督促整改已发现的问题和事故隐患；对施工单位和盾构施工分包单位安全生产违法违规行为失察。

(4) 建设单位对发包项目安全监督管理工作不力。安全生产责任制不健全，未明确业主代表岗位的责任范围；对发包工程项目事故隐患整改监督不力，针对风险管控报告和沉降监测点红色预警分析会议指出的问题，未采取有效措施督促施工单位落实整改；未按规定开展事故应急救援演练。

(5) 监理单位安全生产监理责任落实不到位。督促施工单位加强风险研判和隐患排查治理不力；未按规范要求对施工单位安全教育活动进行旁站，旁站监理人员不到岗且未如实填写旁站记录，未核实受教育人员名单；未按规定对施工段面沉降严重的风险预警制定处置方案，未跟进红色预警分析会议提出的措施落实情况，也未向业主单位报告措施落实情况。

(6) 投资监管和运营单位监管不力。未明确佛山市轨道交通2号线一期工程特许权项目监管小组岗位职责；未按照规定将检查中交佛投公司或工地现场发现的问题抄送给行业主管部门佛山市交通运输局；未按要求每季度向佛山市政府提交书面监督情况报告。

(7) 劳务单位安全生产管理不到位。未建立安全生产责任制；未建立事故隐患排查治理制度；未制订安全生产教育和培训计划，未对派遣到湖绿区间的劳务工进行安全生产教育和培训。

(8) 佛山市、禅城区落实安全生产责任制不到位。协调、指导有关职能部门履行安全生产职责不力，对安全生产属地管理和行业主管部门履行安全生产责任不到位等问题失察，对事发企业落实安全生产主体责任监督检查不到位。

(9) 佛山市交通运输局对城市轨道交通工程项目安全监管不力。未严格按法定条件实施行政许可，在TJ1标建筑施工许可审批中，以政府部门函件代替《建设工程规划许可证》；对轨道交通建设工程事故隐患治理督促不力、执法不严，对建设单位长期逾期上报隐患整改落实材料以及施工单位未按要求整改事故隐患的情况，未采取更有效更严厉的执法监督措施；未按佛山市城市轨道交通工程项目指挥办公室要求及时完善轨道交通工程事故应急处置机制。

(10) 佛山市国土和规划局（市轨道办）对城市轨道交通工程项目行政许可审批不严、综合协调督促不力。未严格按法定条件实施TJ1标湖涌站到绿岛湖站地下主体盾构区间《建筑工程规划许可证》的行政许可，在许可条件中，用土地权属核查函件代替用地规划证明文件。未严格督促佛山市城市轨道交通工程项目指挥部成员单位落实工作，对涉及重大事项的工作未及时督促、协调解决。

(11) 佛山市禅城区轨道办对城市轨道交通工程项目属地安全监管不严。未严格按要求对 TJ1 标湾华站停工整改情况进行复查，仅查看建设单位上报的整改材料后便口头同意复工；对轨道交通建设工程事故隐患治理督促不力、执法不严，对建设单位长期逾期上报隐患整改落实材料以及施工单位未按要求整改事故隐患的情况，未采取更有效更严厉的执法监督措施。

(12) 佛山市公安消防局未严格履行有关法定监管职责。2017 年上半年，佛山市轨道交通 2 号线一期工程建设设计方咨询消防设计方案问题，该局经初步审核后上报省公安消防总队，但因其尚未取得《建设工程规划许可证》，无法受理审核消防设计方案。该局明知该工程未通过消防设计方案审核并一直施工，未严格履行法定职责责令工程建设方停止施工。

(13) 佛山市禅城区人力资源和社会保障局对用人单位日常巡视检查不力。该局负责劳动保障监督检查工作，未按照规定制订对用人单位的年度巡查计划，未将市级重点轨道交通建设项目 TJ1 标列入日常重点巡查范围，巡查检查时未按要求制作检查记录，对劳动保障法律法规执行不力。

(14) 佛山市安全生产监督管理局履职不到位，工作存在不足。督促行业主管部门和相关职能单位对佛山市轨道交通 2 号线一期工程项目加强监管不力。佛山市轨道交通 2 号线一期工程作为全市安全生产风险点，长期在无建筑工程规划许可证、消防设计方案审核等相关手续的情况下施工，该局未及时掌握相关情况，也未督促市、区两级交通局及市公安消防局等行业主管部门进行落实整改。

4.2.6 应急管理启示

4.2.6.1 应急准备

A 建设单位启示

(1) 建设单位应加强复杂地质条件下盾构施工安全风险防范，有效防范遏制重特大安全事故。

(2) 建设单位应加强轨道交通工程建设管理，提高风险管控能力，加强盾构施工过程中关键指标的监测监控，有效提高重大险情的应急救援处置能力。

(3) 建设单位切实履行轨道交通工程建设安全监管职责，严查严处工程建设领域各类非法违法行为。

B 承包单位启示

(1) 施工单位应加强对盾构机在复杂地质条件下施工安全风险辨识。

(2) 施工单位应落实安全生产规章制度、按规定采取措施消除事故隐患、如实记录安全生产教育培训台账。

(3) 施工单位对检查发现的问题和隐患落实整改。

(4) 施工单位对工程项目发包时应签订专门的安全生产管理协议、在合同中约定各自的安全生产管理职责。

(5) 施工单位应组织或参与针对项目部的安全生产专项督查检查；及时发现项目部存在的没有按规定配备机电副经理责任人员、盾构司机未按规定交接班等安全生产管理混乱问题并提出改进意见。

（6）施工单位应组织项目部的安全生产检查，分析安全状况并制定事故防范措施；事故发生时，及时主动了解湖绿区间右线透水抢险处置情况。

（7）监理单位人员应按规范旁站施工单位安全教育。

（8）监理单位按规定对施工段面沉降严重的风险预警跟踪落实。

4.2.6.2 应急行动

事故发生后，各级党委、政府及相关单位高度重视事故应急处置工作，及时启动应急响应，严密部署，迅速赶赴事故现场指导应急处置工作。一是对地面塌陷险情应急处置迅速得当。接到施工单位路面可能塌陷的报告后，佛山市和禅城区公安、燃气、供水、供电等单位及施工单位先期处置人员能够快速到达事故现场，开展交通管制，采取关闭事发地段气阀、水阀、供电保护等措施避免了因塌陷造成人员伤亡和财产损失。二是对隧道坍塌后被困人员的救援行动有效。隧道坍塌事故发生后，施工单位进行了自救，先后救出 7 名被困人员；佛山市各级政府及各有关部门及时响应，消防队伍先后搜救出 12 名被困人员，其中 2 人有生命体征（其中 1 人送医院经抢救无效死亡）。在整个救援行动过程中，没有发生次生灾害和救援人员及其他人员伤亡。

但是，施工单位对隧道内的险情处置不当，冒险组织堵漏，扩大了人员伤亡损失。施工单位虽然编制了应急预案，但是预案对涌水涌泥涌砂抢险时在何种情况下应当立即撤离没有明确的指引，完全依赖现场指挥人员个人经验判断，对抢险救援的指导性不强。

佛山市委、市政府按照“一对一”的要求，成立了 12 个工作组妥善做好 11 名遇难者及 1 名失踪人员的善后处理工作。至 3 月 4 日，全部 11 名遇难者及 1 名失踪者善后工作完成。

4.3 杭州地铁涌土事故（2016 年 7 月 8 日）

4.3.1 项目基本情况

杭州地铁 4 号线南段中医药大学地铁站位于浦沿路和东信大道交叉口南侧，该站分为地下三层岛式 4、6 号线同台换乘车站，主体长 303.5m，宽 37m，标准段深度为 25.7m，端头井约 27.1m。车站主体围护结构采用 1m 厚的地下连续墙、6 道混凝土及钢支撑，根据施工工艺和施工顺序的要求，同时为了增强基坑在施工过中的整体稳定性，设计方案中将大基坑分为南北 2 个基坑，在距离南端约 130m 处设置了一道厚 1m 的临时封堵墙，待基坑施工完成后再拆除封堵墙。

4.3.2 事故发生经过

2016 年 7 月 8 日 18 时许，分包单位堵漏班班长安排 7 名堵漏工，在南基坑封堵墙西侧第五道钢支撑附近进行堵漏作业；施工总承包单位派出 4 名普工协助。堵漏人员使用厚度约 1cm、长度约 80cm、高度约 50cm 的钢板，由电焊工焊接固定在地连墙钢筋及膨胀螺丝上面，封堵漏水点。22 时 30 分许，位于第三道和第四道砼支撑之间（距地面约 13m 以下）的封堵墙（ZQ5）与西侧主体地连墙（W24）处已封闭好的堵漏钢板，突然被北基坑的泥沙冲开，形成一个宽约 90cm、高约 3.5m 的缺口，北基坑内约 800m^3 泥沙从该缺口处瞬间涌入南基坑，其泥沙冲击并掩埋了正在南基坑底部（距地面约25m）堵漏施工的8名作业人员。事故发生后，施工总承包单位项目部立即启动应急预案，组织施救，当场从淤泥中救出4人，另外4人失踪。4名获救人员经武警医院医治后2人当日康复出院，另外2人住院治疗；4名失踪人员于7月9日20时前全部搜出，经医院抢救无效死亡。

4.3.3 事故处理建议

（1）分包单位施工技术负责人。作为该公司杭州地铁4号线南段中医药大学站工程专业分包单位施工技术负责人，没有认真履行工作职责，安全技术交底不到位，未按照设计图纸要求浇筑地连墙，存在严重质量缺陷；在地连墙出现较大缝隙并实施补漏作业时，未能针对性制定地连墙专项补漏方案，对这起事故负有主要管理责任，建议司法机关依法追究其刑事责任。

（2）监理单位项目专业监理工程师。作为该公司杭州地铁4号线南段中医药大学站工程项目专业监理工程师，没有认真履行工作职责，对地连墙浇筑检查验收不到位，未能有效督促宁波易通公司按照设计图纸要求浇筑地连墙，对这起事故负有直接监理责任，建议司法机关依法追究其刑事责任，建设部门吊销相应资质证书。

（3）分包单位施工现场负责人没有认真履行工作职责，安全生产培训不到位，施工安全质量把关不严，未能按照设计图纸要求浇筑地连墙，且存在严重质量缺陷；在地连墙出现较大缝隙并实施补漏作业时，采取的补漏措施不当，未能从根本上消除事故隐患，对这起事故负有主要管理责任，建议司法机关依法追究其刑事责任。

（4）建设单位项目施工员作为该公司工程项目的施工员，没有认真履行工作职责，安全生产检查不到位，事故隐患排查整治不彻底，施工把关不严格，未能有效督促分包单位按照设计图纸要求浇筑地连墙；未能阻止作业人员在北基坑中隔墙附近违规堆积土方，对这起事故负有主要责任，建议司法机关依法追究其刑事责任，建设部门吊销相应资质证书。

（5）分包单位总经理。作为该公司安全生产工作的总负责人，没有认真履行工作职责，安全管理工作不到位，未组织制定本单位地连墙施工及补漏作业的具体操作规程，未能及时消除地连墙事故隐患，未能有效督促施工人员按照设计图纸要求浇筑地连墙，对这起事故负有领导管理责任，建议应急部门根据安全生产法律、法规的规定，给予其行政处罚。

（6）分包单位项目经理（注册建造师）作为该公司分包单位项目经理，没有认真履行工作职责，安全管理工作不到位，未有效督促施工人员按照设计图纸要求浇筑地连墙，存在严重质量缺陷和安全隐患；在地连墙出现较大缝隙并实施补漏作业时，没有制定针对性的地连墙专项补漏方案；未能有效组织开展安全检查，及时发现并消除事故隐患，对这起事故负有领导管理责任，建议应急部门根据安全生产法律、法规的规定，给予其行政处罚，建设部门吊销相应资质证书。

（7）建设单位总经理。作为该公司安全生产工作的总负责人，没有认真履行工作职责，安全生产责任不落实，安全检查不严格，事故隐患排查整治不彻底，未能有效督促分包单位按照设计图纸要求浇筑地连墙；对这起事故负有单位领导管理责任，建议应急部门根据安全生产法律、法规的规定，给予其行政处罚。

(8) 监理单位项目总监作为该公司工程项目总监，没有认真履行工作职责，安全监理责任不落实，未能有效督促监理人员认真履行岗位职责，安全检查不到位，督促事故隐患整改不力，对这起事故负有安全监理领导责任，建议根据该公司安全生产责任制规定给予相应处理。

(9) 建设单位项目经理作为该公司工程项目经理，没有认真履行工作职责，未能有效督促宁波易通公司地连墙堵漏施工人员按规定实施补漏作业；未能阻止作业人员在北基坑中隔墙附近违规堆积土方，且对堆积土方未能及时组织清运，对这起事故负有领导责任，建议建设单位根据该公司安全生产责任制规定给予相应处理。

(10) 建设单位总工程师作为该公司分管工程质量和安全的负责人，没有严格落实工作职责，安全生产检查不到位，事故隐患排查整治力度不够，未能有效督促施工单位严格遵守国家相关法律法规和按设计施工，对这起事故的发生负有领导责任，建议杭州市纪检部门给予其党政纪处理。

(11) 建设单位工程部项目负责人作为该公司工程项目业主代表，没有认真履行工作职责，安全生产检查不到位，督促事故隐患排查整治不力，未能有效督促分包单位按照设计图纸要求浇筑地连墙；未能有效督促分包单位按照地连墙补漏方案实施补漏作业；未能有效阻止施工单位在北基坑中隔墙附近违规堆积土方，对这起事故负有安全监督管理责任，建议杭州市地铁集团给予纪律处分。

(12) 分包单位，安全生产责任不落实，安全管理工作不到位，安全技术交底不严格，安全生产规章制度不健全，没有按照设计图纸要求浇筑地连墙，且浇筑存在严重质量缺陷；未制定地连墙施工及补漏作业安全操作规范，未能及时排查发现地连墙浇筑及补漏作业的事故隐患，未能及时进行安全教育培训，对这起事故的发生负有主要责任，建议应急部门根据安全生产法律、法规的规定，给予其行政处罚；建设行政主管部门依据相关规定给予处理。

(13) 施工总承包单位，未能有效督促分包单位按照设计图纸要求浇筑地连墙；未能有效督促分包单位按照地连墙补漏方案实施补漏作业；本公司施工人员违规在北基坑中隔墙附近违规堆积土方，导致事故隐患的存在，对这起事故负有管理责任，建议应急部门根据安全生产法律、法规的规定，给予其行政处罚；建设行政主管部门依据相关规定给予处理。

(14) 工程项目监理单位，安全监理不到位，安全检查验收不严格，未能有效督促分包单位按设计图纸要求浇筑地连墙；未能有督促施工单位制定专门的补漏方案，对这起事故负有安全监理责任，建议建设行政主管部门根据相关规定给予处理。

(15) 建设单位，安全管理不到位，安全检查不严格，事故隐患排查整治不彻底，未能有效督促分包单位按照设计图纸要求组织施工；未能有效督促分包单位制订针对性的地连墙补漏方案；未能有效阻止施工单位在北基坑中隔墙附近违规堆积土方，建议建设单位向杭州市人民政府作出深刻检查。

(16) 杭州市建委。作为杭州建设行政主管部门，应进一步加强对全市建筑施工领域的安全监管，鉴于近期地铁施工事故多发的情况，建议杭州市建委向杭州市人民政府作出深刻检查。

4.3.4 事故原因分析

4.3.4.1 直接原因

（1）主体W24幅连续墙与ZQ5幅封堵墙的接缝存在严重质量缺陷，形成事故隐患。实际施工中主体W24幅连续墙采用了一字型式，未按设计图纸规定的十字型式施工，且施工时未能有效控制主体W24幅连续墙与ZQ5幅封堵墙的接缝质量，形成沿竖向通长、最大宽度达900mm的质量缺陷区域、明显的渗漏通道和受力薄弱部位。

（2）针对墙幅接缝的严重质量缺陷而采取的补救措施不当。基坑开挖过程中该部位出现渗水流砂现象后，使用钢板在坑内随挖随堵的补救措施，且钢板与地连墙连接不牢靠，受力性能差，未能从根本上解决安全隐患，渗漏通道依然存在，导致封堵墙北侧水土流失严重，土体空隙加大，形成涌土通道。

4.3.4.2 间接原因

（1）分包单位施工组织管理不到位。分包单位在组织地连墙施工时，未按照设计方案要求组织施工，改十字幅墙为一字幅墙；在组织堵漏施工时，未针对封堵墙严重渗漏的具体情况，制定相应的专项堵漏措施；未对施工人员进行必要的安全生产教育和培训，安全意识淡薄。

（2）施工总承包单位安全生产检查不严格。施工总承包单位没有及时检查发现分包单位未按设计图纸浇筑基坑（W24幅连续墙），验收把关不严；在组织堵漏作业时，未针对封堵墙严重渗漏的具体情况，采取相应的专项堵漏方案，督促分包单位进行堵漏施工作业。在天气连日降雨的情况下，仍然在基坑封堵墙附近违规堆积土方，直接加大了接缝缺陷部位的侧向压力。

（3）安全监理单位。没有及时发现和阻止分包单位未按设计图纸浇筑基坑（W24幅连续墙），验收把关不严；未能有效督促补漏施工，发现北基坑堆土载荷过大后，没有及时督促施工单位落实整改措施。

（4）建设单位安全生产管理不严。未能有效督促施工单位严格落实各项安全规定，未能及时发现施工单位未按图纸施工；未有及时发现并制止施工单位在北基坑临时违规堆土，消除事故隐患。

4.3.5 应急管理启示

4.3.5.1 应急准备

A 建设单位启示

（1）建设单位要加大对建设工程督查力度，切实履行项目业主的工作职责，严格落实安全生产责任，提高安全生产标准，督促施工单位严格执行法律、法规等施工安全技术规定。

（2）建设单位应针对当前和后期阶段地铁工程施工建设过程中存在的安全风险，建立事故防范长效监管机制，进一步督促施工单位落实安全生产各项规定，坚决遏制安全事故发生。

（3）建设单位应组织开展在建地铁工程项目的安全检查，特别要针对此次事故暴露出的不按设计要求施工，土方无序堆放，施工质量不合格等问题，加大督查力度，及时消除事故隐患。

B 承包单位启示

(1) 施工单位组织制定本单位地连墙施工及补漏作业的具体操作规程，能及时消除地连墙事故隐患，能有效督促施工人员按照设计图纸要求浇筑地连墙。

(2) 施工单位应按照设计图纸要求浇筑地连墙，在地连墙出现较大缝隙并实施补漏作业时，要针对性制定地连墙专项补漏方案。

(3) 施工单位应认真履行安全生产检查工作，事故隐患排查整治要彻底，施工把关要严格。

(4) 监理单位应对地连墙浇筑检查验收，有效督促分包单位按照设计图纸要求浇筑地连墙。

4.3.5.2 应急行动

事故发生后，施工项目部立即启动应急预案，组织施救，当场从淤泥中救出 4 人，另 4 人失踪。4 名获救人员经武警医院医治后 2 人当日康复出院，另 2 人住院治疗；4 名失踪人员于 7 月 9 日 20 时前全部搜出，经医院抢救无效死亡。

事故发生后，总承包单位在组织抢救的同时，立即向杭州市相关部门报告。杭州市委、市政府领导及市相关部门第一时间赶赴现场，组织指挥抢险搜救及善后处理工作。

7 月 9 日，杭州市人民政府成立了由市安全监管局、市公安局、市监察局、市总工会、市城乡建委参加的事故调查组。

5 高处坠落和物体打击事故案例分析

5.1 苏州地铁高处坠落事故（2016年8月4日）

5.1.1 项目基本情况

5.1.1.1 工程基本情况

苏州轨道交通4号线天鹅荡路站机电安装及装修工程实施施工总承包，2015年1月8日总承包单位进场施工。其中广告灯箱采购项目由建设单位公开招标，中标单位为与建设单位签订供货合同，与施工总承包单位签订了双包协议。施工单位需按合同和《广告灯箱技术要求》的规定，进行深化设计、原材料采购、加工制造、包装、发货、运输、储存、交货、安装施工、售后服务及质保期服务等工作。

5.1.1.2 广告灯箱转运、安装流程

依据《供货合同》约定，施工单位的广告灯箱运到工地后，送货人员需与本公司场地负责人联系，待场地负责人到场进行安全技术交底后，在场地负责人安全监管下组织卸货。货物卸好后，场地负责人需通知总承包单位、监理单位人员到场验货，待检验合格后，方能安装作业。卸货过程中，如需吊运，由总承包单位申请开具吊装令，监理单位审核同意后方可进行。台账资料显示，前几次广告灯箱入库，相关单位人员均到场并履行了相应手续。

5.1.2 事故发生经过和救援情况

2016年8月4日上午8时左右，杜某和4名工人开车前往天鹅荡路站准备卸货，途中杜某按路边广告上的电话号码联系了一台叉车。9时左右，杜某等人到达天鹅荡路工地，由于施工场地不平，叉车无法作业，杜某让赵某、仝某带着叉车到文溪路站卸货，自己和李某、韦某留在天鹅荡路站工地。此时，工地上有辆吊车干完活后，正准备离开，杜某拦住吊车司机程某商量帮忙卸货事宜，程某在请示吊车老板，谈好价格后，同意帮忙卸货。10时30分左右，程某操作吊车从货车上卸货，杜某等人将卸下的9个广告灯箱捆扎在一起，准备将其从1号风亭井口吊运至井下。10时35分左右，仝某和赵某在文溪路站卸完货后，回到天鹅荡路站，帮助杜某等人一起卸货。广告灯箱捆扎完毕后，李某爬上去挂钩，其他人在下面协助。程某试吊了一下，确认货物已捆扎好后，李某便从货物上面下来，杜某让其他3人从地铁出入口到井下卸货，自己走到井口观望下方是否有人。程某看到众人走开，看了一下井口无人，便操作吊车将广告灯箱吊至井口，这时，突然听到李某在喊“老杜掉下去了”后，便将货物放回原地，并拨打了110、119、120等电话。几分钟后，消防人员、医护人员赶到现场，将杜某抬出，并送往医院抢救，11时20分，杜某经医院抢救无效死亡。

5.1.3 事故损失及处理建议

5.1.3.1 事故损失

事故造成1人死亡，直接经济损失约105万元。

5.1.3.2 事故责任人员和责任单位的处理建议

（1）施工单位班组长，到达工地后未按规定通知公司场地负责人到场，致使总承包单位、监理单位人员未能到场监督验收。且私自联系吊车卸货，未安排吊车指挥人员，对事故的发生负有主要责任，鉴于其已在事故中死亡，免于追究。

（2）程某，吊车司机，违章起吊，且疏于观察，致使吊运的货物刮蹭到趴在井壁观察情况的杜某，致其失稳跌入井底死亡，对事故的发生负有重要责任，建议司法机关依法追究其刑事责任。

（3）朱某，施工单位副总经理（实际负责人），未认真履行安全管理职责，对事故的发生负有领导责任，建议苏州市安全生产监督管理局按照《安全生产法》第九十二条第（一）项的规定，对其实施行政处罚。

（4）刘某，施工单位项目经理，未能有效履行项目经理职责，对广告灯箱卸货及安装工作的安全监管不到位，建议施工单位撤销其项目经理之职，并按公司相关规定进行处罚，并将处罚结果15日内报苏州市安全生产监管局备案。

（5）施工单位，施工现场安全管理混乱，对广告灯箱卸货及安装工作安全监管不到位，日常安全教育流于形式，员工安全意识淡薄；违规将广告灯箱卸货及安装工作口头转包给自然人，且未签订施工合同并约定各自安全管理职责，对事故的发生负有重要责任，建议苏州市安全生产监督管理局按照《安全生产法》第一百零九条的规定，对该公司实施行政处罚。

（6）施工总承包单位，落实总包管理责任不到位，对所属施工场地管理不严格，没有及时发现相关作业人员在场地上违章作业，建议苏州市安全生产监督管理局按照《安全生产法》第一百零九条的规定，对该公司实施行政处罚。

5.1.4 事故发生原因分析

5.1.4.1 直接原因

吊车司机违章起吊，且疏于观察，吊运的货物刮蹭到趴在井壁观察情况的杜某，致其失稳跌落井底。

5.1.4.2 间接原因

（1）施工单位安全生产责任制不落实，对员工安全教育不到位，施工现场管理混乱，对广告灯箱卸货及安装工作监管不到位。

（2）施工单位班组长杜某安全意识淡薄，私自联系吊车进行卸货，且未安排人员指挥吊车吊运工作；到达工地后未按规定通知公司场地负责人到场，进行卸货监督工作。

（3）吊车司机程某，在没有人员指挥的情况下，违章作业；吊运过程中疏于观察，致使吊运货物刮蹭到趴在井壁观察的杜某，致其跌落井底。

（4）施工单位副总经理朱某（实际负责人），未能认真履行安全管理职责，将广告灯箱卸货及安装工作口头转包给自然人，致使卸货工作组织不力。

（5）施工单位项目经理刘某，未能有效履行职责，对广告灯箱卸货及安装工作的安全监管不到位，致使施工现场安全管理混乱。

（6）施工总承包单位落实总包管理责任不到位，对所属施工场地安全管理不严格，没有及时发现相关作业人员在场地上违章作业。

5.1.5 应急管理启示

5.1.5.1 应急准备

A 建设单位启示

（1）建设单位应履行建设单位的法定职责，健全完善相关规章制度。

（2）加强对施工单位的协调管理，督促施工单位严格落实安全生产各项规定，积极开展反“三违”活动。加强对供货商日常管理，杜绝违法转包行为。

B 承包单位启示

（1）施工单位应加强对施工现场的安全管理，加大日常巡查检查力度，全面整治“三违”行为。

（2）施工单位应依照相关法律法规要求，加强对本项目内其他施工单位和人员的协调管理、教育培训等工作，建立完善相关作业人员进入本项目作业现场内安全管理规定，确保施工现场规范、有序。

（3）施工单位要建立健全各项安全生产规章制度和操作规程，加强对员工的教育培训，不断强化对产品运输、交货、安装施工等环节的安全技术交底和安全监管工作，及时消除生产安全事故隐患。

（4）施工单位项目施工过程中，要认真遵守国家相关法律法规，不得违法转包。

（5）监理单位要认真履行监理职责。加大对施工现场的巡查力度，加强对作业现场的监督管理，对发现的事故隐患和“三违”行为，按照规定及时采取监理措施，督促施工单位认真整改落实到位。

5.1.5.2 应急行动

施工单位事发后并拨打了110、119、120等电话。几分钟后，消防人员、医护人员赶到现场，将杜某抬出，并送往医院抢救，11时20分，杜某经医院抢救无效死亡。

事故发生后，市应急局、市住建局、吴中区应急局、吴中公安分局等部门在接报后的第一时间赶赴事故现场，指导协调事故救援和调查工作。

苏州市政府成立了苏州轨道交通4号线天鹅荡路站工地“8·4”高处坠落事故调查组。通过调查取证和综合分析，查明了事故的原因，认定了事故性质和责任，提出了对有关责任单位及责任人的处理建议。

5.2 重庆地铁高处坠落事故（2016年2月19日）

5.2.1 事故发生经过

2016年2月19日8时左右，重庆轨道交通5号线一期工程土建某标半山站明挖段3名作业人员站在已浇筑并已拆除了模板、木枋、I16b号工字钢的第一道第5号现浇钢筋混凝土横向内支撑上进行模板支撑体系贝雷梁拆除，其中作业队长安排指挥另两名作业人员用气焊切割解除现浇钢筋混凝土横向内支撑左右两侧贝雷梁之间的连接槽钢。先切割解除了两组贝雷梁之间的下部连接槽钢，再切割解除了两组贝雷梁之间的顶面连接槽钢；9 时 50 分左右，在切割解除完顶面最后一根横向连接槽钢的一端后再切割另一端时，两组贝雷梁突然向大桩号方向倾倒，大桩号侧的贝雷梁变形坠入基坑底面，小桩号侧的贝雷梁倾倒在已浇筑的第一道第 5 号现浇钢筋混凝土横向内支撑上，将站在该现浇钢筋混凝土横向内支撑上的 3 名作业人员挤落入基坑底面。

5.2.2 应急救援处置情况

事故发生后，施工单位立即启动了应急预案，并向重庆市应急局等部门报告了该起事故。重庆市应急局、重庆市城乡建委、九龙坡区政府有关领导相继及时赶赴事故现场，指导开展救援、善后处置及隐患排查工作。

经确认，作业队长当场死亡，两名作业人员受伤后送到医院经抢救无效死亡。相关部门会同施工单位与 3 名死者家属达成一致意见，签订赔偿协议，无不良社会影响。

5.2.3 事故损失及处理建议

5.2.3.1 事故损失

该起事故造成 3 人死亡，直接经济损失 390 万元。

5.2.3.2 事故处理建议

（1）施工单位高架作业队队长，对本队作业人员生产安全负直接管理责任，未贯彻执行本项目安全技术措施，未执行安全技术操作规程，未按照正确方法组织施工，违章指挥，导致事故发生，对本次事故负有直接管理责任，应该移交司法机关处理，鉴于已在事故中死亡，建议免于责任追究。

（2）高架作业队班组长，没有遵守本单位的安全生产规章制度，违反操作规程作业，导致发生高处坠落事故，对本次事故负有直接责任，鉴于已在事故中死亡，建议免于责任追究。

（3）项目经理，安全生产主要负责人，对本单位的安全生产工作督促、检查不力，未及时消除生产安全事故隐患，对本次事故负有责任，其行为违反了《中华人民共和国安全生产法》第十八条第五项“生产经营单位的主要负责人对本单位安全生产工作负有下列职责：督促、检查本单位的安全生产工作，及时消除生产安全事故隐患”的规定。根据《中华人民共和国安全生产法》第九十二条第二项“生产经营单位的主要负责人未履行本法规定的安全生产管理职责，导致发生较大事故的，处上一年年收入百分之四十的罚款”之规定，建议对其处以人民币 4 万元罚款的行政处罚。

（4）项目安全总监，对本单位的安全生产工作督促、检查不力，未及时消除生产安全事故隐患，对本次事故负有责任，其行为违反了《中华人民共和国安全生产法》第十八条第五项“生产经营单位的主要负责人对本单位安全生产工作负有下列职责：督促、检查本单位的安全生产工作，及时消除生产安全事故隐患”的规定。根据《中华人民共和国安全生产法》第九十二条第二项“生产经营单位的主要负责人未履行本法规定的安全生产管理职责，导致发生较大事故的，处上一年年收入百分之四十的罚款”之规定，建议对其处以人民币 2 万元罚款的行政处罚。

（5）经理，安全生产主要负责人，对本单位的安全生产工作督促、检查不力，未及时消除生产安全事故隐患，对本次事故负有责任，其行为违反了《中华人民共和国安全生产法》第十八条第五项“生产经营单位的主要负责人对本单位安全生产工作负有下列职责：督促、检查本单位的安全生产工作，及时消除生产安全事故隐患”的规定。根据《中华人民共和国安全生产法》第九十二条第二项“生产经营单位的主要负责人未履行本法规定的安全生产管理职责，导致发生较大事故的，处上一年年收入百分之四十的罚款”之规定，建议对其处以人民币4万元罚款的行政处罚。

（6）施工单位，作为生产经营单位，督促从业人员严格执行本单位的安全生产规章制度和操作规程不力，事故隐患排查不到位，对本次事故负有责任。其行为违反了《中华人民共和国安全生产法》第三十八条第一款、第四十一条和第四十二条的规定，根据《中华人民共和国安全生产法》第一百零九条第二款“发生生产安全事故，对负有责任的生产经营单位除要求其依法承担相应的赔偿等责任外，由安全生产监督管理部门依照下列规定处以罚款：发生较大事故的，处五十万元以上一百万元以下的罚款”之规定，中铁隧道集团一处有限公司在事故发生后积极处理善后事宜，配合相关部门开展事故调查，建议对其处以人民币55万元罚款的行政处罚。

5.2.4 事故发生的原因分析

5.2.4.1 直接原因

（1）作业人员违章作业。

针对贝雷梁拆除，《半山站及2号出入口明挖基坑开挖支护安全专项施工方案》和《施工（安全）技术交底记录（贝雷梁架设、拆除）》中均有：“吊车就位后，按照安装时的吊装方式，用钢丝绳将主钩与贝雷梁端部固定，吊车副钩负责贝雷梁中部固定，防止起吊过程贝雷梁中部变形。待吊车钢丝绳固定到位后，先拆除待吊运的斜拉贝雷梁钢丝绳，再拆除贝雷梁两端的锚筋，在逐步拆除时，安排专人检查贝雷梁是否有较大变形或滑移”要求；且《施工（安全）技术交底记录（贝雷梁架设、拆除）》中还有：“拆除过程采用吊车配合人工作业。贝雷片拆除时，横向连接要逐片松开，严禁大面积松开贝雷梁横向连接”的要求。施工现场作业人员在拆除贝雷梁过程中，未按安全专项施工方案和安全技术交底的要求施工，违章作业，在吊车未到位的情况下，且缺少有效的稳定措施时，擅自提前拆除两组贝雷梁之间的横向连接槽钢；违反《半山站及2号出入口明挖基坑开挖支护安全专项施工方案》和《施工（安全）技术交底记录（贝雷梁架设、拆除）》的要求，导致事故发生。

两组贝雷梁和两组贝雷梁之间的横向连接槽钢在安装和使用过程中因受力变形会产生一定的附加应力，当两组贝雷梁之间的横向连接槽钢被切割拆除分离时，贝雷梁和两组贝雷梁之间的横向连接槽钢的附加应力会突然释放，因两组贝雷梁平面上向大桩号方向约有弯曲，导致贝雷梁向大桩号方向倾倒发生较大事故。

（2）作业人员未按要求佩戴安全带。

《建筑施工模板安全技术规范》（JGJ 162—2008）：“8.0.2 安装和拆除模板时，操作人员应配戴安全帽、系安全带、穿防滑鞋……”。施工单位提供的《半山站及2号出入口明挖基坑开挖支护安全专项施工方案》和《施工（安全）技术交底记录（贝雷梁架设、拆除）》中，均有“作业人员在贝雷梁上方行走时必须将安全绳固定于防护网的钢丝绳或已施工的混凝土横撑上”的要求。作业人员在拆除贝雷梁过程中，未按规范、安全专项施工方案和安全技术交底的要求组织施工，正确使用和佩戴安全带。

综上所述，作业人员在拆除贝雷梁过程中违章作业、且未按要求佩戴安全带是造成此次较大事故的直接原因。

5.2.4.2 间接原因

施工单位主体责任落实不到位，主要表现在：

（1）教育和督促从业人员严格执行公司的安全生产规章制度和安全操作规章作业不力。项目部高架作业队队长李传明等违反贝雷梁拆除操作规程作业，违反了《中华人民共和国安全生产法》第四十一条“生产经营单位应当教育和督促从业人员严格执行本单位的安全生产规章制度和安全操作规程；并向从业人员如实告知作业场所和工作岗位存在的危险因素、防范措施以及事故应急措施”之规定。

（2）事故隐患排查不到位，未采取有效措施及时发现并消除李传明违反操作规程作业的事故隐患，违反了《中华人民共和国安全生产法》第三十八条第一款“生产经营单位应当建立健全生产安全事故隐患排查治理制度，采取技术、管理措施，及时发现并消除事故隐患。事故隐患排查治理情况应当如实记录，并向从业人员通报”的规定。

（3）监督和教育从业人员按照使用规则佩戴、使用劳动防护用品不力，违反了《中华人民共和国安全生产法》第四十二条“生产经营单位必须为从业人员提供符合国家标准或者行业标准的劳动防护用品，并监督、教育从业人员按照使用规则佩戴、使用”的规定。

5.2.5 应急管理启示

5.2.5.1 应急准备

A 建设单位启示

建设单位应及时办理施工许可证。确保建设工程安全作业环境及安全施工措施所需费用，不得压缩合同约定的工期。配合相关部门做好施工现场的安全监管。

B 承包单位启示

（1）施工单位应建立健全安全生产责任制度，督促本单位的工作人员遵守安全生产法律、法规和操作规程，督促安全管理人员认真履行职责。加强源头管理，进一步建立和完善企业内部安全管理制度。采取有效措施及时发现并消除事故隐患，杜绝违章作业。

（2）监理单位应当按照法律、法规和工程建设强制性标准实施监理。严格执行监理程序，在实施监理过程中，发现存在安全事故隐患的，应当要求施工单位整改；情况严重的，应当要求施工单位暂时停止施工，并及时报告建设单位。施工单位拒不整改或者不停止施工的，工程监理单位应当及时向有关主管部门报告。督促施工单位中铁隧道集团一处有限公司落实安全生产企业主体责任。

5.2.5.2 应急行动

事故发生后，施工单位立即启动了应急预案，并向重庆市应急局等部门报告了该起事故。重庆市应急局、重庆市城乡建委、九龙坡区政府有关领导相继及时赶赴事故现场，指导开展救援、善后处置及隐患排查工作。

相关部门会同施工单位与 3 名死者家属达成一致意见，签订赔偿协议，无不良社会影响。

由市应急局牵头，市监察局、市城乡建委，九龙坡区应急局、监察局、公安分局、总工会等为成员的高处坠落事故调查组（以下简称调查组）。邀请九龙坡区人民检察院派员参加事故调查。调查组查明了事故发生的经过、原因、应急处置、人员伤亡和直接经济损失情况，认定了事故性质和责任，提出了对有关责任人员及责任单位的处理建议。

5.3 佛山地铁物体打击事故（2019 年 3 月 23 日）

5.3.1 项目基本情况

某标段工程共计 10965.5m，施工区段划分为南庄站-石湾站（6 站 5 区间）南湖区间风井湖涌出入场区间。事发设备：由施工单位从北京某交通工程有限公司租赁并签订专业分包合同。

5.3.2 事故发生经过

2019 年 3 月 23 日上午 9 时 50 分许，位于禅城区南庄镇堤田村的佛山地铁 2 号线湖涌站一小里程施工点，工程设备出租方正进行利用桥门式起重机（俗称龙门吊）将隧道内约 90 根圆形镀锌管（长 6m，直径 8cm，总重量 4t 左右）从小里程始发井右线底板（南庄站往湖涌站方向）吊移至地面仓库存放。现场由指挥员指挥，所吊钢管吊起至地面上方后，由于受右线上方地面板房影响，所吊钢管需横移至左线，当横移至左线上方准备前移至地面仓库时，龙门吊机突然发生机械故障，发生“溜钩”现象，导致钢管下坠，下坠钢管前端碰到顶板的临边地面护栏，钢管失去平衡，由于钢管捆绑松散不规范，致使所吊钢管散落到高差约 16m 的左线底板上，散落的钢管砸伤一名经过地铁左线底板的现场作业人员，后伤者被送往医院抢救，于当天 11 时 58 分因抢救无效宣布死亡。

5.3.3 事故损失和处理建议

5.3.3.1 人员伤亡情况

此次事故造成 1 人死亡。

5.3.3.2 经济损失

本次事故直接经济损失约为 310 万元人民币。

5.3.3.3 事故责任认定

（1）工程设备出租方未严格落实安全生产主体责任，日常检查保养流于形式，未能在日常检查保养中发现并消除重机制动系统存在的安全隐患；未能及时发现并整改未在吊装区域范围内的左线设置警戒区域或进行临时围蔽、未采取监护措施等安全事故隐患；所吊钢管捆绑松散不规范等事故隐患未能及时整改，继续冒险作业导致事故发生。其行为违反《中华人民共和国安全生产法》第三十八条第一款：“生产经营单位应当建立健全生产安全事故隐患排查治理制度，采取技术、管理措施，及时发现并消除事故隐患。事故隐患排查治理情况应当如实记录，并向从业人员通报”、第四十一条：“生产经营单位应当教育和督促从业人员严格执行本单位的安全生产规章制度和安全操作规程；并向从业人员如实告知作业场所和工作岗位存在的危险因素、防范措施以及事故应急措施”的规定，对事故发生负有责任。

（2）施工单位，未严格落实安全生产主体责任，对工程建设施工监管不力。对工程设备出租方和劳务单位在同一作业区域内作业并可能危及对方生产安全的，未组织签订安全生产管理协议，对承包单位的安全生产工作进行统一协调、管理；未采取管理措施及时发现并消除工程承包方北京亿原交通工程技术有限公司违规作业等生产安全事故隐患。违反《中华人民共和国安全生产法》第三十八条第一款：“生产经营单位应当建立健全生产安全事故隐患排查治理制度，采取技术、管理措施，及时发现并消除事故隐患。事故隐患排查治理情况应当如实记录，并向从业人员通报”、第四十六条第二款：“生产经营项目、场所发包或者出租给其他单位的，生产经营单位应当与承包单位、承租单位签订专门的安全生产管理协议，或者在承包合同、租赁合同中约定各自的安全生产管理职责；生产经营单位对承包单位、承租单位的安全生产工作统一协调、管理，定期进行安全检查，发现安全问题的，应当及时督促整改”的规定，对事故发生负有责任。

（3）作为工程主要负责人，未严格落实督促、检查本单位的安全生产工作，及时消除生产安全事故隐患的职责，违反《中华人民共和国安全生产法》第十八条第（五）项：“生产经营单位的主要负责人对本单位安全生产工作负有下列职责：（五）督促、检查本单位的安全生产工作，及时消除生产安全事故隐患”的规定，对事故的发生负有责任。

（4）作为工程设备出租方主要负责人，未严格落实督促、检查本单位的安全生产工作，及时消除生产安全事故隐患的职责，违反《中华人民共和国安全生产法》第十八条第（五）项：“生产经营单位的主要负责人对本单位安全生产工作负有下列职责：（五）督促、检查本单位的安全生产工作，及时消除生产安全事故隐患”的规定，对事故的发生负有责任。

（5）交运物资现场指挥员未严格遵守《建筑机械使用安全技术规程》（JGJ 33—2012）第 4.1.17 条：“建筑起重机械作业时，应在臂长的水平投影覆盖范围外设置警戒区域，并应有监护措施；起重臂和重物下方不得有人停留、工作或通过。不得用吊车、物料提升机载运人员。”的规定。在吊装作业中存在未对吊装区域设置警戒或进行临时围闭、未采取有效监护措施等违规行为。违反《中华人民共和国安全生产法》第五十四条：“从业人员在作业过程中，应当严格遵守本单位的安全生产规章制度和操作规程，服从管理，正确佩戴和使用劳动防护用品”的规定，对事故的发生负有责任。

5.3.3.4 处理建议

（1）建议应急管理部门依据违反《中华人民共和国安全生产法》第三十八条第一款、第四十一条之规定，对负有事故责任的工程设备出租方依法进行行政处罚。

（2）建议应急管理部门依据违反《中华人民共和国安全生产法》第三十八条第一款、第四十六条第二款之规定，对负有事故责任的施工单位依法进行行政处罚。

（3）建议应急管理部门依据违反《中华人民共和国安全生产法》第十八条第（五）项的规定，对负有事故责任的工程设备出租方主要负责人依法进行行政处罚。

（4）建议应急管理部门依据违反《中华人民共和国安全生产法》第十八条第（五）项的规定，对负有事故责任的施工单位佛山市城市轨道交通 2 号线一期 TJ-1 标段工程主要负责人依法进行行政处罚。

（5）交运物资现场指挥员安全意识淡薄，违反操作规程，对事故发生负有直接责任。依照《中华人民共和国安全生产法》第一百零四条：“生产经营单位的从业人员有服从管理，违反安全生产规章制度或者操作规程的，由生产经营单位给予批评教育，依照有关规章制度给予处分；构成犯罪的，依照刑法有关规定追究刑事责任。”的规定，因其涉嫌构成重大责任事故罪，建议由公安部门依法追究其责任。

5.3.4 事故发生的原因分析

5.3.4.1 直接原因

（1）门式起重机主钩机械故障，突发“溜钩”现象，致使吊物下沉，碰撞地面护栏导致吊物失衡散落，是该起事故发生的直接原因。

（2）交运物资现场指挥员未严格遵守建筑机械使用安全技术规程，未对吊装作业区设置警戒区域或进行临时围闭，未采取有效监护措施，导致事故发生，是事故发生的另一直接原因。

5.3.4.2 间接原因

（1）施工单位未严格落实安全生产主体责任。对工程建设施工监管不力，对两个承包单位在同一作业区域内作业并可能危及对方生产安全的，未组织签订安全生产管理协议；未采取管理措施及时发现并消除工程承包方违规作业带来的生产安全事故隐患，是事故发生的间接原因。

（2）工程设备出租方未严格落实安全生产主体责任。对从业人员疏于管理，没有督促从业人员严格执行龙门吊安全操作规程，未在吊装区域范围内的左线设置警戒区域或进行临时围闭、未采取有效监护措施，是事故发生的间接原因。

5.3.5 应急管理启示

5.3.5.1 应急准备

A 建设单位启示

建设单位应加强对在建项目的安全检查，督促参建各方落实安全生产责任，避免各类事故的发生。

B 承包单位启示

（1）设备租赁单位应能在日常检查保养中发现并消除重机制动系统存在的安全隐患。

（2）设备租赁单位应能及时发现并整改未在吊装区域范围内的左线设置警戒区域或进行临时围闭、未采取监护措施等安全事故隐患。

（3）施工单位对在同一作业区域内作业并可能危及对方生产安全的，应组织签订安全生产管理协议，对承包单位的安全生产工作进行统一协调、管理。

（4）施工单位从业人员在作业过程中，应当严格遵守本单位的安全生产规章制度和操作规程，服从管理，正确佩戴和使用劳动防护用品。

5.3.5.2 应急行动

事故发生后，施工单位和工程设备出租方迅速组织人员进行现场处置。抚慰好家属情绪，及时对死者家属进行赔偿；各部门能较快依据自身职责，开展各项工作，未引发其他社会矛盾，应急处置评估为及时、有效。

事故发生后，区应急局、区交通运输局、区公安分局南庄派出所、区安全生产监督管理局南庄分局等单位的相关人员到达现场处理事故，进行事故调查取证。

5.4 重庆地铁物体打击事故（2018 年 4 月 5 日）

5.4.1 事故发生经过

2018 年 4 月 5 日下午，在重庆轨道交通环线附属工程出入口进行初支喷射混凝土过程中，发生拱顶局部坍塌，石块滚落约 20m 后砸中喷射混凝土料斗，导致料斗倾覆将 1 名上料作业工人砸伤，经送医院抢救无效死亡，直接经济损失 115 万元。

5.4.2 应急救援处置情况

事故发生后，建设单位立即启动应急预案，按照相关规定迅速上报事故信息，集团领导立即赶往事故现场，成立应急处置工作组，指挥事故处置善后：

（1）对伤员紧急送医救治，安抚死者家属，积极进行赔偿；

（2）保护事故现场，以待后续开展事故调查；

（3）对事故信息进行全面通报，全面紧急开展安全隐患排查整治工作；

（4）对事发项目停工整改，封存资料档案，备查；

（5）配合市应急局开展事故调查，对责任单位进行教育处理；

（6）开展内部履职调查工作，对未履职到位的相关人员进行通报处理。

5.4.3 事故发生的原因分析

5.4.3.1 直接原因

出入口拱顶围岩发生局部坍塌，塌落的石块滚落并砸倒下方约 20m 处的喷射混凝土料斗，上料工人躲闪不及，被倾覆的料斗击中。

5.4.3.2 间接原因

A 施工单位

（1）主体安全责任落实不到位，履职不到位。

（2）未严格按照施工图及施工方案的要求进行施工：暗挖段施工至明暗挖分界线 10m 时停止开挖，待明挖结构衬砌施工完成后，再从明挖方向开挖剩余暗挖出入口；上台阶开挖过高；喷射砼施工存在质量缺陷和安全隐患；明暗挖分界线 10m 内坍塌部分的工 18 型钢拱架未及时支护且未按 0.5m 间距实施开挖，实际开挖进尺约 4m，加之已完成初支部分的拱顶喷射砼漏喷造成拱顶围岩悬空面进一步加大。

（3）对劳务分包队伍管理不力，用工不当。

（4）在土建工程进入尾声阶段盲目抢工，麻痹大意，思想松懈，未做好危险源辨识工作。

B 监理单位

安全监理不到位，监理人员未进行旁站，对施工单位不按图、不按方案施工的行为失察，对喷射砼施工质量监督不到位。

C　BT 单位

对工程建设的安全质量管理不力，对施工中存在的安全质量管理问题失察。

D　建设单位

建设单位项目一公司对 BT 项目公司和施工、监理单位的安全监督管理不够。

5.4.4　应急管理启示

5.4.4.1　应急准备

A　建设单位启示

（1）建设单位应加强对参建相关单位的安全监督管理。

（2）收集和分享各城市优秀质量安全管理经验，以便借鉴建设过程中的优秀做法，提高质量安全管理水平。

（3）树立创新观念，大力引进新技术、新设备、新材料、新工艺，降低施工过程中的质量安全隐患，提升轨道交通建设质量和效率。

B　承包单位启示

（1）施工单位应严格按照施工图及施工方案的要求进行施工。

（2）施工单位应规范合理工期，制定流程和标准，杜绝不合理工期。

（3）施工单位应加强对劳务分包队伍管理。

（4）施工单位在土建工程进入尾声阶段不得盲目抢工，麻痹大意，思想松懈，应做好危险源辨识工作。

（5）监理单位监理人员应进行旁站。

（6）监理单位应对施工单位不按图、不按方案施工的行为查处，对喷射砼施工质量进行监督。

5.4.4.2　应急行动

事故发生后，建设单位立即启动应急预案，按照相关规定迅速上报事故信息，建设单位立即赶往事故现场，成立应急处置工作组，指挥事故处置。

抚慰好家属情绪，及时对死者家属进行赔偿；各部门能较快依据自身职责，开展各项工作，未引发其他社会矛盾，应急处置评估为及时、有效。

6 车辆伤害和机械伤害事故案例分析

6.1 南通地铁车辆伤害事故（2020 年 3 月 14 日）

6.1.1 事故发生经过

2020 年 3 月某公司承包的合同段项目正式复工。

总承包单位项目部项目副经理安排劳务分包单位现场负责人拆除居宏区间隧道上行线 2 号联络通道（即中间风井）负环管片上的轨道。现场负责人随即喊王某前往上行线 2 号联络通道（即中间风井）处，他在现场向王某指明负环管片上需要拆除的 3 节轨道后离开。王某将 3 节轨道的固定螺丝卸下后，前往 3 号联络通道及泵站处喊姜某、林某、张某帮忙抬轨道，5 人合力将 3 节轨道抬至一旁后，分别前往居宏区间隧道上行线、下行线其他位置进行保洁工作。项目副经理电话通知劳务有限公司员工前往上行线中间风井处对负环管片进行钻孔作业。王某带苏某、李某到达现场，指明需要钻孔的位置后离开，留下苏某、李某 2 人对负环管片进行钻孔作业。苏某、李某下班离开工地，负环管片钻孔作业任务完成将近一半（钻孔 20 余个）。断轨处未设置变频机车止挡缓冲装置、安全警示标识或其他安全防护装置/设施。

现场负责人在南通市轨道交通 1 号线宏兴路站工地组织召开晨会，安排班组长带领赵某、曹某、李某、闫某及变频机车司机（提前下井更换变频机车电瓶，未参加晨会）到 3 号联络通道及泵房处向南进行保洁作业，清理钢环浮土和垃圾；安排班组长夏某带领张某、韩某等 5 人到下行线轨道 4 号联络通道处清理螺旋孔内的泥土；安排班组长夏某带 11 人到轨道下行线从居康路向南拆除轨道。俞某告诉董某 2 号联络通道处负环管片上的轨道已被拆除。晨会结束后，作业人员陆续从宏兴路站工地地面下井至隧道。夏某安排 3 人先步行前往 2 号联络通道地面工地拿取清洁工具。董某告知刘某驾驶变频机车前往 2 号联络通道处拿取清洁工具，随后上了变频机车组尾部平板车，赵某等 7 人也跟着上了倒数第二节平板车。董某向刘某示意可以开车后，刘某驾驶变频机车倒车进入上行线隧道往 2 号联络通道（即中间风井）方向行驶，通过尾部平板车上摄像头观察前方路况。起步后刘某逐步提速至 5 档，行驶约 10min，即将到达 2 号联络通道（即中间风井）时，董某发现前方没轨道了，就喊停车，因为现场噪声较大，再加上司机看不见，车速一直没变，也没有刹车迹象。董某一看情况不对，就跳车了，跳下来的时候离无轨道处还有 20m 左右。闫某发现情况不对，也跟着跳车了，跳车时，变频机车已经脱轨侧翻，致其他 6 人被困。

6.1.2 应急救援处置情况

变频机车脱轨侧翻后，董某就叫刘某赶紧下来救人，并于 6：58 左右，拨打俞某电话求救，电话未接通。7：03 董某再次拨打俞某电话，电话通了后，向俞某说了事故情况。

接着董某、刘某和闫某一起救人，3人对现场观察后，发现有6名工人被压在平板车下面，接到电话赶过来的俞某拨打了“120”急救电话，附近其他工人闻讯陆续前来参与救援，姜某于7：46拨打了“119”电话求救。众人合力将赵某、韩某2人从平板车下救出并送往医院救治，其余4名工人因身体被卡住，无法救出。

总承包单位项目部人员向总承包单位、监理单位、建设单位报告了事故情况。到达现场后的消防队员与现场工人一起对被困人员进行救援，先后将4名被压人员救出，由现场等候的“120”救护车将伤者送往医院救治。6名受伤人员经医院全力抢救，其中曹某、韩某经抢救无效于当日死亡；张某、赵某经治疗已出院；韩某、李某已脱离生命危险，目前正在恢复中。

6.1.3 事故损失及处理建议

6.1.3.1 事故损失

事故共造成2人死亡、4人受伤。直接经济损失约435.76万元。

6.1.3.2 建议移送司法机关追究刑事责任的人员

（1）劳务分包单位员工，变频机车司机。发车前对变频机车车况检查不到位，违规搭载施工作业人员，向后行驶过程中疏于观察路况；行至未设置警示标志，无防脱轨缓冲、止挡装置的无轨道处时，未及时采取制动措施，导致变频机车驶出轨道发生侧翻，对事故的发生负有直接责任。处理建议：因涉嫌刑事犯罪，建议由司法机关追究其刑事责任。

（2）劳务分包单位班组长。安全意识淡薄，对存在的风险辨识不足，明知2号联络通道（即中间风井）处轨道已被拆除的情况下，未告知变频机车司机，仍安排变频机车前往；违反变频机车相关管理规定，带领工人违规乘坐变频机车，对事故发生负有主要责任。处理建议：因涉嫌刑事犯罪，建议由司法机关追究其刑事责任。

6.1.3.3 建议给予行政处罚的人员

（1）劳务分包单位法定代表人。未严格履行主要负责人职责，未建立健全本单位安全生产责任制，未及时督促、检查本单位的安全生产工作，并消除生产安全事故隐患，对事故发生负有责任。处理建议：由应急管理局依据安全生产法律法规的规定，给予其罚款的行政处罚。

（2）总承包单位合同段项目部项目经理。作为项目安全生产第一责任人，履行安全生产管理职责不到位，施工组织管理不到位，安全检查和隐患排查不到位，对事故发生负有重要责任。处理建议：由应急管理局依据安全生产法律法规的规定，给予其罚款的行政处罚。

（3）总承包单位合同段项目部项目副经理。施工组织管理不到位，未按施工方案组织施工；安全检查和隐患排查不到位，对事故发生负有责任。处理建议：由南通市应急管理局依据安全生产法律法规的规定，给予其罚款的行政处罚。

（4）合同段监理项目部总监理工程师代表（因疫情总监理工程师未能到岗，公司授权其履行总监理工程师职权）。未认真履行职责，未督促施工单位加强现场安全管理，对隧道内作业现场监督不力，未及时发现和督促施工单位消除事故隐患，对事故发生负有责任。处理建议：由应急管理局依据安全生产法律法规的规定，给予其罚款的行政处罚。

6.1.3.4 建议企业内部处理的人员

劳务分包单位现场负责人。未认真履行安全职责，对可能存在的风险认识不足，未根据现场实际情况合理安排施工任务；施工前对作业人员安全技术交底不到位，对事故发生负有责任。处理建议：由劳务分包单位依据公司管理规定进行处理。

6.1.3.5 建议给予行政处理的人员

(1) 总承包单位合同段项目部机修工。对机械设备安全维护保养工作落实不到位，对事故发生负有责任。处理建议：由总承包单位按照有关规定给予其行政处理。

(2) 总承包单位合同段项目部项目安全负责人。安全生产管理职责履行不到位，安全生产责任制及规章制度落实不到位，安全检查和隐患排查不到位，对隧道内电瓶车违规搭载人员的情况疏于管理，整治不力；安全教育和培训及安全技术交底工作不到位，对事故发生负有责任。处理建议：由总承包单位按照有关规定给予其行政处理。

6.1.3.6 建议给予行政处罚的单位

(1) 劳务分包单位未建立健全安全生产责任制，现场安全管理混乱，未根据现场实际情况合理安排施工任务；安全技术交底不到位；安全教育和培训工作不到位；作业人员安全意识淡薄，违规搭乘变频机车；安全检查和隐患排查不到位，对事故发生负有主要责任。处理建议：由应急管理局依据安全生产法律法规的规定，给予其罚款的行政处罚。

(2) 总承包单位安全生产主体责任落实不到位，施工组织管理不到位，未按施工方案组织施工，在轨道拆除后未按要求设置变频机车止挡装置及警示标识；对隧道内变频机车违规搭载人员的情况疏于管理，整治不力；机械设备安全维护保养工作落实不到位；安全教育和培训及安全技术交底工作不到位，安全检查和隐患排查不到位，对事故发生负有重要责任。处理建议：由应急管理局依据安全生产法律法规的规定，给予其罚款的行政处罚。

(3) 监理单位未对工程进行有效监理，未督促施工单位加强现场安全管理，对隧道内作业现场监督不力，未及时督促施工单位办理管片拆除令；未及时发现和督促施工单位消除事故隐患，对事故发生负有责任。处理建议：由应急管理局依据安全生产法律法规的规定，给予其罚款的行政处罚。

6.1.4 事故原因分析

6.1.4.1 直接原因

变频机车司机在发车前对变频机车车况检查不到位，违规搭载施工作业人员，向后行驶过程中疏于观察路况；行至未设置警示标志，无防脱轨缓冲、止挡装置的无轨道处时，未及时采取制动措施，导致变频机车驶出轨道发生侧翻。

6.1.4.2 间接原因

(1) 劳务公司未建立健全安全生产责任制，现场安全管理混乱，未根据现场实际情况合理安排施工任务；安全技术交底不到位；安全教育和培训工作不到位；作业人员安全意识淡薄，违规搭乘变频机车；安全检查和隐患排查不到位。

(2) 总承包单位安全生产主体责任落实不到位，施工组织管理不到位，未按施工方案组织施工，在轨道拆除后未按要求设置变频机车止挡装置及警示标识；对隧道内变频机车违规搭载人员的情况疏于管理，整治不力；机械设备安全维护保养工作落实不到位；安全教育和培训及安全技术交底工作不到位，安全检查和隐患排查不到位。

（3）监理单位未对工程进行有效监理，未督促施工单位加强现场安全管理，对隧道内作业现场监督不力，未及时督促施工单位办理管片拆除令；未及时发现和督促施工单位消除事故隐患。

6.1.5 应急管理启示

6.1.5.1 应急准备

A 建设单位启示

建设单位应切实加强领导，进一步健全责任体系和规章制度，加强地铁施工监管队伍建设，强化对现场的监督管理，要组织施工总承包单位、专业分包单位、劳务分包单位以及监理单位立即开展安全排查和整治工作，督促各参建单位建立健全安全管理制度，并严格落实各项管理规章制度。

B 承包单位启示

（1）施工单位应严格遵守安全生产法律法规，健全各项安全生产规章制度、操作规程。

（2）施工单位要认真落实安全生产教育与培训，强化施工环节的安全技术交底工作，提高从业人员安全意识。

（3）施工单位应及时整改消除生产安全事故隐患，提升安全管理水平。

（4）施工单位应强化施工过程管理，针对城市轨道交通工程分包队伍多和劳务作业人员流动性大等特点，强化过程管控，督促劳务分包队伍落实安全生产责任。

（5）施工单位应切实加强作业现场的安全管理，加大日常巡查检查力度，严禁违章指挥、违章作业、违反劳动纪律的行为，加强安全教育培训工作。

（6）施工单位应加强对机械设备的维护保障工作，及时消除各类安全隐患，提升安全保障能力和事故预防能力。

（7）监理单位应监督施工单位和劳务分包单位按照技术规范组织施工作业。

（8）监理单位应强化施工现场的安全监理，加强现场巡查，及时发现和纠正不安全作业的行为，督促施工单位整改。

6.1.5.2 应急行动

总承包单位项目部人员向总承包单位、监理单位、建设单位报告了事故情况。南通市政府和开发区管委会接到事故报告后，立即启动应急预案。市委常委、常务副市长、副市长兼市公安局局长、副市长带领市公安、住建、应急、国资委等部门负责人赶赴事故现场，指导事故救援工作和善后工作处理事宜。开发区管委会，区应急局、公安局、住建局、南通轨交公司等相关单位及部门负责人立即赶赴事故现场，开展应急救援处置和善后工作。

事故发生后，经南通市政府授权，南通市应急管理局牵头成立了由市公安局、住建局、总工会、国资委、市消防救援支队、市安全生产监察支队及开发区管委会等部门和单位人员组成车辆伤害事故调查组，开展事故调查工作。查明了事故原因，认定了事故性质和责任，提出了有关责任单位和有关责任人员的处理建议，并提出事故防范及整改措施建议。

6.2 深圳地铁车辆伤害事故（2019 年 9 月 28 日）

6.2.1 项目基本情况

6.2.1.1 工程概况

深圳市城市轨道交通 4 号线三期工程为既有 4 号线的延伸线，线路总体呈南北向，由 4 号线二期工程终点清湖站北端引出，自南至北依次沿和平路、观澜大道、高尔夫大道敷设，终点设于牛湖站，正线全长 10.785km。

发生事故的是轨道交通 4 号线三期工程轨道工程（以下简称涉事工程），合同价款约 2.7 亿人民币。工程主要内容包括正线轨道工程和停车场轨道工程以及其他附属设施等。事故发生在长湖站至观澜站区间左线。

6.2.1.2 事故工程安全管理情况

（1）工程代建单位将工程发包给有资质的施工单位、监理单位，按时向施工单位支付了安全文明施工管理措施费，定期对工程质量和安全进行检查，每周组织召开工程例会，发布工程安全周报，对工程实施过程中存在的安全问题进行通报并督促整改。

（2）工程施工单位成立了工程项目经理部，负责项目现场组织、协调、统一指挥及项目运行管理，设安全总监 1 名、质安部部长 1 名和安全员 2 名。项目部编制有大坡道施工安全管理制度、轨道车安全管理制度、轨道车辆日常保养和定期保养制度等文件，定期保养记录齐全。组织开展安全巡查和专项安全检查，对发现的问题进行了整改。存在的问题：经鉴定，事发轨道车分配阀（104 型分配阀）内有异物导致制动偶发性失灵。施工单位对轨行区前方电焊作业人员安全防护措施不到位，电焊作业人员前方设置的自制防溜枕未能起到防护作用。魏某（事故死者）从事动火作业时安全监护人未按要求在现场监护。

（3）监理单位设立了监理项目部。项目部正常开展监理活动，监理日志、旁站、周报、月报等记录齐全。对日常检查、专项检查中发现的安全隐患，签发了《安全隐患整改通知》并监督施工单位落实，记录完整。但在实施监理过程中，未能发现轨道车坡道作业存在刹车失灵导致溜车撞人的事故隐患。

6.2.1.3 政府主管部门履职情况

深圳市市政工程质量安全监督总站对涉事项目工程实施监督以来，截至 2019 年 9 月 28 日，共计监督检查 11 次，监督频率约 1.1 次/月。累计签发执法文书 6 份，其中责令整改通知书 5 份，质量安全违规行为计分 1 份。

6.2.2 事故发生经过

2019 年 9 月 28 日凌晨 4 时 08 分许，轨道车司机驾驶涉事轨道车在地铁 4 号线三期工程茜坑站装载混凝土后开始运当班的第 9 货车。陈某驾驶涉事轨道车于 4 时 25 分许到达地铁长湖站 ZDK25+975m 作业面，并开始按照车长的指挥进行车辆对位，车辆对位时的行驶速度约 2.3km/h。在最后 1m 对位时，司机发现车辆无法制动，一直朝前溜车，在车辆进入地铁隧道后，车速增加，撞断防溜枕，并撞到了轨道上的一个龙门架，车辆顶着龙门架前行，撞到了在隧道内进行焊接作业的焊工魏某。车辆顶着龙门架前行约 30m 后被逼停，整个过程车辆共溜行约 260m。

6.2.3 应急救援处置情况

发现魏某出事后，施工单位现场人员立即组织将其救出并送到工地对面的医院抢救，魏某经医院抢救无效死亡。

6.2.4 事故损失及处理建议

事故造成的人员伤亡情况：事故共造成 1 人死亡。

事故造成的直接经济损失情况：事故造成的直接经济损失约 200 万元。

6.2.4.1 事故责任单位

施工单位未落实企业安全生产主体责任，轨道车 104 分配阀内有异物导致制动失灵；未采取有效的技术、管理措施，及时发现并消除轨道车坡道作业刹车失灵导致溜车撞人的事故隐患。其行为违反了《中华人民共和国安全生产法》第三十八条的规定，应对事故发生负主要责任。

建议由应急管理局依据《中华人民共和国安全生产法》第一百零九条第一项的规定对其进行行政处罚，并由市住房和建设局依据《关于严厉惩处建设工程安全生产违法违规行为的若干措施（试行）》（深建规〔2017〕11 号）第三条规定对其进行处理。

6.2.4.2 事故责任人员

（1）施工单位法定代表人，未有效督促、检查本单位安全生产工作，未及时消除生产安全事故隐患。其行为违反了《中华人民共和国安全生产法》第十八条第五项规定，应对事故发生负管理责任。建议由龙华区应急局依据《中华人民共和国安全生产法》第九十二条第一项的规定对其进行行政处罚。

（2）涉事工程项目经理负责项目施工安全、进度、质量等工作，未能根据作业现场施工特点组织制定轨道车前方电焊作业人员的有效安全防护措施，消除安全事故隐患。其行为违反了《建设工程安全管理条例》第二十一条第二款的规定，应对事故发生负管理责任。建议由市住房和建设局依据《关于严厉惩处建设工程安全生产违法违规行为的若干措施（试行）》（深建规〔2017〕11 号）第三条的规定对其进行处理。

（3）涉事工程项目安全总监总体负责项目安全协调管理。未采取有效的技术、管理措施，及时发现并消除轨道车坡道作业刹车失灵导致溜车撞人的事故隐患。其行为违反了《中华人民共和国安全生产法》第二十二条第五项规定，应对事故发生负管理责任。建议由市住房和建设局依据《关于严厉惩处建设工程安全生产违法违规行为的若干措施（试行）》（深建规〔2017〕11 号）第三条规定对其进行处理。

6.2.4.3 内部处理人员

（1）涉事工程机械部负责人负责项目机械维护、保养、检验等管理工作，轨道车 104 分配阀内有异物导致制动失灵，未保证其正常运转。建议由施工单位依据公司内部管理规定对其进行严肃处理，处理结果报深圳市住房和建设局、龙华区应急局备案。

（2）涉事项目安全员负责施工现场安全监督工作，未采取有效的技术、管理措施，及时发现并消除轨道车坡道作业刹车失灵导致溜车撞人的事故隐患。建议由施工单位依据公司内部管理规定对其进行严肃处理，处理结果报深圳市住房和建设局、龙华区应急局备案。

6.2.4.4 政府部门的安全监管责任

政府相关部门对事故的发生是否负有监管责任，由区监察部门独立开展调查。

6.2.5 事故原因分析

6.2.5.1 直接原因

轨道车制动系统中的分配阀内有异物导致制动失灵而发生溜车，溜行的轨道车撞到在隧道内轨行区前方进行焊接作业的魏某。

6.2.5.2 间接原因

(1) 施工单位未落实安全生产主体责任，轨道车分配阀内有异物导致制动失灵；对作业现场的事故隐患排查不到位，未对轨行区前方从事电焊作业人员采取有效的安全防护措施，轨道上设置的自制防溜枕未起到防护作用；施工作业安全管理不到位，事故死者从事动火作业无人现场监护。

(2) 施工单位法定代表人，未有效督促、检查本单位安全生产工作，未及时消除生产安全事故隐患。

(3) 涉事工程项目经理负责项目施工安全、进度、质量等工作，未能根据作业现场施工特点组织制定轨道车前方电焊作业人员的有效安全防护措施，消除安全事故隐患。

(4) 涉事工程项目安全总监负责项目安全管理，未采取有效的技术、管理措施，及时发现并消除轨道车坡道作业刹车失灵导致溜车撞人的事故隐患。

(5) 涉事工程机械部负责人负责项目机械维护、保养、检验等管理工作，轨道车分配阀内有异物导致制动失灵，未保证其正常运转。

(6) 涉事项目安全员负责施工现场安全监督工作，未采取有效的技术、管理措施，及时发现并消除轨道车坡道作业刹车失灵导致溜车撞人的事故隐患。

6.2.6 应急管理启示

6.2.6.1 应急准备

A 建设单位启示

建设单位应督促有关单位落实生产安全主体责任，完善安全管理机制。

B 承包单位启示

(1) 施工单位应加强对轨道车、吊机等施工机械设备设施的维护保养，保证各类机械设备设施安全有效运转。

(2) 施工单位应组织安全技术力量对涉事工程进行风险评估，全面排查施工现场和安全管理方面存在的安全漏洞，及时消除现场安全隐患，完善项目安全管理机制。

(3) 监理单位应严格按照国家法律、法规和工程建设标准实施监理，在监理过程中，发现存在安全事故隐患的，要督促施工单位及时整改，确保工程安全、进度和质量同步推进。

6.2.6.2 应急行动

发现魏某出事后，施工单位现场人员立即组织将其救出并送到工地对面的医院抢救，魏某经医院抢救无效死亡。

区人民政府成立了由区安委办牵头，市住房和建设局、区人力资源局、应急局、群团工作部（工会）、龙华公安分局、福城街道办事处等部门相关人员组成的事故调查组，并邀请区监委、检察院派人参加，开展事故调查处理工作。查明了事故发生的经过、原因、应急处置、人员伤亡和直接经济损失情况，认定了事故的性质和责任，提出了有关责任单位和责任人员的处理建议。同时，针对事故原因及暴露出来的突出问题，提出了事故防范措施建议。

6.3 深圳地铁车辆伤害事故（2019 年 8 月 27 日）

6.3.1 项目基本情况

6.3.1.1 工程概况

深圳市城市轨道交通 10 号线工程线路起自福田区福田口岸，终至龙岗区平湖中心站，途经深圳市福田区、龙华区、龙岗区，线路全长 29.52km。全线采用地下敷设，共设站 24 座，均为地下站，总投资约 270 亿元。10 号线轨道交通工程共分为 1011、1012 两大标段，主要涉及土建工程、常规机电设备安装、装饰装修工程及铺轨工程等类型。深圳市地铁集团于 2018 年 12 月 17 日在深圳市市政工程质量安全监督总站办理了监督登记手续。

10 号线某标段分三站三区间，分别为木古站、华南城站、禾花站；上李朗站-木古站区间、木古站-华南城站区间、华南城站-禾花站区间。该标段土建施工已完成。2018 年 12 月 10 日，施工单位进入该标段进行通风、给排水和低压配电安装、公共设备区的装饰装修、区间消防水管安装施工。2019 年 5 月，由施工单位进行轨道安装铺设，2019 年 8 月初，完成轨道安装铺设。轨行区内作业审批和轨道车的调度由中铁五局集团某公司管理。

木古站位于平吉大道与新木路交叉口，为地下 2 层明挖车站，采用 11m 岛式站台。轨行区内轨距为 1.435m，轨头外侧距站台约 0.815m。按照规定，轨行区区间行车速度不得超过 25km/h，过岔区和车站不得超过 5km/h。

6.3.1.2 施工作业情况

A 轨行区安装工程行进路线情况

某标段项目部根据施工计划需进入轨行区施工作业。2019 年 8 月 26 日，填写施工作业票交由轨行区管理单位施工单位审核备案，作业内容为测量、支架安装、水管安装，途经木古站－华南城站区间右线、木古站轨行区右线、上李朗站－木古站区间右线（见图 6-1）。

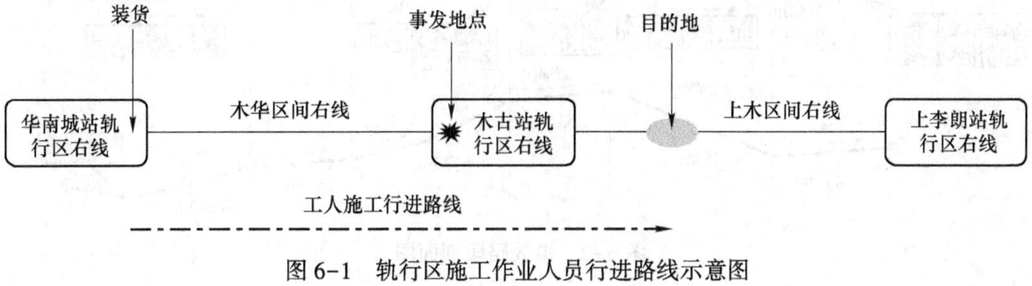

图 6-1 轨行区施工作业人员行进路线示意图

B 轨道车行车路线情况

2019 年 8 月 27 日 6 时 55 分，施工单位签发轨道车调度命令，作业内容为轨道车在右线凉帽山站至平湖站间进行轨料运输施工，途经平湖站、禾花站、华南城站、木古站。

C 事故路段基本情况

事故发生在深圳地铁 10 号线木古站轨行区右线，东西走向，区间长 358.1m，内径 5.4m，木古站东端头里程是 YDK26+557，事故发生地点里程为 YDK26+524，华南城站至木古站坡度为 29‰的下坡，此处为限速 5km/h 路段。

6.3.2 事故发生经过

2019 年 8 月 27 日 12 时 45 分，按照轨行区调度命令安排，轨道工程劳务分包施工单位轨道车司机（具有轨道车驾驶证，准驾机型：L3）驾驶 8 号轨道车和信号员从凉帽山铺轨基地出发，将测量技术人员和测量工具送到平湖站。

14 时 40 分，设备安装劳务分包施工单位的 5 位工人和 2 名防护员共 7 人自华南城站进入轨行区，在上李朗至禾花区间右线进行消防管件安装作业。5 名工人使用平板车运送消防管件到达木古站-华南城站区间时，2 名防护员在施工区域前后两端设好停车警示牌，手持红闪警示灯、对讲机、口哨等用具进行安全防护，观察施工地点两端有无轨道车行驶，1 名防护员负责在木古站-华南城站区间内防护，1 名防护员负责在木古站轨行区处防护。

15 时左右，1 名工人驾驶轨道车返回凉帽山铺轨基地，15 时 10 分，驶抵华南城站并继续前行进入隧道。此时，运城经济开发区耀阳建筑工程有限公司的 5 名作业工人推着平板车行至隧道出口，隧道内 1 名防护员发现轨道车驶来，便用对讲机通知 5 人避让，同时手摇红闪警示灯、吹口哨提示轨道车停下，司机看到红闪灯立即鸣笛示警并拉下轨道车制动闸，但是轨道车未能停住仍然继续行驶，将 1 名防护员刮倒，并将轨道上的 5 名工人撞倒。其中 2 名工人当场死亡，2 名工人受伤送往医院救治（见图 6-2）。

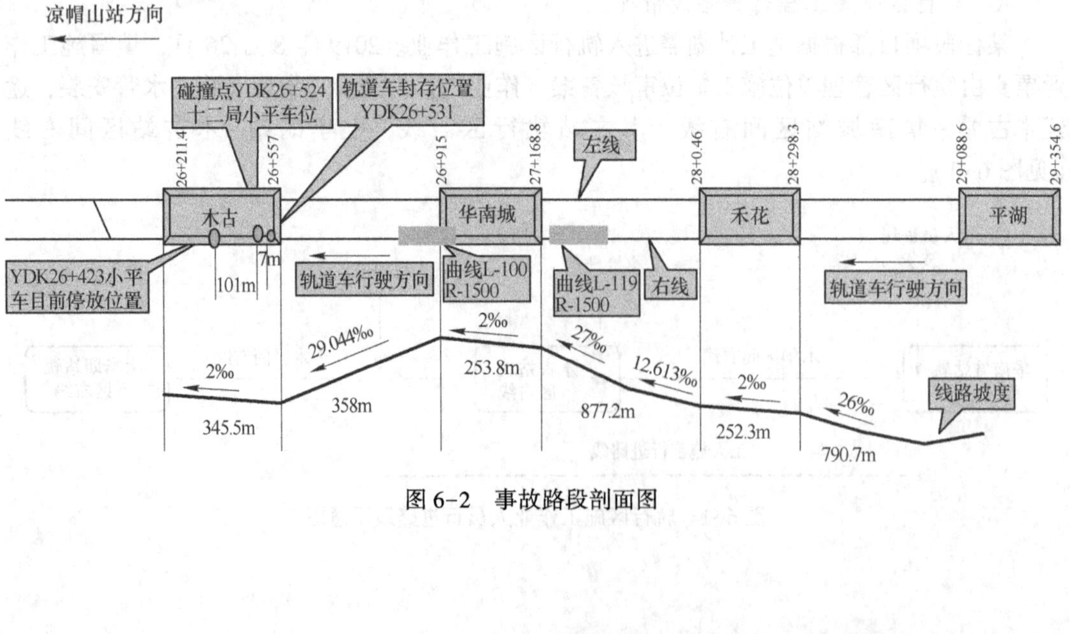

图 6-2 事故路段剖面图

6.3.3 应急救援处置情况

事故发生于2019年8月27日15时16分，事故发生后，现场人员立即拨打报警电话和120急救电话，120到达事故现场后当场宣布其中2名工人死亡，1名工人伤势较重被送往龙岗第三人民医院进行救治，1名工人轻微伤，被送往深圳恒生医院进行简单处理后出院。

区应急局接到事故报告后，立即组织人员赴现场开展调查处理工作，并在第一时间将该起事故上报至区总值班室和市应急管理局。

6.3.4 事故损失及其善后处理情况

死亡人员2人。受伤人员2人。

善后处理情况：

(1) 轨道工程劳务分包施工单位未落实安全生产主体责任，安全管理不到位，对事故发生负有管理责任。建议由区应急局依据《中华人民共和国安全生产法》第一百零九条之规定对其进行处罚。

(2) 轨道工程劳务分包施工单位轨道车驾驶员安全意识淡薄，驾驶轨道车在限速5km/h的路段超速行驶，对事故发生负有直接责任。其行为涉嫌重大责任事故罪，建议公安机关依法追究其刑事责任。

(3) 轨道工程劳务分包施工单位项目负责人，未履行自身安全管理职责，对轨道车超速行驶监督约束不力，对轨道车维护保养工作失察，导致事故发生，对事故发生负有直接领导责任。建议由区应急局依据《中华人民共和国安全生产法》第九十二条之规定对其进行处罚。

(4) 施工单位项目经理，未认真履行自身的安全管理职责，安全管理不到位，对劳务分包施工单位安全生产工作督促检查不力，对事故发生负有主要领导责任。建议由区应急局依据《中华人民共和国安全生产法》第九十二条之规定对其进行处罚。

6.3.5 事故原因分析

6.3.5.1 直接原因

轨道车间断性制动失灵。据性能试验检测书分析，主阀、作业阀拆解检查过程中，发现主阀和作业阀空心阀杆止口处有风管壁脱落微小铁屑伴随油污，当铁屑进入止口时会导致密封不良，主阀、作业阀存在间断性制动失灵，进而会发生突发性整车制动失灵。结合检测和论证分析，可以判定轨道车驾驶员看到红闪灯示警时，拉下轨道车制动闸，由于轨道车制动系统主阀、作业阀发生间断性制动失灵，导致轨道车未减速停车碰撞到轨行区内作业的工人。

6.3.5.2 间接原因

(1) 轨道车超速行驶。据涉事轨道车行驶速度鉴定，涉事轨道车通过视频画面时的行驶速度范围约为23~25km/h，涉事轨道车在限速5km/h的路段超速行驶。施工单位对轨道车行驶过程中的车速监督约束不严，措施不力，未采取有效防护措施。

(2) 辨识能力不足。地铁施工多为地下封闭施工，作业环境中扬尘较多，轨道车制动系统在长期行驶过程中各部件易积累扬尘和杂质而影响制动性能。由于施工单位的危险因素辨识能力不足，疏忽大意，虽然有安排对轨道车进行维护和保养，但是对车辆制动系统的维护保养不到位，未及时清理阀口积累的扬尘和杂质，车辆制动系统间断性失灵导致事故发生。

6.3.6 应急管理启示

6.3.6.1 应急准备

A 建设单位启示

（1）建设单位要建立健全安全生产责任制和相应考核机制，形成覆盖全员、全过程的安全管理网络。

（2）建设单位要加强轨行区施工和运输管理，将轨行区管理、调度室成立，列为关键节点验收项目。

（3）建设单位全面推行安全风险分级管控制度，对施工全过程的细节进行风险分析，增加现场关键岗位专业人员数量的配备，提高危险因素辨识能力。

（4）建设单位要推行轨行区信息化监管手段，如驾驶室监控、行车线路监控、超速报警、区间视频监视、地下通信联络、人车实时定位、冲突防护报警、智能障碍探测、智能紧急刹车计划等信息化管理手段，提升安全保障能力和事故预防能力。

B 承包单位启示

（1）各施工单位要强化过程管控，落实轨行区封闭、销点、施工防护、交叉作业管理等制度措施。

（2）施工单位严格执行严禁超速行驶、严禁臆测行车、严禁设备“带病”作业、严禁空挡滑行、严禁酒后驾驶、严禁疲劳驾驶、严禁作业时段使用手机、严禁无令动车的“八严禁”措施。

（3）施工单位应要加大轨行区施工安全的巡查和检查力度，及时制止和纠正违规违章行为，确保轨行区作业安全。

（4）施工单位要进一步加强轨道车的监管，严格执行车辆日常检修保养制度，全面检查油、气、电系统情况，重点检查制动系统情况。

（5）针对施工过程的重点危险环节、工段、机械设备，施工单位要制定专项施工方案和安全措施，安排专人现场管控，确保施工安全。

6.3.6.2 应急行动

事故发生后，现场人员立即拨打报警电话和120急救电话，120到达事故现场后当场宣布2名工人死亡，1名工人伤势较重被送往龙岗第三人民医院进行救治，1名工人轻微伤，被送往深圳恒生医院进行简单处理后出院。事故发生后，相关单位积极做好死者家属接待及安抚赔偿等工作，8月31日，分别与两名死者的家属达成赔偿协议，善后赔偿工作已妥善处理。死者家属情绪平稳，未出现影响社会稳定情况。

区应急局接到事故报告后，立即组织人员赴现场开展调查处理工作，并在第一时间将该起事故上报至区总值班室和市应急管理局。事故调查组依据《企业职工伤亡事故经济损失统计标准》（GB 6721—1986），核定事故造成直接经济损失290万元。其中，人身伤亡后所支出的费用260万元，善后处理费用30万元。

6.4 青岛地铁车辆伤害事故（2017 年 6 月 23 日）

6.4.1 项目基本情况

6.4.1.1 项目概况

青岛地铁 11 号线，即青岛—海阳城际（蓝色硅谷段）轨道交通工程，起点位于崂山区苗岭路和深圳路交叉口处，终点为即墨大桥盐场，全长 58.35km。全线以高架敷设为主，起点段为地下段，总长约 5.29km；地面段约 1.42km；沿线设三处山岭隧道，山岭隧道总长 5.82km；其余均为高架路段，总长 45.82km。全线设车站 22 座，其中地下站 4 座，高架站 18 座，设大田路车辆段和综合基地 1 座、海洋大学停车场 1 座。

地铁 11 号线轨道交通工程总投资约 195 亿元，采用“投融资+设计施工总承包+回报”的 BT 模式，青岛市地铁工程建设指挥部办公室作为 BT 项目发起人，于 2012 年 10 月对 BT 项目公开招标，中标单位为中国铁建股份有限公司。地铁 11 号线轨道交通工程于 2014 年 10 月 28 日取得《建设用地规划许可证》，2015 年 7 月 3 日取得《建设工程规划许可证》。

6.4.1.2 环网工程作业概况

A 环网电缆铺设情况

发生事故的是蓝硅线机电 1 标工程青青区间供电系统中的环网电缆的运输作业。根据设计图纸要求，高压电缆为 A/B/C 三相，一个回路为 3 根 35kV 单芯电缆“品”字形布放，施工过程中同时运输 3 盘电缆实现三相电缆一次运输布放到位。

B 事故发生路段情况

事故发生在青青区间右线隧道内，南北走向，青青区间右线长约 1647m，青岛科大站南端头里程是 YK15+805，事故发生地点里程为 YK14+900，自青岛科大站南端头至事故发生地点为一段北向南 900m 长、29.6‰坡度的下坡，事发地点还位于转弯半径为 800m 的转弯段上。事故发生地点对应的地面位置为崂山区松岭路与科大路路口，靠近青岛二中。

C 电缆情况

现场 3 盘电缆规格均为 WDZA-YJY63-26/35KV-1 * 150（电缆种类：交联聚乙烯绝缘非磁性金属带铠装聚烯烃护套低烟无卤阻燃 A 类电力电缆）的 35kV 单芯电缆，每盘电缆总长 760m、重 3t。电缆线盘直径 2.18m，线盘高度 1.24m。

D 涉事运输车辆情况。

事故发生现场共有两列施工车辆编组，一列为轨道施工单位租赁的轨道车编组，一列为中铁建电气化局环网一队改装的电缆运输车编组。

a 轨道车编组有关情况

轨道车制造厂家为襄樊金鹰轨道车辆有限责任公司，生产日期 2000 年 12 月，型号为 JY290-5，发动机型号：NTC-290，功率：210kW，牵引吨位：70t，外形尺寸：10800mm×2860mm×3420mm，最高速度：100km/h，整车重量：约 20t，具备产品合格证和产品合格检验报告。轨道车与两辆轨道平车形成编组，用于轨道施工运输。

b 改装电缆运输车编组有关情况

改装电缆运输车编组车头为改装的“五征”牌三轮车，后挂三节全钢焊接的平板车。改装后的三轮车与平板车之间，平板车与平板车之间通过“槽钢+接头+钢卡扣”组成的自制“铰接”连接在一起，组成一个总长12.3m的运输车编组。

6.4.2 事故发生经过

按照轨行区调度命令安排，2017年6月22日晚7时至6月23日早7时，事发的青青区间为土建十三标项目部混凝土施工时间，当班轨道车司机。6月22日晚8时许，环网一队会计找到轨道车司机，请求其班组完成工作量后将轨道车停放于青岛二中站南侧，让出路轨以便环网一队进入青青区间施工，并支付了500元钱作为报酬。6月23日凌晨3时16分、4时06分，轨道车司机两次与会计联系，通知其做好施工准备。2017年6月23日凌晨3时许，环网一队队长安排汽车起重机将改装电缆运输车放置在U型槽（本工程桥隧过渡段，位于青岛科大站北侧，张村站南侧）处。4时30分许，队长组织工人用租用的汽车起重机将3盘35kV电缆吊放至轨道上的改装电缆运输车上。几分钟后，轨道车司机驾驶轨道车从隧道内开出，行至U型槽处，将轨道平车上的混凝土料斗吊出，混凝土施工完成，施工人员退场。此时，项目部派驻现场值班员看到施工结束，轨道车归位，未通知下一班值班员，也未向调度报告，离开其值班岗位。随后，轨道车司机在与队长进行沟通后告知随车车长，要将轨道车推进至青岛二中站给环网一队让道，车长同意了轨道车司机的要求。凌晨5时许，轨道车司机驾驶轨道车驶入隧道右线，轨道车车速在8~9km/h。凌晨5时10分许，在没有取得轨行区作业令的情况下，环网一队施工队长带领16名施工人员进入隧道右线，安排无机动车驾驶证司机驾驶三轮车，随队技术员坐在副驾驶位置，队长与4名作业人员坐在三轮车后斗内，其余11名工人站在三辆平板车上，无机动车驾驶证的司机驾车进入隧道后，一开始开得很慢，到达青岛科大站后进入长下坡，车速开始越来越快，其开始点刹车辆。虽然青青区间内照明灯不亮，但是在黑暗中队长及随车人员都感觉到了车速在不断加快，遂询问无机动车驾驶证的司机为何车速在变快，其将刹车踩到底，仍未能将三轮车刹住，并答道：“车刹不住了”。当电缆运输车辆行驶至右线YK14+900的下坡转弯段时，突然发现前方行驶的轨道车，三轮车后斗内的队长及1名作业人员跳车躲避，三轮车与轨道车随即发生追尾，碰撞后，三轮车及平板车脱出轨道，电缆线盘因强大的惯性从平板车上甩出向前滚落至行进方向右侧排水沟内，挤压住跳车人员，平板车上站立的工人也因惯性甩落至地面和两侧排水沟内。轨道车司机在感觉到碰撞后，立即采取了制动措施，轨道车滑行了1m左右停住。被惯性甩落的环网一队2名工人从地上爬起，观察周围情况，发现有工友被电缆线盘挤压住，两人试图挪动线盘，但线盘重量太大无法移动。因隧道内无手机信号，两人随即与轨道车司机、车长跑向前方青岛二中站求救，于5时40分向环网一队负责人、会计电话求救，并拨打了“120”急救电话，现场其他受伤人员也积极开展自救。

6.4.3 事故损失及处理建议

6.4.3.1 事故损失

事故造成3人死亡，5人受伤（其中3人重伤、2人轻伤），直接经济损失402.6万元，主要用于善后处理。

6.4.3.2 免于追究责任人员

环网一队施工队长。私自将农用车改为放缆牵引车，在没有取得施工作业令的情况下，违反轨行区管理实施细则，私自与轨道车司机商定进入轨行区作业，人货混装，对事故发生负有直接责任。因在事故中死亡，不予追究责任。

6.4.3.3 追究刑事责任人员

(1) 环网一队项目经理，违规制作轨道车，违反作业令规定的施工区间违规进入轨行区施工，未根据实际施工情况提报施工计划，申请车辆使用计划。违反《建设工程安全生产管理条例》第六十五条“安全防护用具、机械设备、施工机具及配件在进入施工现场前未经查验或者查验不合格即投入使用”的规定，违反轨行区管理实施细则的规定，对事故发生负有直接责任。

其行为已涉嫌犯罪，建议移交司法机关追究刑事责任。

(2) 轨道车司机，违反工作纪律，收受好处费，在该队无施工作业令且自身未接到调度命令的情况下，私自让道，导致不具备安全生产条件的改装农用车违规进入轨行区。违反《建设工程安全生产管理条例》第三十三条“作业人员应当遵守安全施工的强制性标准、规章制度和操作规程，正确使用安全防护用具、机械设备等”的规定，违反轨行区管理实施细则的规定，对事故发生负有直接责任，其行为已涉嫌犯罪，建议移交司法机关追究刑事责任。

(3) 轨道施工单位的上级单位派驻现场值班员，工作时间擅自离岗，造成值班员岗位空岗，致使劳务队没有作业令、使用私自改装作业车违规进入轨行区，违反轨行区管理实施细则的规定，对事故发生负有直接责任，其行为已涉嫌犯罪，建议移交司法机关追究刑事责任。

涉嫌犯罪人员待司法机关作出处理后，属中共党员或行政监察对象的，由纪检监察机关或负有管辖权的单位及时给予相应的党纪政纪处分。

6.4.3.4 党纪政纪处分及行政问责建议

(1) 机电系统施工单位的副总经理，分管安全生产工作。履行安全生产监管职责不力，对一分部存在的问题失察，负有重要领导责任，建议给予其警告处分。

(2) 机电系统施工单位的安全质量部部长。履行安全生产监管职责不力，组织一分部安全教育、培训不力，对一分部存在的问题失察，负有重要领导责任，建议给予其记过处分。

(3) 机电系统施工单位的轨道交通工程机电系统一标项目经理。履行安全生产职责不力，隐患排查不力，对作业令的实施监督管理不到位，对一分部存在的失职失责行为失察，负有主要领导责任，建议给予其记过处分。

(4) 机电系统施工单位的轨道交通工程机电系统一标一分部项目经理。施工计划安排不合理，明知环网一队有大量物资需进场，没有采取有效措施解决物资运输问题；对环网一队违规自制和使用放缆车行为失察，建议给予其降职处分。

(5) 安全质量部部长。组织、开展公司安全生产监管工作不力，对11号线辅架分部存在的问题失察。建议给予其警告处分。

(6) 分部项目书记。对现场作业人员的廉洁从业教育与监管不力。依据《中国共产党纪律处分条例》，建议给予其党内警告处分。

(7) 分部项目经理。执行轨行区管理规定不力，对施工人员无作业令进入轨行区施工及对违规使用私自制作放缆车的行为失察。建议给予其警告处分。

(8) 轨道交通工程供电系统项目总监。审查施工方案和施工进度计划不力，对供电系统施工安装过程监理不到位，对环网一队私自制作放缆车并违规进入轨行区作业的行为失察。建议给予其警告处分。

(9) 轨道交通工程供电系统项目部机电一标驻地监理组组长。审核环网一队施工计划和施工安全、防护措施不力，未考虑施工电缆进场运输问题，对环网一队轨行区施工计划实施监控不力，未及时发现并制止环网一队私自制作放缆车并违规进入轨行区作业的行为，建议给予其记过处分。

(10) 铺轨项目监理部总监。在分调度室调度长离任后，未及时安排人员负责主持分调度室工作，建议对其诫勉谈话。

(11) 铺轨标南段地下线监理组组长。对轨行区施工现场监督不力，未及时发现和制止环网一队违规使用私自放缆车进入轨行区的行为，建议给予其警告处分。

(12) 公司副总经理，分管安全生产工作。履行安全监督管理职责不力，对所分管部门存在的问题失察。建议给予其警告处分。

(13) 公司副总经理兼轨行区作业联合调度室主任。审核施工单位周计划不细致，对施工队伍不提报轨道车申请的行为没有进一步核实；项目管理存在漏洞，对轨行区交叉作业及不按作业令施工行为失察，建议给予其警告处分。

(14) BT项目发起单位党委委员、总工程师；其中，2013年10月至2017年1月兼任BT项目发起单位负责人。对建设分公司组织开展11号线安全生产监督工作不力，存在工作失职失责，负主要领导责任。依据《青岛市党政领导干部问责暂行办法》第九条规定，建议对其诫勉谈话。

(15) BT项目发起单位安全质量部副部长、建设分公司副总经理。对建设分公司未按照集团公司要求指定人员采取包线方式负责11号线安全生产工作和组织日常性安全巡查，未针对11号线南段夜间施工特点组织开展夜间安全生产监督检查等问题，负直接责任。依据《中国共产党纪律处分条例》第一百二十五条规定，建议给予其党内警告处分。

(16) 推进办主任。对推进办履行监督、协调11号线现场管理职责不力，未针对1号线南段工程存在夜间施工作业特点，研究制定开展夜间施工现场安全监督检查措施并组织实施，对机电安装组工作中存在的问题失察，存在工作失职失责，负主要领导责任。依据《中国共产党纪律处分条例》第一百二十五条规定，建议给予其党内警告处分。

(17) 推进办机电安装组主管。推进办机电安装组未按照BT项目发起单位《工程建设业主代表管理规定》和《城市轨道交通工程施工安全质量隐患排查治理实施细则》要求，每周组织对所负责标段工程质量、安全生产和文明施工等开展巡回检查、隐患排查；未按照《工程建设业主代表管理规定》要求做好《业主代表工程现场工作记录》，对环网一队敷设电缆的方式和安全措施不掌握，存在工作失职失责，负直接责任。依据《中国共产党纪律处分条例》第一百二十五条规定，建议给予其党内严重警告处分。

(18) 市政工程管理处处长；2017年6月至今任青岛市房地产开发管理局局长、青岛市市政工程管理处处长。未针对11号线南段工程存在夜间施工作业特点，研究制定开展夜间施工安全监督抽查措施，履行11号线安全生产监管职责不全面，负主要领导责任。依据《青岛市党政领导干部问责暂行办法》第九条规定，建议对其诫勉谈话。

6.4.3.5 行政处罚建议

(1) 建设单位依据《安全生产法》第一百零九条的规定，建议青岛市安全生产监督管理局就较大事故责任对其处以罚款人民币65万元的行政处罚。

对总经理，依据《安全生产法》第九十二条的规定，建议青岛市安全生产监督管理局就较大事故责任对其处以上一年收入百分之四十罚款的行政处罚。

(2) 机电系统该标段施工单位。依据《安全生产法》第一百零九条的规定，建议青岛市安全生产监督管理局就较大事故责任对其处以罚款人民币65万元的行政处罚。

对总经理，依据《安全生产法》第九十二条的规定，建议青岛市安全生产监督管理局就较大事故责任对其处以上一年收入百分之四十罚款的行政处罚。

(3) 劳务分包单位依据《安全生产法》第一百零九条的规定，建议青岛市安全生产监督管理局就较大事故责任对其处以罚款人民币65万元的行政处罚。

对总经理，依据《安全生产法》第九十二条的规定，建议青岛市安全生产监督管理局就较大事故责任对其处以上一年收入百分之四十罚款的行政处罚。

(4) 轨道施工单位，依据《安全生产法》第一百零九条的规定，建议青岛市安全生产监督管理局就较大事故责任对其处以罚款人民币65万元的行政处罚。

对总经理，依据《安全生产法》第九十二条的规定，建议青岛市安全生产监督管理局就较大事故责任对其处以上一年收入百分之四十罚款的行政处罚。

(5) 供电系统监理单位。依据《安全生产法》第一百零九条的规定，建议青岛市安全生产监督管理局就较大事故责任对其处以罚款人民币65万元的行政处罚。

(6) 轨道工程监理单位。依据《安全生产法》第一百零九条的规定，建议青岛市安全生产监督管理局就较大事故责任对其处以罚款人民币65万元的行政处罚。

6.4.3.6 其他处理建议

(1) 责令市城乡建设委、BT项目发起单位向市政府作出书面检查。

(2) 建议约谈BT项目发起单位党委书记、董事长。

6.4.4 事故原因分析

6.4.4.1 直接原因

劳务分包单位违规使用未经正规设计、自行改装、制动装置存在严重缺陷的电缆运输车，违反轨行区作业管理规定，在未取得轨行区作业令的情况下违规进入轨行区作业，与前方违规运行的轨道施工单位的轨道车发生追尾碰撞，是造成事故的直接原因。环网一队在运输电缆时电缆线盘捆绑不牢，且人货混装混运，导致事故损失扩大。

6.4.4.2 间接原因

(1) 劳务分包单位。

1) 未根据实际施工情况提报施工作业计划。在提报施工作业计划申请时，未根据实际施工区间申请作业令，并从未提报工程车辆编组计划。

2) 施工人员在运输敷设电缆前，未按照《地下铁道工程施工及验收规范》（GB 50299—1999）17.5.5“电缆敷设前应进行检查，行车道应畅通，照明满足施工要求”的规定，电缆敷设前未对经过的通道进行检查，特别是隧道内轨道上有无影响牵引车辆通行的障碍物，照明是否满足要求进行提前检查，导致未发现轨行区内前方存在轨道车的事故隐患。

3）在电缆运输过程中，未将电缆线盘与平板车拉结固定，导致撞车后电缆线盘脱离平板车滚落至轨道旁，加重了事故伤害。违反了《地下铁道工程施工及验收规范》（GB 50299—1999）17.5.1 及《地铁工程施工安全评价标准》（GB 50715—2011）5.6.13 的有关规定。

（2）机电系统该标段施工单位及其项目经理部作为供电系统施工总承包单位，安全生产责任制及规章制度落实不力，对施工队伍管理不到位。

1）安全生产责任制及规章制度落实不力。项目部安全生产责任制制定不完善，未按照《安全生产法》的规定将安全责任分解到岗位，对项目经理的安全职责规定不到位；安全生产责任制及规章制度落实不力，对轨行区内的隐患排查不细致，风险防控措施不落实。

2）施工管理不到位。对管段范围内施工现场的安全工作管理不力，放任劳务分包单位私自改装轨道牵引车和自制放缆车，没有取得作业令擅自进入轨行区作业；施工计划管理混乱，在明知环网一队有大量电缆进场的情况下，未根据实际情况制定合理的施工计划，未向分包单位提供符合要求的轨道车，使分包单位无符合条件的轨道车可以使用。

（3）轨道施工单位及其项目经理部作为轨行区管理单位，对轨行区管理不到位。

1）对轨行区值班员管理不严格。项目部及分调度室未严格落实值班制度，对值班员培训教育不够，致使值班员工作时间擅自离岗，既未向调度室汇报，也未通知下一岗值班员，造成值班员岗位空岗，导致私自改装作业车违规进入轨行区。

2）对轨行区巡视员、轨道车司机及车长管理不力，导致值班员及巡视员未及时制止环网一队改装车辆运送电缆入场的违规行为。轨道车司机违反轨行区管理实施细则，收受好处费，私自将轨道车驶入轨行区让出路轨。

3）落实轨行区管理细则有漏洞，调度人员审核周计划、日计划不细致，对环网一队提报的周、日计划不具体、不明确，及从不提报编组计划等行为没有进行询问落实。

（4）供电系统监理单位，对施工现场监理不到位。

1）未对环网一队不按照施工方案进行施工的行为进行监督，也未及时制止其使用违规改装的轨道车运输电缆行为。

2）审核环网一队上报的施工计划和施工安全、防护措施不细致，未考虑施工电缆进场问题，对施工单位轨行区施工与运输计划的现场监理不力。

（5）轨道工程监理单位作为轨道工程监理单位，对轨行区交叉作业监理不到位。

1）履行分调度室职责不力。对环网一队提报的日、周、月计划审查不细致，对其始终不提报编组计划未进行询问落实。

2）对轨行区施工现场监督不力，未及时纠正或制止违规使用自行改装轨道车的行为。

（6）地铁 11 号线的建设单位，对项目总体管理不到位。

1）统一协调管理各施工单位不到位。履行联合调度室职责有漏洞，在中铁建电气化局轨道车未进入机电一标段的情况下，未考虑统一调配轨道车使用；掌握工程总体进度，审查各施工单位月、周计划不细致，未考虑到机电一标项目部动力电缆等施工物资进场问题。

2）对事故标段项目部的安全检查和监督管理有漏洞。对施工单位违反轨行区管理细则的行为失察，未能采取有效措施督促施工单位严格遵守有关规定。

(7) BT项目发起单位。

1）青岛地铁集团11号线推进办履行监督11号线现场管理职责不力。BT项目发起单位推进办机电安装组未按照青岛地铁集团《工程建设业主代表管理规定》和《城市轨道交通工程施工安全质量隐患排查治理实施细则》要求，每周组织对所负责标段工程质量、安全生产和文明施工等开展巡回检查、隐患排查；未按照《工程建设业主代表管理规定》要求做好《业主代表工程现场工作记录》，对环网一队敷设电缆的方式和安全措施不掌握；推进办未针对11号线南段工程存在夜间施工作业特点，研究制定开展夜间施工现场安全监督检查措施并组织实施。

2）建设分公司组织开展11号线安全生产监管工作不力。建设分公司未按照集团公司要求研究制定11号线安全管理措施，未指定人员采取包线方式负责11号线安全生产工作和组织日常性安全巡查，未针对11号线南段夜间施工特点组织开展夜间安全生产监督检查。

3）BT项目发起单位对推进办和建设分公司存在的问题失察，履行11号线施工安全管理职责不力。

(8) 市城乡建设委市政工程管理处。

履行地铁11号线安全生产监管职责不全面。经查，市城乡建设委市政工程管理处承担市政道路和城市地铁、轨道交通工程质量和安全监督职责。经查阅市建委市政工程管理处11号线监督工作记录资料，并与有关人员谈话取证，该处未针对11号线南段工程存在夜间施工作业特点研究制定开展夜间施工安全监督抽查措施，并组织实施，履行11号线安全生产监管职责不全面。

6.4.5 应急管理启示

6.4.5.1 应急准备

A 建设单位启示

(1) 建设单位要全面推行安全风险分级管控制度，对施工全过程的细节进行风险分析，针对施工过程重点危险环节研究专项方案，安排专人现场管控，确保施工安全。

(2) 建设单位要根据地铁施工的特点，充实现场技术力量，进一步充实一线安全员、防护员，形成完整的管理体系，并明确各自的职责，把责任制落到实处。

(3) 建设单位应指定人员对安全生产工作和组织日常性安全巡查，应针对夜间施工特点组织开展夜间安全生产监督检查等问题。

B 承包单位启示

(1) 各施工单位要强化过程管控，将分包商和协作队伍纳入企业管理体系，督促劳务分包队伍落实安全生产责任，切实加强作业现场的安全管理，严禁违章指挥、违章作业、违反劳动纪律的行为。

(2) 施工单位应定期组织对所负责标段工程质量、安全生产和文明施工等开展巡回检查、隐患排查。

(3) 施工单位应加强对分包队伍和人员教育培训的管控工作，明确管控责任，形成施工单位全员教育。

(4) 施工单位及时消除各类安全隐患，提升安全保障能力和事故预防能力。

(5) 施工单位不得私自将农用车改为放缆牵引车，不得在没有取得施工作业令的情况下，私自与轨道车司机商定进入轨行区作业，不得人货混装。

(6) 施工单位不得违规制作轨道车，不得违反作业令规定违规进入轨行区施工。

(7) 施工单位应根据实际施工情况提报施工计划，申请车辆使用计划。

(8) 施工单位作业人员不得在无施工作业令且自身未接到调度命令的情况下，私自让道。

(9) 施工单位作业人员工作时间不得擅自离岗，造成值班员岗位空岗。

(10) 施工单位应按施工计划安排，采取有效措施解决物资运输问题。

(11) 监理单位要根据地铁施工作业的实际制定夜间管理、监理制度，严格审查作业计划，加强对没有作业令违规施工行为的治理力度。

(12) 监理单位应严格审查施工方案和施工进度计划，加强对供电系统施工安装过程监理。

(13) 监理单位应考虑施工电缆进场运输问题，对环网一队轨行区施工计划实施监控，及时发现并制止环网一队私自制作放缆车并违规进入轨行区作业的行为。

(14) 监理单位在人员离职变动后，应及时安排人员负责主持工作。

(15) 监理单位应加强对事故现场监督管理，及时发现并制止违规行为。

6.4.5.2 *应急行动*

事故发生后，机电施工单位项目部立即启动相关应急预案开展救援，第一时间通过电话向“120”急救中心、公安、消防等部门进行了报告，同时向上级单位、供电系统监理单位、建设单位进行了报告，建设单位随即也启动应急预案开展应急救援工作。机电一标项目部成立了善后工作组，对事故伤亡人员进行了医治、安抚，同时与伤亡人员亲属就赔偿问题展开了协商，并于6月25日与遇难者亲属达成了补偿协议，完成了善后处理。

崂山区政府接报后立即启动应急响应，区政府负责同志带领有关部门赶赴现场开展救援。市委、市政府主要领导就事故现场处置、受伤人员救治、事故善后、事故调查处理及下步事故防范等工作先后两次做出重要批示。市委常委、副市长带领市安全监管局、市城乡建设委等部门赶赴现场指导事故救援工作，部署事故调查和善后处理事宜。

事故发生后，青岛市政府成立了由市安全监管局、市监察局、市公安局、市总工会、市城乡建设委、市质监局、市应急办及崂山区人民政府等单位派员组成的事故调查组，并邀请市人民检察院派员参加了事故调查工作。查明了事故发生的经过、原因、人员伤亡和直接经济损失情况，认定了事故性质和责任，提出了对有关责任人和责任单位的处理建议，并针对事故原因及暴露出的突出问题，提出了事故防范措施建议。

6.5 上海地铁车辆伤害事故（2012年5月10日）

6.5.1 项目基本情况

上海轨道交通11号线北段（二期）某标段盾构区间工程，包括上海体育馆站-龙华站-云锦路站-石龙路站区间隧道及旁通道3座、泵站2座，3个盾构区间工程。

6.5.2 事故发生经过和事故救援情况

5月10日14时40分左右，劳务分包单位电机车司机驾驶电机车，从上海体育馆站的隧道口沿隧道向龙华站方向行进到958环（离上海体育馆站南端头井约1149.6m）时，碰撞到用于管片修补作业的移动操作平台，致使另一家劳务分包单位在平台上作业的3名施工人员跌落，造成3人不同程度受伤。

事故发生后，城建市政公司项目部拨打120、119报警，3名伤员被送往市第六人民医院抢救。其中2人经医院确认来院前已死亡，1人经诊疗后于5月25日出院。

6.5.3 事故损失和处理建议

（1）事故伤亡情况

事故造成2人死亡，1人受伤。

（2）直接经济损失。事故造成直接经济损失约166万元。

（3）涉事劳务分包单位事故责任者（单位）的责任认定和处理建议

1）电机车司机，对事故发生负有直接责任。

2）施工班组负责人，对事故发生负有管理责任。

3）施工安全员，对事故发生负有责任。

4）项目负责人，对事故发生负有管理责任。

5）总经理，公司安全生产第一责任人，对事故发生负有领导责任。

通阳公司对事故发生负有责任，建议市安全监管部门、市建设行政主管部门给予行政处罚。建议通阳公司对上述人员和其他责任人员按照企业有关规定给予处理，处理结果报市安全监管部备案。

（4）对涉事劳务分包单位事故责任者（单位）的责任认定和处理建议

1）施工班组班长，对事故发生负有责任。

2）施工安全员，对事故发生负有责任。

3）施工现场负责人，对事故发生负有管理责任。

4）经理，对事故发生负有领导责任。

对事故发生负有责任，建议市安全监管部门、市建设行政主管部门给予行政处罚。建议对上述人员和其他责任人员按照企业有关规定给予处理，处理结果报市安全监管部门备案。

（5）对城建市政公司事故责任者（单位）的责任认定和处理建议。

1）城建市政公司项目部机管员，对事故发生负有管理责任。

2）城建市政公司项目部技术负责人，对事故发生负有管理责任。

3）城建市政公司项目部施工负责人，对事故发生负有管理责任。

4）城建市政公司上海轨道交通 11 号线（二期）某标段工程常务项目副经理，对事故发生负有领导责任。

5）城建市政公司上海轨道交通 11 号线（二期）某标段工程项目经理，对事故发生负有领导责任。

城建市政公司对事故发生负有管理责任，建议市安全监管部门、市建设行政主管部门给予行政处罚。建议城建市政公司对上述人员和其他责任人员按照企业有关规定给予处理，处理结果报市安全监管部门备案。

(6) 对市政咨询公司事故责任者（单位）的责任认定和处理建议。

市政咨询公司项目总监理工程师，对事故发生负有责任。

市政咨询公司对事故发生负有责任，建议市建设行政主管部门对市政咨询公司给予处理，对其给予行政处罚。建议市政咨询公司对其他责任人员按照企业有关规定给予处理，处理结果报市安全监管部门备案。

6.5.4 事故发生的原因分析

6.5.4.1 直接原因

电机车司机驾驶无视频探头的电机车，在通过缺少安全防护设施的移动操作平台时，电机车载运的垃圾土箱与移动操作平台的立杆发生碰撞，导致在平台上的施工人员跌落。

6.5.4.2 间接原因

(1) 施工现场的设备、设施安全管理存在盲点。一是施工现场存在电机车的视频探头缺失、无行车记录、平板车上搭载未固定土箱的情况；二是移动操作平台没有设置护栏等安全防护设施，且验收通过。

(2) 安全教育培训不到位，施工人员的安全生产意识淡薄。一是管片修补人员在施工前的安全辨识不足，未严格遵守高处作业的相关规定，操作平台脚轮未锁死。二是电机车司机在无法观察到前方路况的情况下，凭经验驾车行驶，未严格执行电机车安全操作规程。

(3) 施工组织和项目管理存在疏漏，安全生产责任制落实不到位。工程项目部对多班组立体交叉作业的协调不到位，对可能存在的风险认识不足，没有制定当作业交叉时的避让程序和防护措施。

(4) 施工监理不到位。监理人员未及时发现移动操作平台不符合规范要求的情况，对未按操作规程使用电机车的情况监督不到位，对总承包单位项目经理空缺的情况失察。

6.5.5 应急管理启示

6.5.5.1 应急准备

A 建设单位启示

(1) 建设单位要切实采取有效安全措施。加强对在建项目的安全检查，督促参建各方落实安全生产责任，避免各类事故的发生。

(2) 建设单位要督促各有关单位认真吸取事故教训，举一反三，完善安全生产管理体系，采取有效措施，查找隐患，加强整改，防范事故发生。

B 承包单位启示

(1) 施工单位要加强安全生产教育培训。提高作业人员遵守安全操作规程的自觉性，加强督促检查，发现设备设施故障及时报告进行维修。做好班前检查和风险辨识，杜绝在安全防护措施不足的情况下施工的现象。

(2) 施工总包单位要对所有在建工程项目进行一次全方位的隐患排查。加强施工作业现场的安全管理，严格落实安全生产责任制和各项安全操作规程，合理安排施工作业，加强督促与检查，确保施工安全。

(3) 监理单位要严格按照法律、法规和工程建设强制性标准对工程实施监理。强化监理职责，提高工程现场控制能力，及时制止工程施工中存在的安全隐患，定期向建设单位和质量安全监督机构报送施工现场监理情况。

6.5.5.2 应急行动

事故发生后，城建市政公司项目部拨打120、119报警，3名伤员被送往市第六人民医院抢救。2人经医院确认来院前已死亡，1人经诊疗后于5月25日出院。

6.6 深圳地铁机械伤害事故（2019年5月9日）

6.6.1 项目基本情况

深圳地铁8号线一期工程某标段，工程造价305095.5万元，线路全长12.341km，包含6站6区间及莲塘主变电所。下设一工区和二工区，一工区包含三站三区间及莲塘变电所，二工区包含三站三区间。

事故发生区域为盐田路站盾构始发井，属于二工区管辖的二工点（以下简称二工点）。

6.6.2 事故发生经过

2019年5月9日16时30分左右，位于地铁8号线一期工程某标段二工点盐田路站盾构始发井的2号电瓶车载运的砂浆车底部出浆口发生堵塞，停靠在盐田路站盾构始发井口。施工队长安排普某（死者）和普某（彝族）两人对砂浆车罐进行疏通清理，安排轨道巡检工在盾构始发井口附近察看轨道。普某（死者）接通了砂浆车工作电源并启动了设备开关，利用砂浆车内的旋转叶片和外接自来水进行冲洗通堵。通堵过程中，普某（死者）爬上砂浆车罐顶，踩在罐顶的走道板上用水管和拖把进行冲洗。16时35分左右，普某（死者）不慎掉进砂浆车罐体内。

6.6.3 应急救援处置情况

现场作业人员普某（彝族）听到普某（死者）的叫声后，向周围人员大喊，附近的轨道巡检工闻讯立即关掉砂浆车电源开关。普某（彝族）、轨道巡检工和队长爬上砂浆车后，发现普某（死者）趴在罐体的泥水里，三人试图将普某（死者）拉出罐体，但是罐体内的旋转叶片将其卡住无法拉动。施工队长立即打电话给二工局项目副经理，其接到电话后赶到事故现场并安排人员使用氧气、乙炔等工具切割叶片，开展解救，同时打电话通知二工点安全总监。17时左右，安全总监将事故情况电话分别告知二工点书记和项目经理。17时10分左右普某（死者）被救出，项目副经理立即安排车辆将普某（死者）送往中国人民武装警察边防部队总医院，18 时 40 分到达中国人民武装警察边防部队总医院急诊科，19 时 40 分抢救无效死亡。

5 月 10 日 12 时 50 分左右，项目经理通过电话向盐田派出所报警。5 月 10 日 15 时 11 分，盐田区应急局接到事故报告，立即组织人员赴现场进行调查取证。

6.6.4 事故损失和处理建议

6.6.4.1 人员伤亡情况

死亡 1 人。

6.6.4.2 直接经济损失

事故至今造成直接经济损失主要为死亡赔偿金，供养亲属抚恤金、丧葬费和事故处理事务性费用。

6.6.4.3 相关单位的责任认定及处理建议

A 劳务分包单位

作为项目劳务分包单位，未落实安全生产主体责任，未制定完善相关的安全生产规章制度，作业现场管理缺失，未及时制止和纠正员工普某（死者）违章冒险作业的行为，对事故负有主要责任。

建议由区应急管理部门依据《中华人民共和国安全生产法》第一百零九条的相关规定对其进行处罚。

B 施工单位

作为施工单位，安全管理存在漏洞，对工人清理砂浆车相关作业中长期存在的违章作业行为，未能及时发现和制止，砂浆车上部开口防护缺失情况一直存在，对作业现场存在的安全隐患排查整治不力，对事故的发生负有管理责任。

建议由区应急管理部门依据《中华人民共和国安全生产法》第一百零九条的相关规定对其处罚。

C 监理单位

作为监理单位，未及时发现和制止清理砂浆车相关作业中长期存在的违章行为，未及时发现和提出砂浆车上部开口防护缺失隐患，未认真履行监理职责，对事故的发生负有管理责任。

建议由区应急管理部门依据《中华人民共和国安全生产法》第一百零九条的相关规定对其处罚。

6.6.4.4 相关人员的责任认定及处理建议

（1）普某（死者），违反操作规程，在未切断电源情况下站在砂浆车上进行清理作业，不慎跌落至开启的砂浆车中，对事故负有直接责任，鉴于其在事故中死亡，建议不予追究其责任。

（2）劳务分包单位总经理，未建立、健全本单位安全生产责任制，未组织制订本单位安全生产教育和培训计划，未组织制定实施本单位的生产安全事故应急救援预案，对事故负有管理责任。

建议由区应急管理部门依据《中华人民共和国安全生产法》第九十二条的相关规定，对其进行处罚。

（3）施工单位二工点项目经理，事故发生后没有及时向事故发生地政府或有关部门报告事故，事故迟报。

建议由区应急管理部门依据《中华人民共和国安全生产法》第一百零六条的相关规定，对其进行处罚。

6.6.4.5 建议事故单位进行内部处理的人员

（1）劳务分包单位现场施工队队长，未认真履行安全生产责任，发现普某（死者）违章作业未及时制止，安全意识淡薄，现场监督管理不到位，对事故发生负有管理责任。

（2）施工单位二工点项目经理，事故发生后没有及时向事故发生地政府或有关部门报告事故，事故迟报。

建议由施工单位依据《中华人民共和国安全生产法》第一百零六条的相关规定，对其降职或撤职处理。

（3）施工单位二工点副经理兼机电设备部负责人，未认真履行安全生产责任，未见对砂浆车的检查记录，未及时发现砂浆车上部开口防护缺失情况，对事故的发生负有管理责任。

（4）施工单位二工点安全总监，未认真履行安全生产责任，现场监督管理不到位，对事故的发生负有管理责任。

（5）施工单位二工点专职安全员，未认真履行安全生产责任，现场监督管理不到位，对事故的发生负有管理责任。

项目经理、项目副经理、安全总监及专职安全员，建议由施工单位依据公司管理制度对其进行处理。

（6）监理单位总监理工程师，未认真履行安全监理责任，现场监督管理不到位，对事故的发生负有管理责任。

（7）监理单位项目监理总代，未认真履行安全监理责任，现场监督管理不到位，对事故的发生负有管理责任。

（8）监理单位项目监理员，未认真履行安全监理责任，现场监督管理不到位，对事故的发生负有管理责任。

总监理工程师、项目监理总代及项目监理员，建议由监理单位依据公司管理制度对其进行处理。

6.6.5 事故发生的原因分析

6.6.5.1 直接原因

违章作业。普某（死者）违反操作规程，在未切断电源的情况下开展砂浆车清理作业，不慎跌入启动的砂浆车内卷入叶轮。违反了《中华人民共和国安全生产法》第五十四条“从业人员在作业过程中，应当严格遵守本单位的安全生产规章制度和操作规程，服从管理，正确佩戴和使用劳动防护用品。”的规定是导致事故发生的直接原因。

6.6.5.2 间接原因

（1）砂浆车上部开口防护缺失。砂浆车上部呈4945mm×1500mm（长×宽）的“口字型”敞开，沿长边方向中间铺设走道板，走道板两侧有515mm宽的空挡（事发部位），未做任何安全防护。

（2）现场安全管理不到位。经调查，普某（死者）所在班组经常存在未断开电源清理砂浆车的现象，砂浆车上部开口防护缺失一直存在，管理人员未制止违章作业行为，未对作业现场存在的安全隐患排查和整治，安全管理不到位。

6.6.6 应急管理启示

6.6.6.1 应急准备

A 建设单位启示

建设单位应督促相关单位严格落实企业安全生产主体责任，深刻吸取事故教训，落实“四不放过”原则，切实做好今后的安全生产工作。

B 承包单位启示

（1）施工单位要建立、健全安全生产规章制度。

（2）施工单位加强现场管理工作，提高管理人员素质和风险意识，杜绝违章作业行为。

（3）施工单位要加强对一线员工的安全培训教育。

（4）施工单位应加大对作业现场检查力度，针对事故中暴露的问题研究防范措施，杜绝在安全防护不足情况下进行砂浆车清洗作业。

（5）监理单位要加强对设备的安全监理工作。

（6）监理单位应监督落实对施工单位对一线员工安全培训、技术交底，加强对违章作业的检查力度。

6.6.6.2 应急行动

事故发生后，项目经理通过电话向盐田派出所报警。5月10日15时11分，盐田区应急管理局接到事故报告，立即组织人员赴现场进行调查取证。

盐田区政府成立了由市住房建设局、区纪委监委机关、区住房建设局、区应急局、区总工会、盐田街道办、盐田公安分局组成的深圳市地铁8号线某标段二工区“5·9”机械伤害死亡事故调查组。通过现场勘查、查阅资料、调查取证、专家技术分析等，查明事故发生的原因、经过、人员伤亡和直接经济损失等情况，认定事故性质和责任，提出对有关责任人员和责任单位的处理建议。同时，针对事故原因及暴露出的问题，提出事故防范措施建议。

6.7 南宁地铁机械伤害事故（2018年10月15日）

6.7.1 项目基本情况

南宁轨道交通地铁4号线一期工程线路西起洪运路站，沿洪历路、那洪大道、五象大道、联合路向东敷设，止于龙岗站。线路全长24.6km，均为地下线。设车站19座，其中换乘车站4座。平均站间距为1360m，最大站间距2730m，最小站间距700m。

本工区负责工程主要1站5区间，通源路站为地下二层（配线区局部一层）岛式站台车站，车站总长度为469m，基坑深14.6~20.5m，标准段基坑宽度19.7m，盾构井处宽24.6m。

5区间隧道长度5893.636m，均采用盾构施工，其中那洪立交站–金阳路站区间长度为

965. 578m，金阳路站–通源路站区间长度为 1479. 2m，通源路站–大沙田站区间长度为 1562. 483m，玉象路站–总部基地站长度为 1029. 389m，总部基地站–飞龙路站长度为 856. 986m。

事发点位于南宁市轨道交通地铁 4 号线某标土建 3 工区玉总飞盾构区间，事发时劳务人员在进行机械砂浆罐清洗作业。

6.7.2 事故发生经过和应急救援情况

2018 年 10 月 15 日，事发时南宁市轨道交通地铁 4 号线一期工程处于施工作业期间，根据项目部工作安排，劳务施工班组 15 时 20 分有带班班长带领班组的 8 名工人到南宁市轨道交通地铁 4 号线某标土建 3 工区玉总飞盾构区间隧道进行水泥砂浆清理施工作业，按照劳务施工作业分工安排，2 名工人负责清理机械砂浆罐（清理砂浆罐不属于特种作业，因此不需要特殊工种作业）。

15 时 25 分 2 名工人开始清理砂浆罐工作。

15 时 30 分 1 名工人将砂浆罐电线进行接电，1 名工人此时正在对砂浆罐进行冲洗工作。

15 时 35 分 1 名工人进入砂浆罐内部。

15 时 36 分 1 名工人在启动机械前未对该机械进行安全检查，冒然操作启动机械，违反砂浆罐安全操作规程，导致在罐体内部清洗作业的唐中聪被砂浆罐叶轮搅入。

15 时 37 分带班班长听见砂浆罐中发出一声喊叫并立即爬上砂浆罐进行查看，发现 1 名工人被搅入叶轮下，立即组织工友进行施救。

16 时 22 分 1 名工人被解救出来后送往南宁市第二人民医院救治，由于伤势过重，于 2018 年 10 月 15 日 18 时 30 分抢救无效死亡。

6.7.3 现场勘验、人员伤亡及经济损失情况

6.7.3.1 现场勘验情况

经现场勘验，2 名劳务施工作业人员在机械砂浆罐清洗作业中，因违规操作，违反砂浆运输车《操作规程》致使其中 1 名工人被搅入砂浆罐叶轮下，因伤势过重，经抢救无效死亡。

涉事机械：砂浆运输车，车型号：SJ08，车体高度：2306mm，车体宽度：1500mm，车体长度：4945mm，轨距：900mm，总容积：8m^3，自重 5500kg。砂浆运输车所处的位置为南宁市轨道交通地铁 4 号线一期工程总部基地站–飞龙路站区间段左线，五象大道与宋厢路口隧道盾构掘进施工井口处。

6.7.3.2 人员伤亡情况

劳务单位的雇佣工人死亡。

6.7.3.3 经济损失情况

事故共造成直接经济损失 125 万元。

6.7.4 事故责任的认定及处理建议

(1) 劳务单位员工，安全意识淡薄，自我保护意识不强，在没有其他防护措施的情况下，冒然进入接通电源的砂浆罐体内部，对这起生产安全事故负有责任。鉴于其在事故中已死亡，建议免予追究生产安全责任。

（2）劳务单位员工，安全意识淡薄，没有安全观念，在清理砂浆罐作业的过程中违反安全操作规程违规操作，对这起生产安全事故负有主要责任。建议移送公安机关依法处理。

6.7.5 事故发生原因分析

6.7.5.1 直接原因

劳务单位的员工安全意识淡薄，没有安全观念，未采取措施消除安全隐患，在启动机械前未对该机械进行安全检查，冒然操作启动机械，违反安全操作规程，导致砂浆罐在运转过程中将在罐体内清洗作业的工人搅入叶轮下致死。

6.7.5.2 间接原因

劳务单位的员工安全防范意识较为淡薄；在没有其他安全防护措施的情况下，自我保护意识不强，在进入没有断电的砂浆罐内部时未与同时作业的工友进行沟通，冒然进入接通电源的砂浆罐体内部，使其被搅入砂浆罐叶轮下受伤，因抢救无效死亡。

6.7.6 应急管理启示

6.7.6.1 应急准备

A 建设单位启示

建设单位应督促相关单位严格执行安全、质量有关法律法规和规章制度，落实安全生产责任制，深化作业人员安全培训教育和安全技术交底，强化施工现场安全管控，特别要加强重大安全隐患日常巡查检查，切实落实事故防范措施。

B 承包单位启示

（1）施工单位应加强对施工现场的安全管理，不断提高现场监管能力，认真排查治理安全生产隐患，督促从业人员严格按照施工方案和操作规程作业。

（2）施工单位要加大对派驻项目的安全生产管理人员的培训教育，提高一线管理人员现场管理水平，加强施工现场安全巡查，对发现的安全隐患及时整改防止类似事故再次发生。

（3）施工单位应加强对从业人员安全教育培训和管理，严格执行安全技术交底，提高从业人员自我保护意识和安全操作技能，杜绝“三违”现象的发生。

（4）施工单位要按照危险性较大的分部分项工程管理规定，严格建设工程专项施工方案编制、论证、审批程序，落实专项施工方案提出的各项措施。

（5）施工单位要深入开展安全生产隐患排查治理，对检查发现的问题，要落实整改人员、措施、责任及时整改到位，一时不能整改的，要做好事故防范措施，坚决遏制事故再次发生。

（6）监理单位要认真履行监理职责，按照《建设工程监理规范》的有关规定加强现场监理，对所监理工程的施工、劳务单位的规章制度、教育培训、隐患排查治理情况要认真进行检查。

（7）监理单位要强化对危险性较大分部分项工程的日常巡查检查，严格实行旁站监理制度，对发现的安全生产事故隐患，要督促整改责任单位限期完成整改，并按照规定组织复查，形成安全生产隐患治理闭环管理。

（8）监理单位要加大日常检查巡查力度，严厉处理违规作业、冒险作业人员。

6.7.6.2 应急行动

事故发生后，项目部立即启动事故应急预案按相关规定报告了相关部门，并派员到现场指导救援及善后处理工作，所有善后工作已处理完毕。

城区政府成立了由城区应急局局长任组长、应急局副局长任副组长，应急局、总工会、人社局、住建局、良庆公安分局、良庆镇政府等部门派人组成的南宁市轨道交通地铁4号线“10·15”机械伤害致人死亡事故调查组，并邀请城区纪委监委、南宁市城乡建委派员参加事故调查组工作。通过现场勘验、调查取证、查阅资料，查明事故的原因、人员伤亡和直接经济损失情况，认定事故性质，分清责任，提出对有关责任人和责任单位的处理建议，并针对暴露出的突出问题，提出事故防范措施。

7 其他类别事故案例分析

7.1 成都地铁中毒和窒息事故（2018 年 1 月 29 日）

7.1.1 项目基本情况

7.1.1.1 工程概况

成都地铁 5 号线一二期工程北起新都区香城大道，南至成都天府新区回龙路，线路全长 49km，盾构区间 37.3km，共设车站 41 座，全线土建工程共划分为 17 个施工标段。其中，土建 9 标段神（仙树）石（羊立交）区间起于神仙树站，穿越三环路进入万象北路，最后到达石羊立交站，共包括石羊立交站、市一医院站、交子大道站等三站四区间。其间，盾构需下穿 2 根 DN1500mm 砼污水管，其中 1 号污水管底埋深 9m，地铁隧道距污水管底 5.243m；2 号污水管底埋深 9.86m，地铁隧道距污水管底约 4.54m。土建 9 标段建设单位为成都轨道交通集团公司，投资单位为中铁建某地铁投资建设管理有限公司，施工总承包单位为中铁某局城轨公司，监理单位为某国际咨询公司，专业分包单位为某环卫公司，行业主管部门为市建委。

7.1.1.2 事故发生前状况

5 号线土建 9 标神石区间盾构穿越三环路前，施工总承包单位中铁某局城轨公司为防止三环路外侧既有污水管道发生泄漏影响盾构施工安全，委托外包单位某环卫公司对污水管道进行封堵。2017 年 12 月初，5 号线土建 9 标项目部通知李某，要求其安排对污水管道进行封堵。12 月 12 日，李某安排张某具体承担封堵施工任务。当日，张某组织 4 名工人对该污水管道进行了封堵。2018 年 1 月 28 日，盾构施工顺利穿越三环路。当晚，5 号线土建 9 标项目部工区长代某通知张某，要求拆除污水管道内堵头，恢复污水正常排放。据张某交待，其接到项目部电话后，安排 3 名工人次日前往该污水管道拆除堵头。

经调查，2018 年 1 月 29 日 8 时 30 分左右，胡某驾驶川 A8TV05 长安面包车，搭载 2 人，从郫都区安靖镇方桥村五组 75 号（施工队租住地）出发，将 2 人送到川大江安校区工地，随后沿大件路前往事发污水管道堵头拆除施工工地。同时，张某驾驶胡某的川 A7S349 五菱宏光小型面包车，从施工队租住地出发。根据公安部门对川 A7S349 五菱宏光小型面包车运行轨迹排查显示，1 月 29 日 8 时 30 分左右，张某驾驶川 A7S349 从施工队租住地出发；8 时 41 分 41 秒，经过郫都区海霸王西部食品物流园区门口；后该车沿沙西线方向前往金牛区付家 2 队 84 号与胡某会合，随后车辆继续向事发污水管道堵头拆除施工工地方向行驶。但事故现场周边天网监控因施工被暂时拆除，加之无目击证人，无法判定张某是否随车到达作业现场。

7.1.2 事故发生经过

2018 年 1 月 29 日 10 时左右，1 名在三环路石羊立交外侧辅道污水管道（见图 7-1）

进行施工作业的工人，跑到铁五院正在进行地表沉降监测作业（距离事发污水井约50m）的3名测量员面前，告知其工友在井下施工时沼气中毒，请求帮助救人。3名测量人员先后来到井口，与求助工人一起拉动安全绳救人，由于安全绳受井下水流影响，阻力很大，无法拉动。情急之下，求助工人戴上头灯，沿井壁下到井内救人，3名测量人员进行了阻止，但该求助工人未予理睬，坚持下井，不久就失去了踪影。

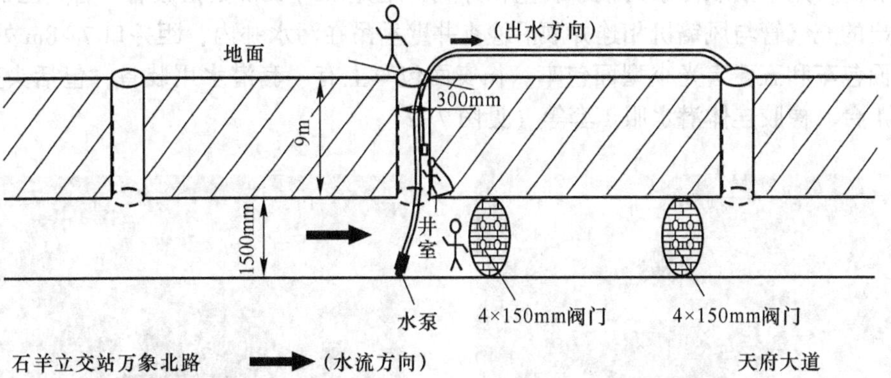

图7-1 三环路石羊立交外侧辅道污水管道及堵头示意图

7.1.3 事故应急救援情况

事故发生后，叶某立即招呼附近作业的其他单位工人帮忙，另有3名从事钻井作业的工人参与了救援，并合力将安全绳从井下拉出，但安全绳端头连接的钢筋钩已变直，未见井下施工人员。10时58分，叶某拨打了119和120电话求救。约20min左右，“119”“120”急救人员先后赶到事故现场并立即展开救援。接报后，省安全监管局、市应急局、市建委等相关负责人即赶赴事故现场，参与并指导救援工作。市公安消防支队、市水务局、成都高新区环保与综合执法局、市排水公司、市三环路管理公司等相关部门和单位积极参与事故救援。市级相关部门联合成立应急救援领导小组，并组织专业力量对沿线污水检查井及管道逐一进行了排查。

为尽快搜寻失联人员，应急救援领导小组和中铁某局城轨公司聘请了5支专业搜救队伍进行搜救，市公安消防局、市水务局等单位分别派出蛙人、专家和专业救护队参与搜救。前后投入专业搜救人员400余人（次）、专业搜救设备100余台（次），搜救车辆120余台（次），配合人员1000余人（次），采取井间声呐探测、杆式检测仪井间检测、成像机器人水下搜寻、蛙人水下搜寻等多项措施，对事故发生地至污水处理厂沿线检查井及污水管道进行了拉网式反复排查，搜救范围覆盖全部可能滞留失联人员的区域。通过不间断连续搜救，2月4日12时和18时，在市第九污水处理厂分别搜救发现两具遇难工人遗体，经法医鉴定确认是施工人员。张某仍处于下落不明状态，中铁某局城轨公司安排专人一直在持续搜寻失联人员，并在市第三、第九污水厂蹲点值守搜寻。

7.1.4 事故现场情况及处理情况

7.1.4.1 现场勘验情况

事发点位于南三环四段石羊立交人行天桥下外侧辅道污水主干管道（1号砼污水管）

检查井内，该污水井为三环路西半环污水干管一座检查井，沿线居民区密集，支线管道密布，污水排放无规律，管道内污水流量、流速变化较大。该检查井井口直径约 70cm，井深约 9m，由角钢制成的梯步嵌入井壁并直达井底，靠近污水管主管道处设有一个井室；井口横置一根长约 100cm、直径约 10cm 钢管，其上系着一根长约 2cm 的麻绳，并垂于井内，另一端连接的钢筋钩已拉直；从污水管道内拆除的 3 只蝶阀置于井边，其中一只蝶阀系着细麻绳，用于抽取污水的抽水袋垂在井底；距井口约 10m 处摆放着一台空压机，空压机上引出的充气管与风镐机相连并顺沿检查井壁垂吊在污水井内；距井口 7～8m 处停放着的长安面包车和五菱宏光小型面包车。长安面包车上有一套潜水用装备，包括头盔 1 顶、输氧泵 1 台、橡胶连体潜水服 1 套等（见图 7-2）。

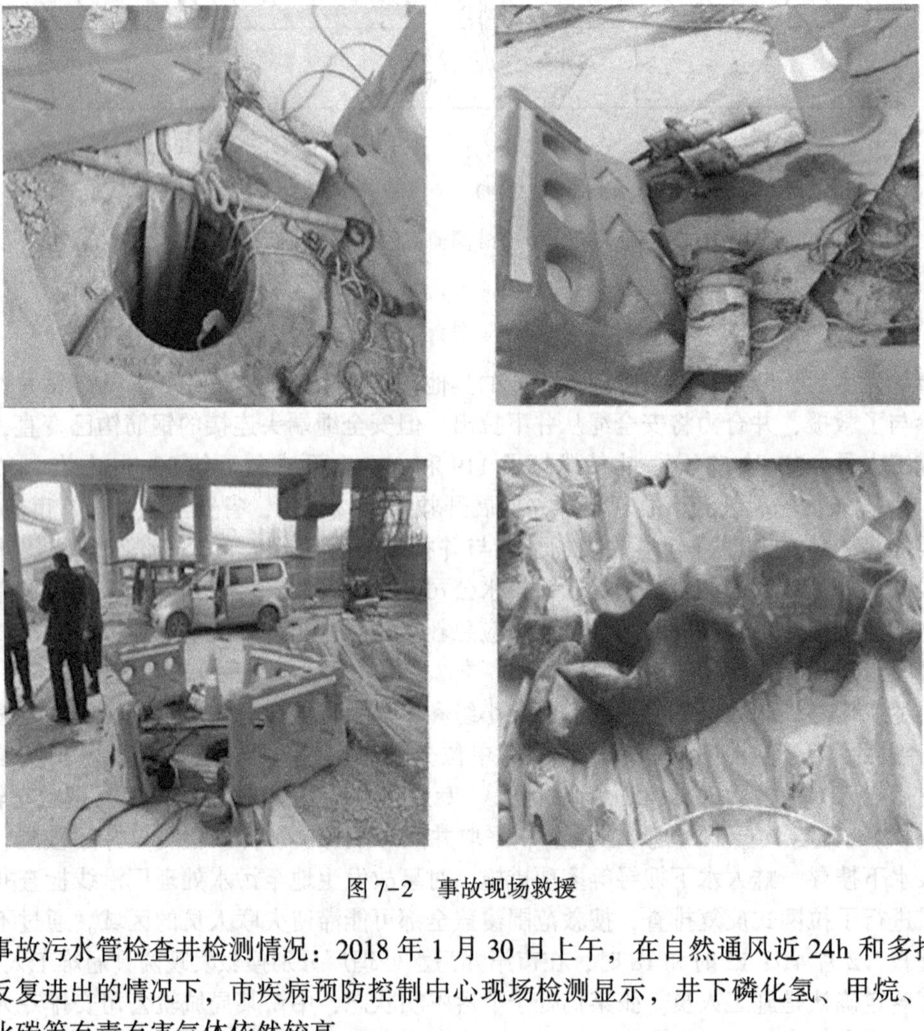

图 7-2 事故现场救援

事故污水管检查井检测情况：2018 年 1 月 30 日上午，在自然通风近 24h 和多批搜救队伍反复进出的情况下，市疾病预防控制中心现场检测显示，井下磷化氢、甲烷、氨气、二氧化碳等有毒有害气体依然较高。

7.1.4.2 司法机关已采取措施人员

个体施工队负责人。无资质承揽工程，未对有限空间作业现场实施有效管理，作业人员违反操作规程，引发事故，涉嫌重大责任事故罪，2018 年 4 月 17 日被成都市公安局刑事拘留，2018 年 5 月 23 日被执行逮捕。

7.1.4.3 建议追究刑事责任人员

施工员以某环卫公司名义承揽工程，安排无资质个体施工队从事污水管道封堵和堵头拆除施工作业，施工现场安全管理缺失，最终因作业人员违章作业引发事故，涉嫌重大责任事故罪，建议移交司法机关追究刑事责任。

7.1.4.4 建议给予政纪处分和行政处罚人员

（1）某环卫公司法定代表人。以其他方式允许他人以本企业名义承揽工程，未对该工程的施工活动进行组织管理，导致施工现场管理缺失，引发事故，其行为违反了《中华人民共和国建筑法》第二十六条第二款、《房屋建筑和市政基础设施工程施工分包管理办法》第八条第二款、第十五条的规定，对这起事故的发生负有主要领导责任，依据《中华人民共和国安全生产法》第九十二条第一项之规定，建议处上一年年收入30%的罚款；列入安全生产“黑名单”管理，五年内不得担任相关企业主要负责人。

（2）土建某标工区长。施工现场管理不到位，堵头拆除时未安排管理人员到现场监管，其行为违反了《中华人民共和国安全生产法》第二十三条第一款的规定，对这起事故的发生负有重要管理责任，建议依据《四川省生产安全事故报告和调查处理规定》（省政府令第225号）第三十八条第一项之规定给予行政处罚。根据《安全生产领域违法违纪行为政纪处分暂行规定》第十二条第七项规定，建议由中铁某局城轨公司按管理权限给予其撤职处分。

（3）土建某标项目经理。制度性文件执行不到位，未按要求对项目人员进行明确责任分工，制定的相关检查制度、交底制度、培训制度无针对性；安排无证人员负责项目安全管理；以包代管问题突出，导致施工现场监管缺失，其行为违反了《中华人民共和国安全生产法》第二十三条第一款、《建设工程安全生产管理条例》（中华人民共和国国务院令第393号）第二十一条第二款的规定，对这起事故的发生负有重要管理责任，建议依据《四川省生产安全事故报告和调查处理规定》第三十八条第一项之规定给予行政处罚。根据《安全生产领域违法违纪行为政纪处分暂行规定》第十二条第七项规定，建议由中铁某局城轨公司按管理权限给予其撤职处分。

（4）城轨公司副总经理。对成都地铁5号线土建某标项目安全管理不到位，督促落实安全生产各项规章制度不到位，其行为违反了《中华人民共和国安全生产法》第二十二条第五项、第二十三条第一款的规定，对这起事故的发生负有重要管理责任，建议依据《四川省生产安全事故报告和调查处理规定》第三十八条第一项之规定给予行政处罚。根据《安全生产领域违法违纪行为政纪处分暂行规定》第十二条第七项规定，建议由中铁某局按管理权限给予其记过处分。

（5）城轨公司法定代表人。安全管理不力，督促、检查本单位安全生产工作不到位，对有限空间作业现场安全隐患的排查整治督促检查不力，其行为违反了《中华人民共和国安全生产法》第十八条第五项和《建设工程安全生产管理条例》第二十一条第一款的规定，对这起事故的发生负有重要领导责任，依据《中华人民共和国安全生产法》第九十二条第一项之规定，建议对其处上一年年收入30%的罚款。根据《安全生产领域违法违纪行为政纪处分暂行规定》第十二条第七项规定，建议由中铁某局按管理权限给予其警告处分。

（6）某国际咨询公司项目总监。关键工序卡控不严，未将污水管道封堵、堵头拆除等重点工序纳入日常安全巡查，且无相关巡查记录；对污水管道堵头拆除专项施工方案审批把关不严，其行为违反了《中华人民共和国安全生产法》第二十三条第一款、《建设工程安全生产管理条例》第十四条第三款的规定，对这起事故的发生负有一般管理责任，建议依据《四川省生产安全事故报告和调查处理规定》第三十八条第一项之规定给予行政处罚。

7.1.4.5 对相关责任单位的处理建议

（1）某环卫公司。以其他方式允许他人以本企业名义承揽工程，未对该工程的施工活动进行组织管理，导致施工现场管理缺失，引发事故，违反了《中华人民共和国安全生产法》第四十六条第一款、《中华人民共和国建筑法》第二十六条第二款、《房屋建筑和市政基础设施工程施工分包管理办法》第八条第二款、第十五条的规定，对这起事故的发生负有主要管理责任，建议依据《中华人民共和国安全生产法》第一百零九条第一项之规定给予行政处罚。建议环境保护部门注销其环境污染防治工程丙级资质。

（2）中铁某局城轨公司。安全生产主体责任落实不到位，一是制度性文件执行不到位，项目人员职责分工不清晰，制定的相关检查制度、交底制度、培训制度无针对性；二是项目工区安全员无证上岗；三是以包代管问题突出，污水管道堵头拆除专项施工方案制定不及时，施工现场管理缺失，堵头拆除时生产及安全管理人员均未到现场，技术交底流于形式，违反了《中华人民共和国安全生产法》第四条、第二十四条，《建设工程安全生产管理条例》第三十六条的规定，对这起事故的发生负有重要管理责任，建议依据《中华人民共和国安全生产法》第一百零九条第一项的规定给予行政处罚。由市建委、成都轨道交通集团公司召开警示教育会，对其班子成员进行约谈告诫。

（3）某国际咨询公司。监理人员配备不足，部分投标监理人员未实际到岗履职，监理人员调整后未履行变更手续；关键工序卡控不严，未将污水管道封堵、拆除等重点工序纳入日常安全巡查，且无相关巡查记录；对该污水管道堵头拆除专项施工方案审批把关不严，违反了《建设工程安全生产管理条例》第十四条的规定，对这起事故的发生负有一般管理责任，建议依据《中华人民共和国安全生产法》第一百零九条第一项的规定给予行政处罚。

（4）中铁建某地铁投资公司。对中铁某局城轨公司督查检查不到位，对成都地铁5号线土建9标项目安全员无证上岗等问题失察，责成向成都轨道交通集团公司作出深刻书面检查。

对上述施工总承包、监理和分包单位，由市建委按《成都市建筑施工总承包企业和监理企业信用综合评价管理暂行办法》进行信用等级扣分；对相关人员的纪律处分按干部管理权限执行。对责任单位、责任人员的处理结果，报市应急局备案。

7.1.5 事故原因分析

7.1.5.1 事故直接原因

现场作业人员违章作业，进入污水井下作业未落实“先通风、再检测、后作业”的操作规程，不佩戴潜水装备下井作业，是造成这起事故发生的直接原因。

7.1.5.2 事故间接原因

（1）某环卫公司以其他方式允许他人以本企业名义承揽工程，未对该工程的施工活动进行组织管理，导致施工现场管理缺失，作业人员违章作业和盲目施救。

（2）中铁某局城轨公司安全生产主体责任落实不到位，一是制度性文件执行不到位，项目人员职责分工不清晰，制定的相关检查制度、交底制度、培训制度无针对性；二是项目工区安全员无证上岗；三是以包代管问题突出，污水管道堵头拆除专项施工方案制定不及时，施工现场管理缺失，堵头拆除时生产及安全管理人员均未到现场，技术交底流于形式。

（3）某国际咨询公司监理人员配备不足，部分投标监理人员未实际到岗履职，监理人员调整后未履行变更手续；关键工序卡控不严，未将污水管道封堵、拆除等重点工序纳入日常安全巡查，且无相关巡查记录；对该污水管道堵头拆除专项施工方案审批把关不严，堵头施工作业2017年12月12日已经实施，方案12月26日才审批，明知违规，但未予以制止。

（4）建设单位安全督查检查不到位，对中铁某局城轨公司成都地铁5号线土建9标项目安全员无证上岗等问题失察。

7.1.6 应急管理启示

7.1.6.1 应急准备

A 建设单位启示

全面加强安全生产管理，不断强化安全监管措施、隐患排查治理机制和奖惩机制建设。

B 承包单位启示

（1）施工单位不得以其他方式允许他人以本企业名义承揽工程。

（2）施工单位应加强施工现场管理，堵头拆除时应安排管理人员到现场监管。

（3）施工单位应严格执行制度性文件，按要求对项目人员进行明确责任分工，制定相关检查制度、交底制度、培训制度。

（4）施工单位不得安排无证人员负责项目安全管理，不得以包代管。

（5）施工单位应加强现场安全管理，对有限空间作业现场安全隐患的排查整治。

（6）施工单位应加强全员安全教育培训，强化教育培训的时效性和针对性，严格落实检查考核，切实提高员工专业操作技能和应急处置能力。

（7）施工单位要依据国家相关法律法规和标准要求，进一步完善本企业的应急预案体系，配备应急救援人员和必要的应急救援器材、装备，针对企业实际定期组织各种形式的应急救援演练。

（8）监理单位应配备足够的监理人员，投标监理人员应实际到岗履职，监理人员调整后应履行变更手续。

（9）监理单位应将污水管道封堵、堵头拆除等重点工序纳入日常安全巡查，对污水管道堵头拆除专项施工方案审批严格把关。

7.1.6.2 应急行动

拨打119和120电话求救。约20min左右，“119”“120”急救人员先后赶到事故现场并立即展开救援。接报后，省安全监管局、市应急局、市建委等相关负责人员立即赶赴事故现场，参与并指导救援工作。

2018 年 2 月 4 日上午，3 名失联人员亲属与施工单位签订《失联补偿协议书》，补偿金比照死亡赔偿金标准确定。2 月 5 日，施工单位按协议向 3 人的亲属支付了补偿款。但协议书第七条规定，若失联人员依然存活，其亲属必须无条件将赔偿款退还施工单位。2 月 4 日中午 12 时、下午 18 时，分别搜寻发现 2 名失联人员的遗体。2 月 8 日，2 名死者遗体火化。张某仍然下落不明。

7.2 常州地铁触电事故（2019 年 8 月 8 日）

2019 年 8 月 8 日 15 时许，位于武进区凤栖路、龙惠路交叉路口的常州市轨道交通 1 号线某站建设工地，现场电工顾某在站台照明灯具检修作业中，发生触电事故，经抢救无效死亡。

依据《中华人民共和国安全生产法》《生产安全事故报告和调查处理条例》等法律法规的规定，常州市人民政府成立了以市应急管理局副局长为组长，市应急管理局、监委、公安局、总工会、住建局相关人员为成员的常州市轨道交通 1 号线一期工程车站公共区装饰装修工程 ZSZX01 标“8 · 8”触电事故调查组（以下简称事故调查组），全面开展事故调查工作。

7.2.1 基本情况

2018 年 11 月，施工单位某装饰工程有限公司与常州市轨道交通发展有限公司签订《建设工程施工合同》，承包施工常州市轨道交通 1 号线一期工程车站公共区装饰装修工程 ZSZX01 标段。2019 年 6 月 1 日，施工单位与劳务单位签订《劳务施工作业协议》，由劳务单位负责车站公共区的布管布线、灯具安装、洁具安装、开关插座面板安装等作业。

7.2.2 事故发生经过

2019 年 8 月 8 日下午，在常州市轨道交通 1 号线一期工程某站建设工地，劳务分包单位负责人带领 5 名员工进行站台顶棚照明灯检查整修和拆除脚手架作业。15 时许，劳务分包单位负责人和电工对 2~3 轴第三只不亮的顶棚面板灯进行修复，负责人站在脚手架上查看灯具是否整齐，电工通过脚手架爬上顶棚坐在吊顶格栅上，一人负责调整固定面板灯位置，一人负责接线。当电工右手拿老虎钳，左手握着火线连接面板灯电源线时，突然大叫一声，身体僵直发抖，而失去知觉。

7.2.3 人员损失和处理情况

人员伤亡情况：死亡 1 人。直接经济损失：180 万元。

7.2.3.1 相关责任人员

（1）电工虽经专门培训，取得特种作业人员操作证，但连接面板灯电源线时带电作业，违反《电工安全技术操作规程》，其不安全行为直接导致了事故的发生，对本起事故负主要责任。鉴于其已在事故中死亡，免予追究责任。

（2）法定代表人，作为主要负责人未有效履行安全生产职责，督促、检查安全生产工作不到位；作为作业班组长，未严格执行安全生产规章制度，对本起事故负领导责任，建议由公安机关追究其责任。

（3）施工单位项目经理对分包单位安全监督、指导不力，未能正确履行该项目主要负责人安全生产职责，对本起事故负有安全管理责任，建议由常州市住房和城乡建设局对其进行安全生产约谈。

（4）监理单位项目总监理工程师，未有效履行项目现场监理职责，对事故发生负有监管责任，建议由建设行政主管部门依法对其进行安全生产约谈。

7.2.3.2 相关责任单位

监理单位管理基础薄弱，未建立安全生产管理体系，未能及时有效纠正员工的违章作业行为，对本起事故的发生负有管理责任，违反了《中华人民共和国安全生产法》第二十二条规定，建议由常州市应急管理局依法对监理单位实施行政处罚。

7.2.4 事故原因分析

7.2.4.1 直接原因

经现场勘查，站台电气系统正处于试运行阶段，照明系统也处于工作状态，电压等级为220V；顶棚面板灯为三雄极光Pak牌LED面板灯，照明系统线与面板灯线尚未对接。公安尸检照片表明，死者电工右手掌有明显的电击伤痕。

电工修复面板灯过程中未切断照明电源，攀坐在顶棚吊顶格栅上带电进行接线头连接操作，右手不慎触碰到裸露的火线接头，由于顶棚吊顶格栅整体接地，导致电流直接通过人体与地线构成回路，而酿发触电事故。这是事故的直接原因，也是主要原因。

7.2.4.2 间接原因

（1）劳务分包单位安排员工进行照明设施检修作业时，未督促员工严格执行《电工安全技术操作规程》和安全技术交底制度，未向常州市轨道交通发展有限公司运营分公司申请切断照明设施电源，确认安全后进行作业。

（2）施工单位虽然针对涉事项目建立了安全生产责任制、制定了事故应急预案和包括《安全用电制度》在内的各项安全管理制度，开展了三级安全教育和隐患排查治理，并且对分包单位的作业进行安全审批，但项目经理对地铁站测试运行现场潜在的安全隐患认识不足，对分包单位的作业管理和指导不力。

（3）监理单位未根据施工特殊阶段的复杂状况提出安全方面针对性防范措施，未对现场作业单位组织有效的协调和检查。

7.2.5 应急管理启示

7.2.5.1 应急准备

A 建设单位启示

（1）建设单位要加强建设项目安全监管和协调。

（2）建设单位督促各相关单位要高度重视，深刻吸取本起事故教训，采取有效措施，认真落实整改，举一反三，防止类似事故发生。

B 承包单位启示

（1）施工单位要依法建立和严格执行安全生产责任制。

（2）施工单位应建立完善并严格执行公司安全生产管理制度和安全操作规程。

(3) 施工单位应进一步强化员工安全生产培训教育，提高遵章守纪意识和事故防范能力，坚决杜绝“三违”现象，确保类似事故不再发生。

(4) 施工单位要加强项目建设安全管理，以项目负责人、项目安全技术人员为重点，以事故案例为主要内容，组织开展专题安全教育培训。

(5) 施工单位针对在建施工项目，重点是项目分包单位安全管理状况，组织开展安全专项检查和隐患排查治理，有效提升项目施工现场的安全水平。

(6) 施工单位应做好施工现场交叉作业安全隐患和管理漏洞的排查整改。

(7) 监理单位应有效履行项目现场监理职责。

7.2.5.2 应急行动

事故发生后，劳务分包单位的负责人立即叫某人拉掉电工手中的电线，并由其把裸露线头绝缘包好，同在场员工一起将电工从顶棚抬至地面，对其实施心肺复苏术，并立即拨打120急救电话送往阳湖医院。电工最终因抢救无效死亡。

接到事故报告后，武进区应急局、南夏墅派出所、常州轨道交通发展有限公司等部门（单位）迅速赶赴现场处置，并向有关部门报告事故情况。常州轨道交通发展有限公司领导指示全力救治伤员、及时控制现场。事故未造成次生伤害及群体事件。

常州市人民政府成立了以市应急管理局副局长为组长，市应急管理局、监委、公安局、总工会、住建局相关人员为成员的常州市轨道交通1号线一期工程车站公共区装饰装修工程某标“8·8”触电事故调查组，全面开展事故调查工作。通过现场勘察、调查取证、综合分析，查明了事故发生的经过、原因、人员伤亡和直接经济损失情况，认定了事故性质和责任，提出了对相关责任单位和责任人员的处理意见建议及事故防范措施。

7.3 南宁地铁其他伤害事故（2017年2月10日）

2017年2月10日22时40分，位于南宁市兴宁区朝阳路与民生路交叉段南宁市轨道交通2号线某区间右线工程项目工地发生一起事故，造成2人死亡，1人受伤。

根据《中华人民共和国安全生产法》《生产安全事故报告和调查处理条例》（国务院令第493号）和《广西壮族自治区实施〈生产安全事故报告和调查处理条例〉办法》（自治区人民政府令50号）以及《南宁市人民政府办公厅关于进一步明确生产安全事故调查处理权限的通知》（南府办〔2014〕49号）的规定，由市应急局牵头，会同市监察局、市公安局、市城乡建委、市总工会等部门人员组成南宁市轨道交通2号线某区间右线工程项目“2·10”死亡事故调查组，同时，邀请市人民检察院派员参加并聘请轨道施工方面专家参与事故调查工作。

7.3.1 项目基本情况

7.3.1.1 工程总体概况

南宁市轨道交通2号线南起玉洞，北至西津，全长约20.8km，共设车站18座，某区间（以下简称南朝区间）列入南宁市轨道交通1号线一期工程土建施工某标报建报监范围，建设单位于2015年11月20日，取得该标段《建筑工程施工许可证》，其工程总量包括两站四区间，其中，事故发生的2号线南朝区间右线盾构接收区域位于南宁市兴宁区某站南端。

7.3.1.2 南朝区间情况

2号线南朝区间呈西南至东北走向，西南起星光大道体育馆，下穿邕江后，从邓颖超纪念馆拐入朝阳路，与1号线并线，沿朝阳路到达朝阳广场站。

南朝区间主体工程主要由一个盾构区间隧道段构成，附属工程包括2个联络通道、2个单洞泵房和4个洞门，区间隧道采用两台泥水盾构分别掘进左、右线，盾构从南宁剧场站北端头井始发，左线隧道先行，掘进完成后，在某站南端头井解体吊出。

7.3.1.3 南朝区间右线端头接收方案变更情况

南朝区间原接收端头加固方案为外侧两排袖阀管注水泥水玻璃双液浆+内侧袖阀管注单液浆的加固方案，且盾构接收前，需要在端头加固体内进行降水。考虑到南朝区间盾构工筹，朝阳广场站小里程端需于2016年8月底前具备盾构接收条件，受车站场地狭小及车站工期的影响，车站端头现场已不具备原设计的袖阀管注浆方案进行加固的条件，2016年8月，根据南宁轨道公司关于《南宁市轨道交通2号线工程某区间1号泵房加固施工图、朝阳广场站小里程端头加固施工图变更审查会议纪要》【(2016) 176号】文件，设计单位中铁隧道勘测设计院有限公司出具了朝阳广场站小里程端盾构端头加固变更为钢套筒密闭接收的设计文件。

7.3.2 事故发生经过

2017年2月10日19时30分，根据施工项目部工作安排，综合班的5名作业人员到南宁市轨道交通2号线南朝区间右线工程项目某站南端井盾构接收区域，准备对该区域用于盾构接收的钢套筒进行拆除作业。作业人员先进行反力架拆除作业，22时许，反力架拆除并起吊完毕。接着，在采用吊机钢丝绳对钢套筒端盖顶部两处吊点进行锁扣固定后，作业人员对钢套筒端盖上的螺栓进行拆除，至22时30分，从底部4颗螺栓开始，拆除预留的上下左右4组共16颗螺栓，22时40分，底部最后1颗螺栓螺帽拆除完成，2名作业人员清理螺栓，现场突然发出巨响，钢套筒端盖拉断螺栓冲出，钢套筒内大量泥浆渣料喷涌飞溅，冲撞、挤压3人，造成2人死亡，1人受伤。

7.3.3 人员损失及处理情况

7.3.3.1 现场勘验情况

事故现场位于某站负三层南朝区间右线盾构吊出井位置，平面方位是朝阳站西南角，西侧紧邻朝阳站6号出入口，西侧地面建筑为西南商都，盾构吊出井底部凹坑设计净深1.33m，净长13.50m，净宽10.45m；钢套筒外轮廓净宽7.20m，外轮廓净高6.85m，内直径6.50m，筒体长10.90m（含0.5m过渡环和0.5m加强环梁），刀盘外径6.28m；钢套筒后段底部侧面卸料口距后端盖连接环接缝1.87m，刀盘距后端盖连接环接缝1.42m，刀盘外出0.7m。

现场盾构机刀盘与钢套筒端盖之间空腔内泥浆渣料外泄充填盾构吊出井底部凹坑，实测盾构吊出井东北角泥浆渣料厚0.9m，泥浆渣料处于流塑状态，比较黏稠，泥浆渣料中有圆砾，刀盘中心及大部分区域胶结泥饼，局部刀具显露，钢套筒端盖内部约2/3高度处有泥浆渣料充填高度水平线痕迹，紧贴钢套筒端盖内部表面残留有结硬的泥浆渣料壳体。

钢套筒顶部共三个填料口（工作孔），钢套筒后段顶部填料口处于打开状态，填料口位置正对内部盾构机刀盘，钢套筒中段、前段顶部填料口处于密闭状态，钢套筒前段顶部卸压管阀门处于打开状态，钢套筒洞门前过渡连接环顶部卸压管阀门处于打开状态，钢套筒中段顶部注水管阀门处于密闭状态，钢套筒底部侧面泄料管阀门处于打开状态。

现场钢套筒端盖上未见存留与钢套筒后段连接的螺栓，崩断螺栓规格为 M24×180mm，型号为 8.8 级。

反力架已拆除起吊完毕；钢套筒侧面安装有防扭转、倾覆三脚架。

吊机钢丝绳固定在移动后的钢套筒端盖上方，连接环上有两个吊点，采用 U 形扣连接，吊钩安全扣到位。

7.3.3.2 人员伤亡情况

（1）劳务公司工人 A，2 月 10 日 22 时 40 分，在进行钢套筒端盖拆除作业时，被冲出的端盖冲撞、挤压和套筒内涌出的泥浆渣料掩埋，经送医院抢救无效死亡。南宁市第七人民医院出具的《居民死亡医学证明书》中，注明死亡原因为：呼吸心跳骤停。

（2）劳务公司工人 B，2 月 10 日 22 时 40 分，在进行钢套筒端盖拆除作业时，被冲出的端盖冲撞、挤压和套筒内涌出的泥浆渣料掩埋，经送医院后确认死亡。广西中医药大学瑞康医院出具的《居民死亡医学证明书》中，注明死亡原因为：全身多处重叠冲击伤。

（3）劳务公司工人 C，2 月 10 日 22 时 40 分，在进行钢套筒端盖拆除作业时，被套筒内涌出的泥浆渣料击伤眼部，目前在医院治疗，病情稳定。

7.3.3.3 直接经济损失情况

事故调查组依据《企业职工伤亡事故经济损失统计标准》（GB 6721—1986），核定事故造成直接经济损失 231.88 万元。其中：人身伤亡后支出的费用 229.00 万元，救援和善后处理费用 2.88 万元。

7.3.3.4 对事故责任人的责任认定和处理建议

（1）项目负责人。履行主要负责人管理职责不到位，主持制定本单位施工方案时未充分考虑各种工况下钢套筒端盖的受力情况并制定相应的安全措施；组织施工时未能有效排查安全隐患并予以消除，导致事故发生，对事故的发生负有责任，建议由市应急局依法处理。

（2）项目部盾构工区安全员。履行现场安全管理职责不到位，安全隐患排查不够彻底，未能发现施工过程中存在因检查口被刀盘及刀盘上留滞的渣土遮挡导致不能检查刀盘和钢套筒端盖间空腔残余渣土状况，未能对侧压力进行准确判断，并予以消除，导致事故发生，对事故的发生负有责任，建议按照公司有关规定进行处理并报市应急局备案。

（3）项目总监理工程师。安全管理履职不到位，在审查施工单位专项施工方案中，未能检查、发现盾构钢套筒接收施工方案存在的安全隐患并督促施工单位采取有效的事故防范措施，导致事故发生，对事故的发生负有责任。建议由市应急局依法处理。

7.3.3.5 对事故责任单位的责任认定和处理建议

（1）施工单位。在制定钢套筒接收专项施工方案时，未充分考虑各种工况下钢套筒端盖的受力情况并制定相应的安全措施；拆卸钢套筒端盖过程中，在检查口无法观测到刀盘和钢套筒端盖间空腔残余渣土导致不能准确判断端盖侧压力的情况下，没有采取有效措施来检查和防范端盖压力过大、超出螺栓承载力导致端盖冲出的安全隐患。对事故发生负有责任。建议由市应急局依法处理。

(2) 监理单位。在审查施工单位制定的专项施工方案和现场监督施工过程中，未能发现、检查和消除钢套筒端盖施工中的安全隐患，督促施工单位采取有效的事故防范措施。对事故发生负有责任。建议由市应急局依法处理。

(3) 建设单位，对施工承包单位的安全生产工作管理不到位，督促施工承包单位开展事故隐患排查治理工作不力，未能有效督促施工单位及时发现并纠正在制定施工方案和施工过程中存在的安全隐患。建议责成其向市人民政府作出深刻检查。

7.3.4　事故发生原因分析

7.3.4.1　直接原因

经调查与综合分析认定，工人在拆卸钢套筒端盖16颗M24螺栓过程中，在卸出端盖底部4颗螺栓后，仓内留滞泥浆渣料的侧压力大于剩余螺栓的承载力，将螺栓瞬间破坏造成钢套筒端盖冲出，是导致本次事故的直接原因。

7.3.4.2　间接原因

(1) 施工单位在制定钢套筒接收专项施工方案时，未充分考虑各种工况下钢套筒端盖的受力情况并制定相应的安全措施；拆卸钢套筒端盖过程中，在检查口无法观测到刀盘和钢套筒端盖间空腔残余渣土导致不能准确判断端盖侧压力的情况下，没有采取有效措施检查和防范端盖压力过大、超出螺栓承载力导致端盖冲出的安全隐患。

(2) 监理单位在审查施工单位制订的专项施工方案和现场监督施工过程中，未能检查、发现和消除钢套筒端盖施工中的安全隐患，督促施工单位采取有效的事故防范措施。

7.3.5　应急管理启示

7.3.5.1　应急准备

A　建设单位启示

建设单位要统一协调、管理安全生产工作，定期和不定期地开展安全检查工作，督促各参建单位履行各自的安全生产管理职责。

B　承包单位启示

(1) 施工单位应针对此次事故中钢套筒接收方案和施工过程中暴露出的安全隐患进行逐一排查，在制定施工方案时要对可能产生的安全隐患进行科学计算和判断，在施工过程中要对安全隐患进行有效的动态管理，做好相应性的改进和安全防范措施，确保此类事故不再次发生。

(2) 监理单位要严格履行监理职责，严格审查施工单位的各种施工方案，加强对施工方案制定和施工过程的监督管理，严格监督施工单位的隐患排查专项治理工作，尤其是对此次事故中暴露的钢套筒接收方案和施工中存在的安全隐患，要及时督促整改，并报告建设单位及建设行政主管部门。

7.3.5.2　应急行动

事故发生后，施工单位立即启动应急预案，上报有关部门，组织人员开展救援工作，市应急局、城乡建委、轨道办等相关部门第一时间赶到事故现场，对事故救援、善后处理、隐患排查等工作进行部署指导。

由市应急局牵头，会同市监察局、市公安局、市城乡建委、市总工会等部门人员组成南宁市轨道交通 2 号线某区间右线工程项目“2·10”死亡事故调查组，同时，邀请市人民检察院派员参加并聘请轨道施工方面专家参与事故调查工作。事故调查组深入开展事故调查工作，通过现场勘验、专家论证、调查取证和综合分析，查明了事故发生的经过和原因，确定了事故性质，分清了事故责任，对事故单位和责任人提出了处理建议和防范措施。

7.4 芜湖地铁非生产安全事故（2019 年 10 月 13 日）

7.4.1 项目基本情况

7.4.1.1 项目概况

事故发生地点位于弋江区白马山路与济南路交叉路口北部约 100m 处的芜湖市轨道交通 1 号线某车站室内。车站为二层侧式车站，由站台、站厅、设备间、消防泵房、雨棚等组成，工程建设实际开工时间 2018 年 8 月，结束时间 2019 年 9 月。

7.4.1.2 合同签署情况

劳务分包单位与建设单位签订的某站主体结构工程施工劳务分包合同，分包内容包括：负责承建轨道交通 1 号线某车站站厅结构层、站台结构层、站台板下夹层结构、地下室层结构、消防池的主体及零星结构混凝土浇筑、模板支撑制安、支架搭拆、钢筋安装、地下室及屋面防水、砌砖墙、墙体及天棚抹灰、基坑防护、破桩头及砖胎膜工程等。

7.4.2 事故发生经过和人员伤亡情况

7.4.2.1 事故发生经过

劳务分包单位于 2018 年 8 月开始对某车站进行施工，2019 年 9 月某车站主体工程施工结束，工程队伍已全部退场。2019 年 10 月 13 日，因一些零星的修补工程，劳务分包单位现场负责人通过朋友介绍，双方口头协议，临时雇佣某人，负责室内防水修补作业。13 日早上 6：30，现场负责人、施工队班长和雇佣者到达工作现场，现场负责人现场分配了工作，施工班班长到二层做防水修补，现场负责人、雇佣者在一层对房顶做防水修补，一直干到中午 11 时，下午 13 时，三人又按照上午的分工继续工作，不一会儿，许某外出去采购材料。15：20 左右，施工班班长到一层拿施工材料，发现雇佣者蜷缩在离脚手架 1m 多的地上，施工班班长就问雇佣者怎么啦，雇佣者捂着胸口说疼，施工班班长立即电话向劳务分包单位队长和项目部六分部副经理进行了报告。15：22 左右，正在工地巡查的项目副经理开车到达现场，为尽快救治伤者，现场人员将雇佣者抬到了项目副经理的车上，就近送到了海螺医院急诊救治。海螺医院诊断雇佣者为急性心肌梗死，病情严重，建议转院。16：30 左右，120 救护车将雇佣者送到了弋矶山医院急救中心，随后雇佣者家属也到达了弋矶山医院，18：00 左右雇佣者被送进手术室，19：30 左右，因急性心肌梗死，病情恶化，弋矶山医院下达了病危通知书，20：12 雇佣者经抢救无效死亡。

7.4.2.2 人员伤亡情况

事故造成1人死亡。

7.4.3 事故应急救援和善后处理情况

事发当天，项目部六分部副经理正在工地巡查，接到报告后第一时间到达现场，为尽快救治伤员，宋某指挥人员将雇佣者抬到了自己的车上，就近送至芜湖市芜湖海螺医院进行抢救治疗。到海螺医院急诊后，医生诊断为急性心肌梗死，并告之病危，建议转至上级医院进一步治疗。劳务分包单位现场负责人立即拨打120叫了一辆救护车，下午16：30左右将雇佣者送到了弋矶山医院急救中心救治，随后雇佣者家属到达了弋矶山医院，18：00左右雇佣者被送进手术室进行抢救，19：30左右弋矶山医院下达了患者急性心肌梗死病情恶化的病危通知书，20：12伤者雇佣者经抢救无效死亡。劳务分包单位在事故发生后立即成立了事故善后处理小组，积极与死者家属进行协商沟通。10月14日，双方就赔偿事宜达成一致，并签订了赔偿协议。

接到事故报告后，区领导高度重视，区政府分管安全生产的副区长、行业部门分管副区长带领区应急局、区住交局、属地高新区综合部负责人赶到事故现场，了解查看了事故发生的情况，并要求事故单位妥善处理事故善后相关事宜。

7.4.4 事故现场勘察及事后调查情况

事发地点位于某车站一层站厅由南往北的第三根承重柱旁约1m处位置。站内屋顶横梁距地面3.5m，第三根承重柱西侧约3m处放有一部已拆解的移动式简易脚手架，经现场复原，该脚手架高1.7m，在附近堆放的空心混凝土砖上发现有一顶安全帽。

根据雇佣者的既往病历等材料，其常年患有脑梗死、心脏病、高血压等疾病，有心脏左室舒张功能减退的情况，事发当天身体不舒服、头晕胸闷，带病上岗作业。皖南医学院第一附属医院弋矶山医院下达给死者家属的“死亡记录”记载，其因急性心肌梗死，病情严重，宣告死亡，另芜湖市海螺医院对死者的急诊病历中显示死者为急性心肌梗死病，与弋矶山医院的死亡记录原因相一致。

7.4.5 事故原因和性质认定

7.4.5.1 事故原因

雇佣者长期患有脑梗死、心脏病、高血压等疾病。事发当天头晕胸闷、身体不舒服，带病上岗作业，在工作过程中因突发疾病，经抢救无效死亡。

7.4.5.2 事故性质认定

经过调查分析认定，这是一起因雇佣者带病上岗，突发疾病导致死亡的非生产安全事故，为一起意外事故。

7.4.6 应急管理启示

7.4.6.1 应急准备

A 建设单位启示

建设单位应立即完善本公司劳动用工管理规定和员工安全上岗相关工作制度。严禁员工带病上岗作业，严格进行员工的用工年龄和健康状况审核工作，规范建立员工健康档案及突发疾病应急救护制度。同时认真总结吸取此次事故的教训，全面开展隐患排查治理工作，加强对作业现场安全监管力度。

B 承包单位启示

承包单位应立即完善本公司劳动用工管理规定和员工安全上岗相关工作制度。严禁员工带病上岗作业，严格进行员工的用工年龄和健康状况审核工作，规范建立员工健康档案及突发疾病应急救护制度。同时认真总结吸取此次事故的教训，全面开展隐患排查治理工作，加强对作业现场安全监管力度。

7.4.6.2 应急行动

事发当天，项目部六分部副经理正在工地巡查，接到报告后第一时间到达现场，为尽快救治伤员，项目副经理指挥人员将雇佣者抬到了自己的车上，就近送至芜湖市芜湖海螺医院进行抢救治疗。接到事故报告后，区领导高度重视，区政府分管安全生产的副区长、行业部门分管副区长带领区应急局、区住交局、属地高新区综合部负责人赶到事故现场，了解查看了事故发生的情况，并要求事故单位妥善处理事故善后相关事宜。

经弋江区人民政府批准，成立了由区应急局局长为组长，公安弋江分局、区监察委、区住交局、区人社局、区总工会、区应急局派员组成的芜湖轨道交通1号线某车站建筑工地2019年“10·13”事故调查组。事故调查组经现场勘察、询问有关人员、调阅有关资料，现已查明事故发生的经过。经事故调查组综合分析，认定芜湖轨道交通1号线某车站建筑工地2019年“10·13”事故是一起非生产安全意外事故。

8 城市轨道交通建设应急准备

风险管理是在统计归纳的基础上，识别风险因素，把握风险规律，抓住重点环节，进而加以防范和应对的一类活动。以风险因素统计归纳、识别、分类细化和评估度量为基础，以风险分散、规避、转移、预警为手段，最大限度减小或消除风险，确保实现项目预定目标。建立覆盖施工全过程的风险监测和预警体系，是预防城市轨道交通建设施工安全突发事件的主要抓手。及时、准确地查明风险，为防范和有效应对施工安全突发事件提供技术支撑和决策依据。

风险管理的基本流程，不同学者持有不同观点，但本质上类似。选用 ISO31000 风险管理标准，构建城市轨道交通建设项目施工风险管理框架，如图 8-1 所示。从系统定义开始，识别危险源，判断风险的分布情况，估计爆发的后果，评价风险大小，分析信度、显著性，制定合适的应对计划，提出城市轨道交通建设施工风险监测的方法和步骤，为有效地实施风险管理提供具体的方案，为做出科学、准确的风险决策提供依据。

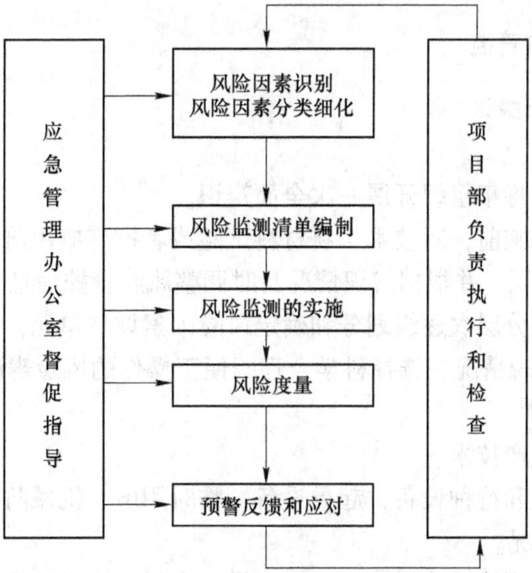

图 8-1 城市轨道交通建设施工风险管理框架

着眼于防范施工安全突发事件，必须对城市轨道交通建设的风险进行有效管控，而管控的前提是风险因素识别、分类细化，管控的手段是风险监测和预警。风险因素识别、分类细化指的是归纳已经爆发过的施工安全突发事件，运用统计学原理分类汇总，摸索规律，辨别常见的风险因素，预测未来一定时期可能潜伏的风险种类、性质，明确风险监测的重点，细化风险监测项目。风险监测指的是辨识施工危险源，通过评估确定风险等级，对这些重点部位、重点环节持续不间断地实施监测，及时开展预警，并贯穿于施工全过程。

8.1 风险因素识别与监测清单编制

8.1.1 基本要求

(1) 施工单位是风险管控与隐患治理的责任主体，应当健全全员安全生产责任制，明确本单位主要负责人、分管负责人、其他负责人、各部门、各岗位及从业人员的责任，并保障安全生产资金投入。依法设置安全生产管理机构的施工单位应当设立安全总监（首席安全官），专职负责安全生产工作。建立“一个台账、三个清单”，即建筑施工现场安全风险辨识分级管控台账、建筑施工企业安全风险分级管控清单、建筑施工事故隐患排查清单、内部追责问责清单。

(2) 施工单位应当将风险管控与隐患治理教育培训纳入本单位安全生产教育培训计划，开展有针对性的教育和培训，确保从业人员知悉工作岗位和作业环境的风险因素、风险等级、防范措施、应急方法以及隐患排查治理的相关知识和技能。

(3) 施工单位应当按照可视、有痕、便捷、实用的原则，科学设计作业审批表单（资料）、施工作业现场检查（验收）表、告知卡（单）、工作流程图、公示牌（板）等各类安全生产管理工具，用于本单位各层级、各岗位的风险管控与隐患治理工作。

(4) 施工总承包单位应当与专业分包和劳务队伍建立专门安全生产管理协议或者在承包、租赁合同中，约定涉及风险管控与隐患治理的相关责任。

8.1.2 安全风险辨识与管控

8.1.2.1 安全风险辨识

A 基本要求

(1) 施工单位应当每年组织开展一次全面辨识。

(2) 在高危作业实施前，新技术、新材料试验或者推广应用前以及发生生产安全事故后应当及时开展专项辨识，并根据辨识情况及时调整风险管控信息台账。

(3) 施工单位应当分层次逐级划分和确定风险因素评估单元，并根据评估的目标、范围、专业技术力量等客观情况，选择科学合理、便于操作的风险辨识方法。

B 全面辨识的因素

(1) 生产工艺和生产技术。

(2) 普通设备设施和特种设备，起重设备、临时用电、机械防护等涉及安全生产的设备设施及其检验检测情况。

(3) 建筑施工周边环境、大风、大雨、大雾、大雪、高温、雷电特殊极端气候和有毒有害施工环境，以及与施工作业相关相邻的环境、场所和气象条件。

(4) 从业人员的健康状况、安全防护和安全作业行为。

(5) 安全生产责任制、操作规程、教育培训、现场作业、应急救援等安全生产管理制度的制定和落实情况。

(6) 其他可能产生风险的因素。

8.1.2.2 安全风险分级管控清单编制

(1) 施工单位应当根据生产工艺和生产技术，综合考虑职业病危害风险和生产安全事故风险，将辨识出的风险确定为重大风险、较大风险、一般风险和低风险4个等级，分别以红、橙、黄、蓝4种颜色标注，编制施工方案和技术措施，明确管控责任。建立风险点、风险单位、风险区域的分级管控台账。

(2) 对重大危险源、极易造成重大及以上生产安全事故的风险应当确定为重大风险。

一级安全风险，应纳入施工总承包单位重大安全风险监管体系，总承包单位定期巡查、监测，并检查重大安全风险管控制度、技术措施、监测监控及应急预案的落实情况。

二级及以上安全风险，应纳入施工总承包单位分公司（区域公司）的安全风险监管体系，分公司（区域公司）负责定期检查安全风险管控制度、技术措施、监测监控及应急预案的落实情况。不设置分公司（区域公司）的总承包单位，二级安全风险纳入施工总承包单位的安全风险监管体系。

三、四级及以上安全风险，应纳入施工单位项目部安全风险监管体系，由项目经理负责组织相关人员落实管控制度、技术措施、监测监控及应急预案，并定期进行检查。

(3) 施工单位应当按照风险等级，逐一制定风险管控措施，明确管控重点、管控部门和管控人员，建立风险管控清单，对较大及以上等级的风险，应当制定专项管控方案。

施工单位主要负责人应当每季度至少组织检查一次风险管控措施和管控方案的落实情况。

(4) 施工单位应当将风险、管控措施或者管控方案在风险部位、岗位或者施工现场进行公示，公布主要风险点、风险类别、风险等级、管控措施和应急措施。对存在安全生产风险的岗位设置告知卡，标明本岗位主要危险危害因素、后果、事故预防及应急措施、报告电话等内容。在有较大及以上等级风险的施工现场显著位置、关键部位和有关设施设备上实施风险公告警示，设置明显警示标志、标识，设立包括疏散路线、危险介质、危害表现和应急措施等内容的公示牌（板）。让每名员工了解风险点的基本情况及防范、应急对策。

(5) 施工单位的班组开展施工作业活动前或者交接班时，应当进行风险确认和风险管控措施预知、设备设施检查等安全确认，并及时排除新产生的风险；施工作业活动结束后，应当对作业场所、设备设施、物品存放等涉及安全的事项进行检查。

(6) 施工单位应当每年至少开展一次风险管控动态评估，发生生产安全事故后应当立即开展评估。评估结果用于指导生产计划、应急预案、安全技术措施的制定，以及安全生产管理、风险管控、隐患治理等工作。

在改建扩建工程项目、使用新设备、变更工艺技术过程中，以及发生生产安全事故后，应当对相应的风险重新进行辨识、制定管控措施或者管控方案。

8.1.3 事故隐患排查治理台账

施工单位应当制定隐患排查治理制度、标准和清单，明确各岗位、各设备设施排查范围和要求。组织开展安全生产检查，应当对照风险管控信息台账（清单），检查风险部位、风险管控措施或者管控方案的落实情况。

施工单位应当依据风险管控信息台账，建立事故隐患排查清单，并编制隐患治理信息台账。事故隐患排查清单应当包括排查的风险部位、风险管控措施、风险失控表现、排查责任部门和责任人、排查时间等内容；隐患治理信息台账应当包括隐患名称、隐患等级、治理措施、完成时限、复查结果、责任部门和责任人等内容。

事故隐患排查包括定期排查和专项排查。施工单位应当按照隐患排查制度要求，定期开展安全生产检查，排查事故隐患。主要负责人每季度至少组织并参加一次，安全管理部门每旬至少抽查一次，工程项目部每周至少组织一次，班组每天组织一次。

有下列情形之一的，应当开展专项排查：

(1) 与本单位安全生产相关的法律、法规、规章、标准以及规程制定、修改或者废止的；

(2) 设备设施、工艺、技术、生产经营条件、周边环境发生重大变化的；

(3) 停工停产后需要复工复产的；

(4) 发生生产安全事故或者险情的；

(5) 各级住房城乡建设主管部门组织开展安全生产专项整治活动的；

(6) 气候条件发生重大变化或者预报可能发生重大自然灾害，对安全生产构成威胁的。

施工单位应当对下列因素开展隐患排查：

(1) 从业人员是否存在违反安全操作规程和相关安全管理规定的行为；

(2) 施工作业场所和设施设备是否符合安全生产相关规定、标准要求；

(3) 是否按照有关法律、法规、规章和强制性标准规定建立实施安全生产管理制度；

(4) 其他可能造成生产安全事故的因素。

施工单位应当按照建筑施工重大事故隐患判定标准，将隐患等级确定为一般隐患和重大隐患。

施工单位对安全生产检查发现的事故隐患，应当制定隐患治理方案并组织实施，消除隐患。治理方案应当包括以下内容：

(1) 治理的隐患清单；

(2) 治理的标准要求；

(3) 治理的方法和措施；

(4) 经费和物资的落实；

(5) 负责治理的机构、人员和工时安排；

(6) 治理的时限要求；

(7) 安全措施和应急预案；

(8) 复查工作要求和安排；

(9) 其他需要明确的事项。

重大隐患治理方案实施前应当由施工单位主要负责人组织相关负责人、管理人员、技术人员和具体负责治理人员进行论证，必要时可以聘请专家参加。

8.1.4 危险性较大的分部分项工程清单

施工单位还应执行工程建设法律法规、国家有关规定和相关标准规范。按照住房和城乡建设部《危险性较大的分部分项工程安全管理规定》《住房城乡建设部办公厅关于实施危险性较大的分部分项工程安全管理规定有关问题的通知》《住房城乡建设部关于印发大型工程技术风险控制要点的通知》的要求，做好危险性较大的分部分项工程的安全管理。

危大工程施工管理要求：

(1) 危大工程施工方案上报与评审。对于危险性较大的分部分项工程，需要编制专项施工方案，经施工单位技术负责人审核，如超过一定规模的危险性较大的分部分项工程，必须组织专家论证，论证通过后上报监理进行审批，审批通过后，项目技术负责人负责向所有管理人员进行安全技术交底。

(2) 危大工程实施旁站监督。危大方案实施过程中，重点监督安全专项方案的落实情况，发现不按照专项方案施工的如材料设备不符合要求、未按照工艺流程施工、施工人员未持证上岗等，应立即要求停止施工并进行整改。发现有危害人身安全紧急情况的，应当立即组织作业人员撤离危险区域。

(3) 危大工程施工的监测。危大工程在施工前，项目部应编制监测方案并报监理审批。危大工程施工时，按照监测方案，选用先进的监测设备，布置监测点。重点对基坑沉降、脚手架变形等情况进行监测。如监测过程中，发现变形量超过设计预警值等险情时，立即停止施工，排除隐患后，方可继续施工。

8.2 城市轨道交通建设施工风险监测与预警

城市轨道交通建设项目工期长、施工复杂、参与方众多，以及受时间、资金、资源和环境等因素约束，导致施工过程中的不确定因素很多，各参与方均不可避免面临各种风险。因此，城市轨道交通建设应急管理首要任务就是对风险的分析和管理，而风险管理的实施体现在施工风险监测和预警。

8.2.1 风险监测的实施体系

风险监测和预警贯穿城市轨道交通建设施工全过程。风险信息的搜集、监测流程的完善、风险决策后的执行等各个环节都涉及项目部绝大多数人。因而，城市轨道交通建设施工风险监测和预警需要广泛动员、全员参与，特别是施工企业总部领导、质量安全部门负责人以及项目部的项目经理、总工程师应当高度重视，在资源配置上给予倾斜。

风险监测和预警作为施工企业及其项目部的一项日常工作，主要由项目部实施、执行，施工企业总部的质量安全部门负责监督，可分成三层进行构建：

(1) 风险监测层。对风险信息进行搜集和整理，并将分类整理、归纳后的信息移交给风险分析员，这部分工作由项目部的安全员、施工员、质检员、机械员分工负责；

(2) 风险评价层。对风险信息进行分析、处理和评价，根据风险评价结果，提出预警等级和应急响应的建议；

(3) 风险决策层。根据项目经理、风险分析员上报的风险评价结果，施工企业总部领导、质量安全部门负责人分析研判、认定风险水平，并针对具体情况进行预警、启动应急响应。

建立城市轨道交通建设施工安全突发事件风险监测实施体系时，依靠施工企业和项目部原有组织机构进行，不再新设机构，除了减少职能交叉，还能实现全员参与，避免造成人员和机构冗余。通过教育培训、工程实践等途径，明确风险管理的岗位职责，灌输全员风险管理理念，普遍增强施工管理人员和技术人员的风险意识。

城市轨道交通建设施工风险监测的实施体系如图 8-2 所示。

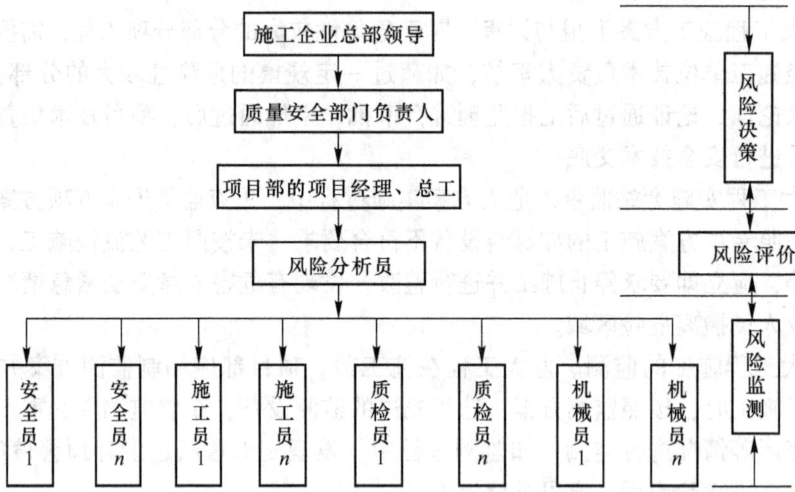

图 8-2 城市轨道交通建设施工风险监测实施体系

城市轨道交通建设施工风险监测的实施，不设专门机构，主要依托项目部既有安全管理体系实施。将风险监测与常规的安全管理相结合，有利于规范原有的安全管理组织形式和实施方式，有利于发挥安全管理人员深入现场、查找危险源的优势，有利于提高风险监测的效率，增强风险监测和预警的实效。

参与风险监测的相关人员，不仅有自己的本职、分内工作，而且就风险监测进行分工合作，共同做好城市轨道交通建设项目的施工风险监测和预警工作。

（1）施工企业总部领导：统筹风险监测和预警工作，检查风险监测的实施情况，作出风险决策，并承担相应的领导责任。

（2）施工企业总部的质量安全部门负责人：下达风险监测任务，检查安全防护措施的落实情况，组织开展隐患排查，提供技术指导，督促相关人员履行职责。

（3）项目部的项目经理和总工程师：作为风险监测工作的具体推动者，负责落实风险监测和预警的各项措施，检查施工现场的安全生产情况。

（4）风险分析员：对风险监测实施人员报送的风险信息进行技术评估、分析研判，形成初步的意见上报项目经理、总工程师，提交项目部会议讨论。

（5）风险监测实施人员：作为风险管理的基础力量，主要由安全员、质检员、施工员、机械员组成，负责在日常工作中搜集风险信息，汇总后报送给风险分析员，对于较小的风险，直接采取措施消灭，并记录在案。

8.2.2 风险监测方法和步骤

在日常施工过程中，风险监测实施人员结合工程实际，定期监测各项指标，采取必要的防控举措。为简洁明了展现指标，在具体的项目中，可以将指标进行一一编码，既便于风险监测实施人员对比使用，又便于相关人员迅速识别出指标状态和风险等级。

城市轨道交通建设施工风险监测方法和步骤是：

（1）将风险监测对象按类型进行分类，相应的，安排具有经验的风险监测实施人员承担风险监测任务；

(2) 根据风险监测清单，编制风险监测手册，统一监测标准、手段，便于风险监测实施人员掌握、使用；

(3) 风险监测实施人员按照风险监测手册规定的时间、频率、方法，对目标实施监测，将监测记录和结果汇总整理后报送风险分析员；

(4) 风险分析员对风险监测实施人员报送的监测记录和结果进行分析、研判，形成风险信息上报项目经理、总工程师；

(5) 项目经理、总工程师对风险分析员上报的风险信息进行核实、论证，提交项目部会议讨论，采取管控措施；对于重大风险，形成意见上报施工企业总部的质量安全部门；

(6) 质量安全部门对项目部上报的重大风险信息进行分析、核查，经查实确实存在重大风险，上报施工企业总部领导，及时进行预警；经查实不存在风险隐患，则按常规处理，督促项目部继续开展日常风险监测工作。

8.2.3 风险监测报告和评估

施工企业及其项目部应当建立风险监测报告和交流制度，定期交流汇报，以便项目经理、风险分析员全面了解风险监测情况，发现新的风险因素，使风险信息及时得到处理。

风险监测报告交流可结合施工企业、项目部例会举行，由项目经理或总工程师牵头，根据风险监测信息，总结前期监测成果，讨论下期风险监控重点，预估潜在的风险，补充、完善风险监测手册。

8.2.3.1 每日报告

每天，风险监测实施人员将当天监测到的数据报送风险分析员。风险分析员及时分析、研判，编写每日报告，提交总工程师。总工程师核实报告，必要时，上报项目经理。项目经理决定是否提交项目部的每周例会、每月大会。

8.2.3.2 每周例会

每星期，项目部都应当召开安全例会，风险分析员汇报本周的风险监测情况，项目经理总结风险监测、管控情况，讨论重大风险应对方案，拟定下星期风险监测实施计划。

8.2.3.3 每月大会

项目部全体人员参加，项目经理总结当月安全管理情况，通报当月风险源排查情况，分析施工安全管理中存在问题，制定下个月风险监测方案。

8.2.3.4 季度、半年、年度会议

在施工企业总部层面召开季度、半年、年度会议，由质量安全部门负责人主持，全面分析总结风险监测开展情况，研判重大风险因素，提出应对策略，部署下阶段施工企业总部、质量安全部门、项目部各自承担的重点工作任务。

8.2.4 风险监测预警

8.2.4.1 风险度量

依据风险监测清单，对风险展开监测。根据监测结果，对风险进行评估、度量，判断爆发的可能性、暴露于危险作业环境的频繁程度、爆发的后果，作为预警的直接依据。

(1) 爆发的可能性。估计施工风险蔓延、扩大最终爆发成为施工安全突发事件的可能

性大小，这是风险度量的首要任务。概率越大，越要提高预警等级，越要尽早采取措施加以防范。

(2) 暴露于危险作业环境的频繁程度。分析施工人员暴露于危险作业环境的时间、频繁程度、风险积累的程度，估计施工安全突发事件爆发的时间、阶段。越早出现的风险，越要提前监测、优先预警、前端预控。

(3) 爆发施工安全突发事件的后果。估计风险造成的损失大小，包括人员伤亡和财产损失。对于小概率风险而言，虽然爆发的可能性不大，但一旦爆发，后果却非常严重，也要采取严格的防范举措。

对上述3项因素进行定量分析，精确区分不同风险等级，凸显重大风险、较大风险、显著风险、较小风险之间的差异，从而确定不同的预警等级。

8.2.4.2 警情分级

城市轨道交通建设施工风险监测、评估度量的根本目的，在于防范施工安全突发事件发生。对发现的危险源，第一时间发出预警信号，提醒施工人员采取措施，迅速消灭风险，避免险情进一步发展蔓延。

在土木工程施工中，存在许多风险管理规范或指南，对施工风险的认识不尽相同，相应的，概率等级划分也存在明显差异。在《建筑施工安全风险辨识分级管控指南》中，分为4档；为便于掌握、使用，选取红、橙、黄、蓝不同颜色作为标识，进行区分：

(1) Ⅰ级（红色），通过施工风险监测和度量确定为Ⅰ级风险；

(2) Ⅱ级（橙色），通过施工风险监测和度量确定为Ⅱ级风险；

(3) Ⅲ级（黄色），通过施工风险监测和度量确定为Ⅲ级风险；

(4) Ⅳ级（蓝色），通过施工风险监测和度量确定为Ⅳ级风险；表明施工现场几乎没有风险，不需要预警。

8.2.4.3 预警反馈和应对

依据警情分级的警情提示，安全管理人员应当查明风险的部位以及存在的问题，按照施工企业和项目部安全管理规定，及时组织施工人员进行整改。整改完成、隐患消除后，反馈警情信息，警情分级显示恢复正常状态，即为预警反馈和应对的基本流程。根据不同预警级别，具体为：

(1) 当施工环境良好、处于安全状态时，无警情显示，此时不需要采取任何措施，只要维持现状、随时关注即可；

(2) 当蓝灯点亮，表明施工作业环境存在较小危险，由项目部安全员会同施工员适时对预警部位展开检查，督促相关人员整改，将查明的结果和整改情况上报项目经理、总工程师；

(3) 当黄灯点亮，表明施工作业环境存在显著危险，由总工程师牵头、安全员和施工员参加，及时对预警部位展开检查，排查危险源，查明隐患，整改落实到位，整改结果在项目部范围内通报；

(4) 当橙灯点亮，表明施工作业环境存在较高危险，由项目经理牵头，总工程师、安全员、施工员参加，立即排查预警部位的隐患，迅速采取措施加以防控，整改完毕后恢复正常施工，整改结果在施工企业范围内通报；

(5) 当红灯点亮，表明施工作业环境非常危险，受到严重威胁，必须立即停止施工、撤离现场人员，施工企业总部的质量安全部门、应急办派员赶赴现场，会同项目部共同查明险情、深入排查隐患、全面彻底整改，待事态控制、经过复查后，方可恢复施工，整改结果上报住建、应急等主管部门。

施工作业环境时刻发生变化，预警信息发布后，危险状态可能加剧或减轻，或者查明的实际状况与预警信息根本不符，此时，需要依据查明的实际状况确定预警等级。如果无法查明危险源，或者暂时无法消灭隐患，或者查明的险情与之前预估的不同，视情况提高预警级别；如果形势严峻、情况紧急，应撤离现场人员、转移施工机械设备模板和预制构件，做好施工安全突发事件爆发、启动应急响应的各项准备；如果风险基本消灭，施工作业环境恢复正常，则解除预警。

8.2.4.4 预警的动态调整

根据警情分级信息，采取妥善措施消灭风险，但没有进行后续的优化改进完善，风险监测和预警停留在原有水平，无法体现应急管理系统的动态性与可持续性。作为预防体系的关键环节，预警的生命力和有效性在于持续的动态调整。

动态调整的目的，一是依据预警反馈和风险应对情况，对原有风险进行重新度量，将原先的预警级别相应地做出调整；二是评估警情分级的合理性，当施工风险积累到一定程度，仍然没有触发预警，说明阈值设置不科学，应当依据本项目的实际情况，重新设定；三是通过预警反馈，重新审视风险监测清单和重点危险源是否存在遗漏的项目，是否适用于本项目，在此基础上不断改进风险监测和预警工作；四是随着施工进展，风险种类也在不断发生变化。删掉已经不存在、过时的监测项目，增加新出现的风险类型。

将风险管理 ISO31000 原理引入应急管理领域，设计城市轨道交通建设施工风险监测和预警动态循环调整模型，通过循环往复实现动态调整，如图 8-3 所示。

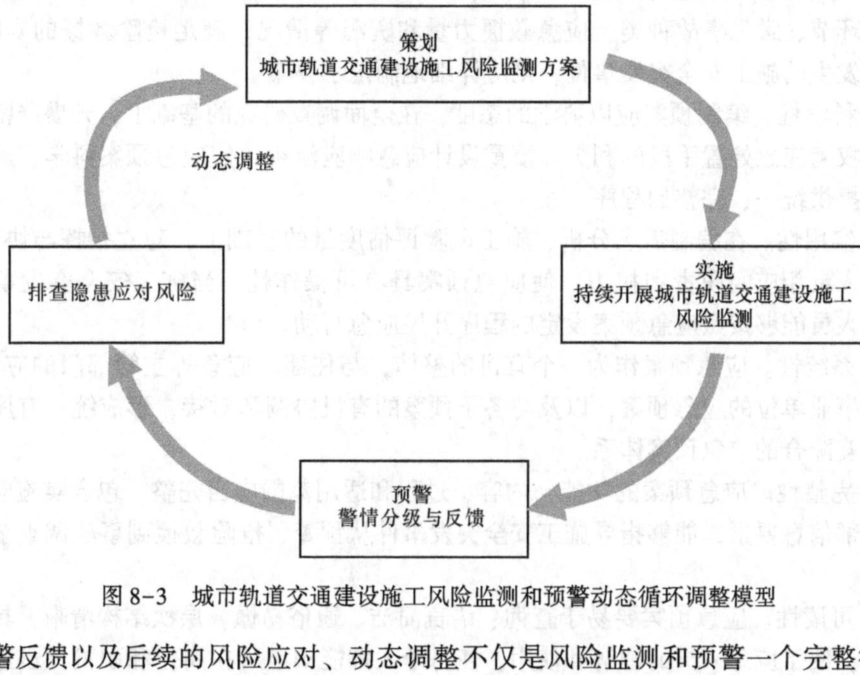

图 8-3 城市轨道交通建设施工风险监测和预警动态循环调整模型

预警反馈以及后续的风险应对、动态调整不仅是风险监测和预警一个完整循环的结束，而且是新一轮的开始。对警情信息进行反馈，采取措施管控风险，并对风险监测和预警全过程进行检查、评估和改进，是一个循环的结束。改进的初衷，在于对风险监测和预警工作的更新、补充及完善，同时作为下一个循环的起点。城市轨道交通建设施工安全突发事件的预防体系，在一次又一次循环中，不断扩大风险监测的覆盖面、提高预警的精准度，实现自我完善和发展。

8.3 城市轨道交通建设施工安全突发事件应急预案

针对未来可能爆发的突发事件，为快速响应，高效、有序实施救援，减轻事件造成的影响而事先制定的一系列程序性、规范化的指南，称为应急预案。应急预案实际上是透明、标准化的反应程序和实施指南，使救援行动能够有效地按照计划和步骤进行。统计数据表明，有效的应急预案系统能够将事故损失降低到无应急预案系统的6%。

应急预案编制和管理包括预案的编制、预案的评估、预案的演练、实施过程中预案的动态调整、预案的修订和维护。由于城市轨道交通建设施工安全突发事件应急响应、抢险救援对时间的要求十分紧迫，容不得有任何拖延，因而必须制定应急预案，并纳入经常化、制度化、法制化的轨道。

编制针对性强、具备可操作性的应急预案，对应急指挥机构（即应急指挥调度组织）的人员、岗位职责、技术、装备、设施、行动和指挥协调、物资保障等方面预先做出具体安排，明确参与应急行动各方的职责和任务，规定应急资源储备和调用程序，是指导应急行动快速、规范进行的整体计划和程序规范，从而使城市轨道交通建设应急管理有据可依、有章可循。

8.3.1 应急预案编制原则

应急预案的编制应遵循以下基本原则：

（1）针对性。编制应急预案，必须立足于具体项目，充分考虑项目类型、施工风险、施工薄弱环节、常见事故种类、应急救援力量和资源等情况，满足抢险救援的实际需要。对于频繁发生的施工安全突发事件，则应详细地制定子预案。

（2）科学性。编制预案应以科学的态度，在全面调查研究的基础上，开展严密的分析和论证，权衡应急处置手段的利弊，慎重设计应急响应流程，使应急预案科学、严谨，为应急行动提供统一、完整的程序。

（3）实用性。在编制需求分析、施工风险评估度量的基础上，建立指挥与协调机制，赋予应急人员相应的职责和权力，使应急预案具有可操作性。当施工安全突发事件爆发时，有关人员能够按照应急预案设定的程序开展应急行动。

（4）系统性。应急预案作为一个有机的整体，与住建、应急等主管部门的应急预案，与其他企事业单位的应急预案，以及与各子预案的有机协调和对接，形成统一有序、优势互补、相互配合的应急预案体系。

（5）完整性。应急预案的功能、内容、过程和适用范围应当完整，包含实施应急行动所需的全部信息要素，能够指导施工安全突发事件从预警、抢险救援到事故调查全过程的应急行动。

（6）可读性。应急预案要易于查询、语言简洁、通俗易懂，层次结构清晰，具备相当的可读性，便于应急人员的理解和使用，使每个人都能知道所在岗位和职责，迅速掌握工作任务，否则将影响预案的有效实施。

8.3.2　应急预案编制流程

城市轨道交通建设施工安全突发事件应急预案的编制流程，如图 8-4 所示。

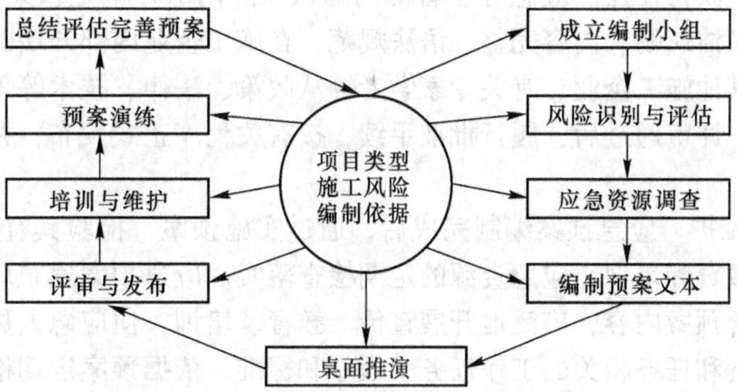

图 8-4　城市轨道交通建设施工安全突发事件应急预案编制流程

（1）成立编制小组。成立预案编制小组，落实成员的职责，明确分工，是编制应急预案的首要步骤。重特大施工安全突发事件爆发时，应急人员来自不同的协作单位、不同专业领域，需要这些单位积极参与，在相互信任的基础上进行密切的配合与协调。因而，在施工企业编制预案时，通过成立预案编制小组，邀请住建、应急、医疗卫生、消防以及拥有救援力量的单位参加，将这些单位有机地组合起来，共同参与编制，达成一致意见，使施工企业的应急预案与其他单位的应急预案相互衔接，保证预案的有效性、准确性和完整性。

（2）风险识别与评估。在对施工风险、地理环境等因素进行综合分析的基础上，结合曾经发生的施工安全突发事件，将其分门别类，分析其诱因，识别未来发生的危险性，合理划分响应等级。针对不同级别的施工安全突发事件，制定不同的预案来应对。

（3）应急资源调查。在风险评估的基础上，全面调查和客观分析可请求援助的应急资源状况，撰写应急资源调查报告，其内容包括但不限于：

1）本单位可调用的应急队伍、装备、物资、场所；

2）针对生产过程及存在的风险可采取的监测、监控、报警手段；

3）上级单位、当地政府及周边企业可提供的应急资源；

4）可协调使用的医疗、消防、专业抢险救援机构及其他社会化应急救援力量。

（4）建立指挥机制。建立应急指挥机构，对参加应急行动的应急救援力量和资源进行重新组合和优化，明确人员职责，确保预案启动时，应急行动过程中的各个环节和岗位都有相应的人员去落实和实施。

（5）编制预案文本。针对未来可能发生的施工安全突发事件，结合风险识别和应急能力评价结果，依据有关法律、法规编制应急预案。在编制过程中，要与《生产安全事故应急预案管理办法》和本地区的生产安全事故应急预案相衔接，尽可能减小工作量，避免预案内容不必要的交叉重复，保证应急预案能够同应急管理部门的预案相衔接。

（6）桌面推演。按照应急预案明确的职责分工和应急响应程序，结合有关经验教训，相关部门及其人员可采取桌面演练的形式，模拟施工安全事故应对过程，逐步分析讨论并形成记录，检验应急预案的可行性，并进一步完善应急预案。

(7) 评审与发布。为确保应急预案的科学性和实用性，文本编制完成后，对预案展开内部和外部评审，获得住建、应急等主管部门的认可。内部评审是预案初稿编写完成后，为保证预案语言简洁通畅、内容完整、语法规范，在施工企业内部开展的评审。外部评审是请主管部门、其他施工企业、有关专家学者等从政策、法律、技术等角度，对预案结构和内容进行审定。评审通过后，履行批准手续，按有关程序正式发布，并报送住建、应急等主管部门备案。

(8) 培训与维护。应急预案编制完成后，通过实施预案，检验其有效性，主要包括：应急预案宣传、教育和培训，应急资源的定期检查落实。应急预案发布后，施工企业和项目部有计划地结合预案内容，广泛地开展宣传、教育、培训，使应急人员熟悉、掌握预案中与其承担的职责和任务相关的工作任务、程序和标准。依据预案定期检查应急人员、物资、装备等应急资源的准备情况，保持应急资源时刻处于战备状态。

(9) 预案演练。城市轨道交通建设施工安全突发事件应急预案演练是指施工企业针对模拟假设的施工安全突发事件，启动应急预案，执行应急行动任务的排练活动，是检验应急预案有效性和应急管理水平的手段。通过预案演练，获知假定情况与实际情况的符合程度，检验预案的针对性和可行性。

在城市轨道交通建设施工实践中，应急预案必须适应形势变化，及时更新、维护，适时举行预案演练，保持应急预案的有效性，让施工企业及其项目部的管理人员和技术人员熟练使用预案，增强应急预案的针对性、实用性和可操作性。

(10) 总结评估完善预案。应急预案演练结束后，应当对演练工作进行评估、总结，根据演练工作的经验和教训，修改、完善应急预案，有针对性地加强应急人员的教育和培训，对应急物资装备有计划地更新等，提高演练和实战能力。

演练评估是在全面分析演练记录及相关资料的基础上，对比参演人员表现与演练目标要求，对演练活动及其组织过程作出客观评价，并编写演练评估报告的过程。演练评估报告的主要内容一般包括演练执行情况、预案的合理性与可操作性、应急指挥人员的指挥协调能力、参演人员的处置能力、演练所用设备装备的适用性、演练目标的实现情况、演练的成本效益分析、对完善预案的建议等。

演练结束后，根据演练记录、演练评估报告、应急预案、现场总结等材料，对演练进行系统和全面的总结，形成演练总结报告。演练总结报告的内容包括演练目的、时间和地点、参演单位和人员、演练方案概要、发现的问题与原因、经验和教训以及改进有关工作的建议等。

8.4 城市轨道交通建设施工安全突发事件应急保障

有效的应急管理建立在充分的资源保障基础之上。由于城市轨道交通建设规模大，一旦爆发施工安全突发事件，救援难度大、要求高，应急保障显得尤为重要。

(1) 应急救援力量。人力是应急行动得以顺利开展的保证。施工企业应当立足自身，组建一支反应迅速、装备精良、作风过硬的救援队，合理配置人员结构，使施工技术、管理、安全监督等方面的专业人员都占有一定的数量，发挥他们的专长。建立日常培训制度，进行分类别、分科目应急演练，使施救人员熟悉应急响应流程，掌握履行职责所需的知识，提高业务素质和技能。为参加应急行动的施救人员提供必要的安全防护措施，确保自身的生命安全。

（2）应急机械设备。装备是城市轨道交通建设应急行动中不可或缺的物质基础。建立应急装备信息库，将应急装备和设备的类型、数量、性能和布局等信息登记造册。根据在建项目特点，加大装备建设投入，增添必要的应急装备和设备器材。加快设备更新步伐，淘汰技术落后的机械装备，引进最新研发的专业救援设备。

（3）应急物资。充足的物质资源是应对突发事件的前提。科学规划城市轨道交通建设施工安全突发事件应急物资的战略储备，建立物质资源目录和标准，形成统一协调、互相联系、反应灵敏、保障有力的物资调配网络，以便在关键时期能够快速调动抢险救援所需的物资。与应急物资定点生产企业签订协议，对其产品质量进行跟踪监督，严防假冒伪劣、质量差的产品。

（4）应急资金。施工安全突发事件爆发后的应急响应、抢险救援都需要资金支持。建立应急资金保障机制，用于应急行动以及购买、储备应对施工安全突发事件所需物资和设备的资金，还为应急补偿和奖励、安全宣传教育培训、应急演练、设备更新和维护等日常运行管理开支提供资金保障。

（5）应急医疗保障。城市轨道交通建设施工安全突发事件爆发后，往往会伴有人员受伤，转移避险后，立即实施现场急救，视情转运至附近的医院展开进一步治疗。与医疗机构签订协议，由其负责医疗救护、卫生防疫等工作，保证药物、医疗器材的供给。

（6）应急交通运输。城市轨道交通建设施工安全突发事件爆发时，必须保证政府及主管部门的指挥人员、协作单位的施救人员在第一时间赶赴事发现场。施工企业自身要备有应急专用交通工具，此外还要与当地的运输部门建立交通工具紧急征用机制，为施救人员、器材、物资的运送以及遇险人员的医疗移送、疏散、转移提供交通运输保障，确保指挥人员、施救人员、搜救设备和器材及时到位，为应急行动提供交通运输保障。

（7）应急治安保障。施工安全突发事件爆发后，正常的秩序受到干扰，不法分子可能乘机破坏或妖言惑众。建立现场治安秩序保障机制，施工企业的保卫部门会同项目部安排人力维持秩序，疏解路面交通，协助公安机关实施警戒，保障应急行动的顺利进行。

（8）应急后勤保障。当重特大施工安全突发事件爆发、需要展开大规模联合行动时，事发现场人和车辆、机械设备聚集，需要供应大量的食物、油料。施工企业及项目部负责事发现场的后勤保障，按需补给，确保应急行动不断不乱、持续开展。

9 城市轨道交通建设施工安全突发事件应急行动

本章针对施工安全突发事件爆发后的应急行动展开研究，包括应急响应、信息报送和媒体应对、恢复和调查评估等。

9.1 城市轨道交通建设施工安全突发事件应急响应

应急响应作为应急管理的核心过程，将应急预案启动并付诸实施，时效性强、风险高、难度大，是对应急能力的实际检验。当施工安全突发事件爆发时，在迅速采取措施控制事态发展，减少人员伤亡和经济损失。

从应急预案角度看，预案只是预先制定的宏观行动计划，无法解决具体的实际问题；从快速反应角度看，需要建立一套完备、缜密、严谨的应急响应流程，作为行动指南；从应急管理系统角度看，应急响应将所有工作关联起来，体现出应急管理工作面向实战的高度有机统一。

9.1.1 响应等级确定

结合国务院颁布的《生产安全事故报告和调查处理条例》及住房和城乡建设部颁布的《国家安全生产事故灾难应急预案》，依据城市轨道交通建设施工安全突发事件造成的人员伤亡或者直接经济损失，分为特别重大、重大、较大、一般4个规模。施工企业的应急响应等级与之相对应，也分为四级，即Ⅰ、Ⅱ、Ⅲ、Ⅳ级。依据伤亡情况、直接经济损失等因素，结合施工安全突发事件规模、波及范围、造成的影响，综合确定响应等级。

特别重大：造成30人以上死亡，或者100人以上重伤，或者1亿元以上直接经济损失，响应等级确定为Ⅰ级；

重大：造成10人以上30人以下死亡，或者50人以上100人以下重伤，或者5千万元以上1亿元以下直接经济损失，响应等级确定为Ⅱ级；

较大：造成3人以上10人以下死亡，或者10人以上50人以下重伤，或者造成1千万元以上5千万元以下直接经济损失，响应等级确定为Ⅲ级；

一般：造成3人以下死亡，或者10人以下重伤，或者1万元以下直接经济损失，响应等级确定为Ⅳ级。

除伤亡人数、直接经济损失两项指标外，响应等级的确定，还应当综合考虑险情性质、规模、波及范围、社会影响，围绕上述标准，视情提高或降低一个响应等级。

应急响应启动后，如果查明的险情与预估不一致，或者险情发展、演变迅速，或者抢险救援效果不佳，需要在更大范围内应对风险，视情提高响应等级，反之则降低响应等级，应急行动结束后，解除应急响应。

9.1.2 分级响应机制

施工安全突发事件爆发时，施工企业应急管理办公室接警后，根据上述响应等级标准，研判事故的性质、规模、波及范围和损失情况，确定响应等级，采取相应的措施。

较大以上规模的施工安全突发事件爆发后，往往由政府及住建、应急等主管部门指挥救援。因而，不同等级响应的内容不同、启动响应的主体不同，分级响应机制也不同。

Ⅳ级响应：由施工企业启动应急响应，应急办会同项目部开展抢险救援，必要时，请协作单位参与；根据有关规定，此类事件应上报设县级人民政府安全生产监督管理部门。

Ⅲ级响应：由住建、应急等主管部门启动应急响应，指导施工企业开展抢险救援，根据事件的具体情况，请相关协作单位支援；根据有关规定，此类事件应上报地级市人民政府安全生产监督管理部门。

Ⅱ级响应：由当地政府启动应急响应，直接指挥抢险救援，住建、应急等主管部门负责协调现场工作；根据有关规定，此类事件应上报省级人民政府安全生产监督管理部门。

Ⅰ级响应：一般由上一级政府启动应急响应，直接指挥抢险救援，当地政府负责协调现场工作；根据有关规定，此类事件应上报国家安全生产监督管理部门。

启动Ⅰ、Ⅱ、Ⅲ级响应时，施工企业应急办会同项目部，先行启动应急预案、先期开展遇险人员搜救、机械设备转移工作，为后续抢险救援做好前期准备。与此同时，通知协作单位安排应急力量赶赴事发现场，疏解附近的交通，维持现场治安，为外界应急人员和设备进场创造良好条件。

9.1.3 应急响应流程

应急管理系统 24h 不间断运行，实时监测风险，及时进行预警，接警后，分析警情信息，判断是否为误触发；如果达不到上述响应标准，则不必启动应急响应；如果达到其中任意一个响应标准，立即向施工企业应急管理办公室和项目部报警，依据应急预案规定的等级，启动相应级别的应急响应，组建现场临时指挥部，迅速拟定抢险救援方案，并作出决策，调集应急救援力量和资源，必要时，向协作单位提出支援的请求。事态控制后，清理现场、善后处置、恢复施工。

应急响应流程以计划的方式明确应急响应的一系列行动程序，使应急响应和处置行动有章可循、有据可依，从而大幅度提高应急效率。不论施工安全突发事件爆发前、还是爆发后，应急响应流程一致，分为风险监测和预警、接警、灾情研判、启动响应、抢险救援、结束响应和恢复 7 个步骤，如图 9-1 所示。

（1）风险监测和预警。在施工阶段持续不间断开展风险监测，及时发布警情信息，做好应急准备。

（2）接警。接到施工安全突发事件警情信息时，判断是否为误触发，将警情信息准确上报施工企业应急办和项目部。

（3）灾情研判。对施工安全突发事件的性质、规模、波及范围、破坏程度进行预估，分析其发展趋势，作出应急决策，依据应急预案，确定响应级别。

（4）启动响应。按照预案，应急人员迅速到岗，集结应急救援力量，调配应急物资、机械设备和安全防护装置。

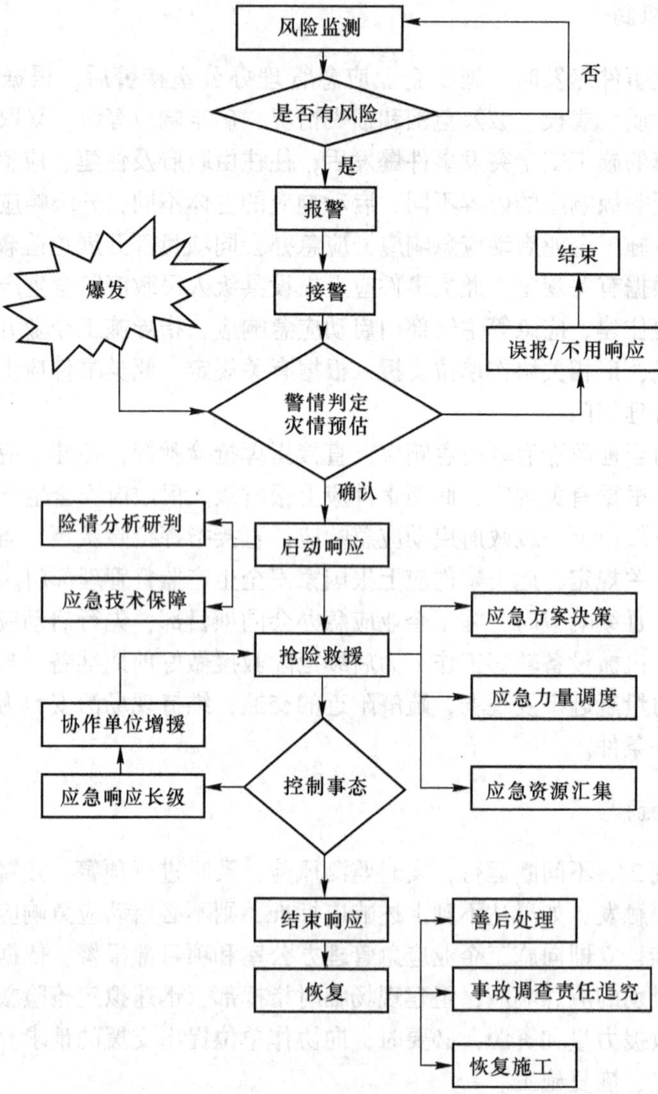

图 9-1 城市轨道交通建设施工安全突发事件应急响应流程

(5) 抢险救援。指挥人员和专家商定方案，安排施救人员和机械设备有序进入事发现场，第一时间转移受伤人员，消灭事故隐患，控制事态发展，避免产生次生、衍生灾害。

(6) 结束响应。事态得到控制、危险解除后，安排应急救援力量撤离现场，搬运应急物资、机械设备，转移受损的设施，清理现场，排查潜在的危险源，必要时对现场进行卫生防疫。

(7) 恢复。开展善后处置，抚慰伤员及家属，修复受损的设施、设备。应急全部终了后，调查事故原因，评估本次应急行动，追究相关人员的责任。

9.2 城市轨道交通建设施工安全突发事件抢险救援

抢险救援是在施工安全突发事件爆发后，为及时营救遇险人员，转移机械设备和构件，控制火灾、爆炸、有毒物质泄漏蔓延，避免事态扩大而采取的一系列行动，其目标是最大限度减小波及面，降低人员伤亡、财产损失、环境污染。

抢险救援作为应急响应的核心环节，主要任务包括遇险人员搜救、机械设备转移、次生灾害防范三大类。应急响应的所有工作，都围绕这三大任务展开。但并不是所有施工安全突发事件的抢险救援，均包含这三大任务，有的包括其中两项，有的小规模事故，无人员伤亡，只有受损机械设备和构件转移一项任务。

抢险救援的三大任务，寓于应急响应流程中。也就是说，虽然城市轨道交通建设门类广，施工安全突发事件却是种类繁多、千差万别，不同种类的抢险救援重点、难点、方法、手段大相径庭，次生、衍生灾害形式也不一样，但从目标看，都归结为这三大任务，都围绕着应急响应流程这条主线展开。因此，结合这三大任务各自的目标，紧紧围绕应急响应流程，对遇险人员搜救、机械设备转移、次生灾害防范分别展开研究，设计各自的流程。

9.2.1 遇险人员搜救

坚持以人为本，抢险救援以解救被困人员、医治受伤人员为首要任务。在城市轨道交通建设施工现场，确定事发部位后，首先探测生命迹象，搜寻遇险人员，根据生命体征判断是否死亡：如存活，解救出来使其摆脱困境后，立即就地实施紧急医疗救助，视伤情转运到医院进一步治疗；如已经死亡，配合公安机关认定身份、鉴定死因，做好家属的安抚工作。对事发现场进行消毒、卫生防疫，妥善安置事发现场施工人员。遇险人员搜救流程如图 9-2 所示。

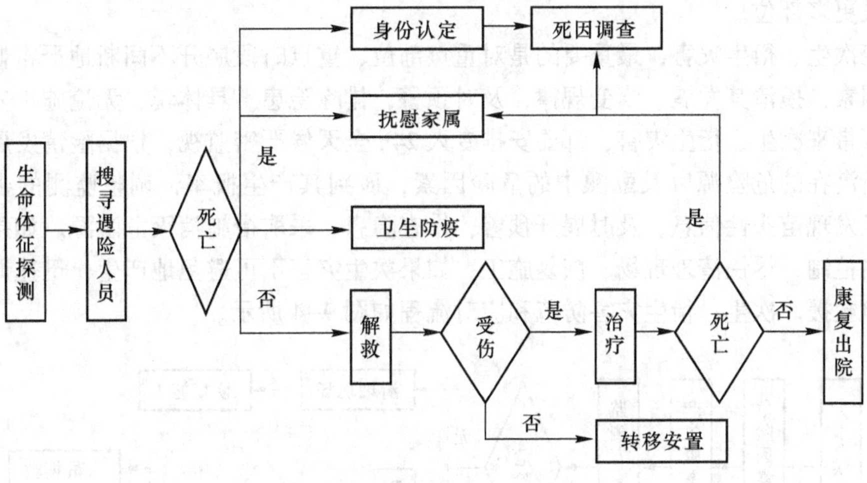

图 9-2 遇险人员搜救流程

9.2.2 机械设备转移

施工安全突发事件往往会对施工现场的机械设备、半成品、预制构件等工程设施和在建工程造成破坏，及时加以转移、修复，如果不及时转移并妥善安置，当发生次生、衍生灾害时，将遭受更大破坏，蒙受更重经济损失。

施救人员抵达事发部位后，实地查看机械设备、半成品、预制构件等工程设施和在建工程受损情况，如果受损，对于活动的、可拆卸的，转运至安全地带予以修复，对于固定的、不可拆卸的，视情就地抢修或者清理后重新建造；如果未受损，则派专人负责监视，防止遭受次生、衍生灾害。受损机械设备、半成品、预制构件转移修复流程如图 9-3 所示。

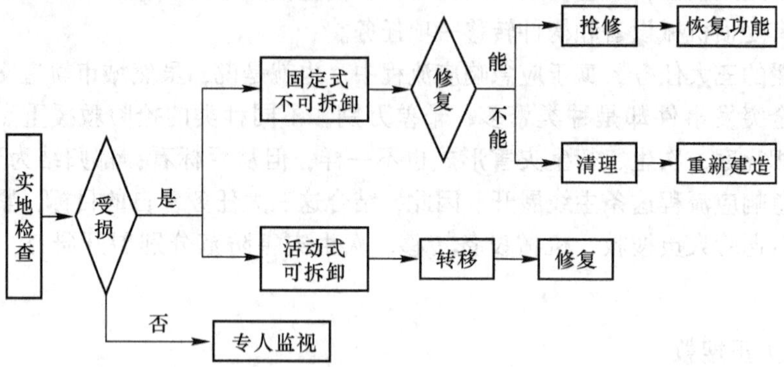

图 9-3 受损机械设备、半成品、预制构件转移修复流程

9.2.3 次生灾害防范

施工安全突发事件爆发后，往往会引发一系列相关的灾害，也就是相伴而生的灾害，尤其是重特大施工安全突发事件，一般都将形成灾害链，如同“涟漪效应”，波及更广范围、殃及更多部位。

防范次生、衍生灾害，最重要的是对重点部位、重点时段展开不间断地严密监视，辨析危险因素，摸清其发展、演变规律，及时预警，排除隐患。具体说，无论施工安全突发事件是否带来次生、衍生灾害，都要安排专人 24h 全天候严密监视，根据险情发展变化情况，分析潜在的危险源以及酝酿中的危险因素，研判其产生概率，调整监测的密度和频次，一旦发现苗头性信息，及时展开预警，排查隐患，采取措施消灭危险源。如果次生灾害被严格控制，尽快清理现场、恢复施工；如果次生灾害不可避免地产生，迅速调集力量展开抢险救援。次生、衍生灾害防范和应对流程如图 9-4 所示。

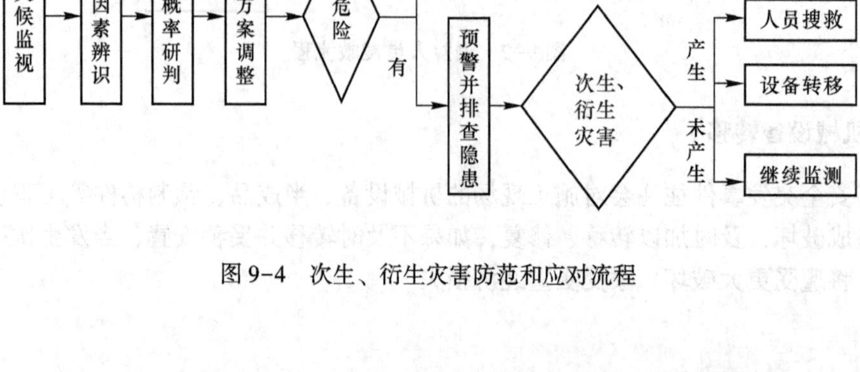

图 9-4 次生、衍生灾害防范和应对流程

9.3　城市轨道交通建设施工安全突发事件信息报送和媒体应对

城市轨道交通建设施工安全突发事件规模大、程度深、波及面广，一旦爆发，都将引起社会各界的广泛关注，吸引公众眼球。实际上，不论启动哪个级别的应急响应，都要向住建、应急等主管部门上报信息，还要向社会公开发布信息，接受媒体的采访。

建筑安全生产事故应急经验表明，在社会舆论和媒体的密切关注下，只有果断迅速处置，新闻宣传和信息发布得当，才能打消人们的疑虑，避免成为破坏社会稳定的因素，降低对建筑行业的负面影响。如果谎报、瞒报或者信息发布不及时、不充分、不准确，社会谣言四起，不仅严重影响政府和住建、应急等主管部门的形象，而且破坏施工企业的声誉，任流言蜚语滋生、蔓延、扩大，甚至可能酝酿为一场危机。

因而，如何与新闻媒体和社会公众沟通，建立畅通高效的信息传递、新闻发布机制，发布权威的险情信息和救援动态，反映舆情民意、解答公众质疑、回应社会关切，是亟待解决的重要课题。

9.3.1　信息报送和媒体应对现状

分析信息报送和媒体应对现状，不能仅仅站在施工企业角度，因为新闻宣传是一项政策性很强的工作，始终在党和政府的领导下开展，因而，需要从政府、住建应急等主管部门、施工企业、新闻媒体等方面，整体上剖析存在的问题，探索解决途径。

9.3.1.1　信息传递渠道有限

当前，不论政府、住建应急等主管部门还是施工企业，信息传递渠道都比较有限，现行的渠道主要是上下级之间的纵向传递，上级政府的信息主要来自下级政府，下级政府从施工企业获取，施工企业从应急办、项目部获取。由于体制的原因，以及保密的需要，信息公开一直推进不力，造成信息不够透明、不够完整，引起社会公众的猜忌。另外，一部分信息虽然可以公开，但必须履行内部的审批程序，加剧了信息的延迟，严重滞后于突发事件的发展进程。这反映出应急信息传递机制不够完善，网络化、集成化程度不高，缺少统一的规划。

9.3.1.2　信息发布滞后

在应急响应、抢险救援过程中，由于社会高度关注，因而必须第一时间准确发布施工安全突发事件概况和抢险救援进展情况。然而，我国突发事件应急信息共享机制尚没有形成，平时，政府、住建应急主管部门、施工企业之间的信息交流共享零散无序，各自为战，大多依靠自己主动搜集信息，难以掌握其他方面的情况；与此相反，施工安全突发事件爆发时，来自四面八方的信息数量激增，政府、住建应急主管部门、新闻媒体疲于接收信息，难以从杂乱无章的海量信息中捕捉到自己所需，进而无法掌握事发现场的真实情况，导致信息发布滞后。

9.3.1.3　谎报瞒报现象仍然存在

建筑领域发生施工安全突发事件，施工企业负责人及项目经理出于自身考虑，往往倾向于瞒天过海，内部处理，不想把事闹大，不惊动住建、应急等主管部门。因此，过去普遍存在的谎报、瞒报事故现象，至今仍未根除。有的瞒不住，便采取拖延策略，或者轻描淡写，把大灾说成小灾，导致住建、应急等主管部门误判形势，无法及时掌握事故情况。

9.3.1.4 封锁消息现象屡禁不止

目前，建筑领域对于施工安全突发事件的信息公开尚没有统一的规定，导致一些施工企业钻空子，封锁消息，掩盖事故，不向主管部门如实报告。在住建、应急等主管部门内部，也存在这种思想，在施工企业没有完全查清事故前，不愿意发布信息，担心信息未经核实、不准确而担责，后来被媒体捕捉到，才得以曝光，导致社会公众对信息公开不满意，进而对政府和施工企业不信任。

9.3.2 信息报送和发布基本原则

在媒体业高度发达的今天，施工安全突发事件爆发后传播速度快，有时甚至在当地政府及住建、应急等主管部门获知信息前，媒体就已经发布，此时媒体的新闻报道缺乏专业性和权威性，容易滋生谣言，影响社会舆论，使政府及住建、应急等主管部门陷入被动状态。因此，施工企业应当及时上报、及时处理、及时发布，在信息发布与媒体应对上始终处于主导地位，这种化被动为主动的姿态可以在媒体沟通中展现良好形象，从一开始就控制信息传播的来源，引导社会对事故的舆论导向，为后期的新闻发布打下基础。

城市轨道交通建设施工安全突发事件爆发后，施工企业第一时间向住建、应急等部门报告。在应急响应过程中，必须充分利用媒体的公信力，通过媒体及时、如实发布施工安全突发事件基本概况和抢险救援进展情况，达到信息公开透明、增进理解互信目的，实现施工企业及项目部与媒体、社会公众之间的沟通互动，解答公众疑问，回应社会关切。

9.3.2.1 如实报送、发布险情信息和救援动态

施工安全突发事件爆发后，第一时间如实向当地住建、应急等主管部门报送险情信息和现场救援动态，接受主管部门的调遣。在住建、应急等主管部门的指导下，施工企业应急管理办公室拟定新闻通稿。通常情况下，当地电视台、报社、政府官方网站等新闻机构派记者到达现场了解相关情况，这些传统媒体作为事发现场与公众沟通的主要纽带和平台，施工企业应充分利用其权威性、公信力，通过报刊、广播、电视等传统媒体发布。

9.3.2.2 主动占据新媒体阵地

当代社会，新媒体日益发达，成为公众特别是年轻一代重要交际手段和媒介。相比传统媒体，新媒体对信息的真实性把关不够严谨，容易滋生谣言，因而施工企业应主动占据信息源头，建立官方的微博、微信、论坛账号，发布权威的官方消息，遏制谣言的产生与传播。由于施工安全突发事件的特殊性，应慎重选择新媒体渠道，既不能到处宣扬，又不能处处保守，等权威信息正式发布后，再由新媒体转载。

9.3.2.3 多媒介、多渠道组合式发布信息

施工安全突发事件爆发后，施工企业应积极通过传统媒体发布信息，除传统媒体外，还应当重视微博、微信等新媒体渠道，占领新媒体信息发布阵地，根据舆论传播特点，采取多媒介、多渠道组合式发布，增强传播效果。可将新媒体作为信息发布的先行军，以概括性、权威性的口吻发布简要消息，同时组织传统媒体深入采访报道，发布详细的施工安全突发事件概况和抢险救援进展情况，实现新媒体与传统媒体二者相结合，优势互补。如此，不仅在大的社会环境下保持透明，在小的媒体渠道中也保持领先，从根源上切断谣言的产生和蔓延。

9.3.3 与新闻媒体合作基本思路

施工企业同新闻媒体的合作，贯穿于应急管理工作始终，不仅体现在日常施工安全管理中，更重要的是体现在施工安全突发事件的处置过程中。将舆论引导、媒体合作纳入施工安全突发事件应急响应全过程，既满足媒体深度报道的需要，又满足公众对事态关注的需求。施工企业与媒体合作的基本思路有：

（1）准备在先、关注舆情。设立宣传职能部门，施工安全突发事件爆发后，立即启动应急预案，按照有关新闻发布的规定，做好接受各类媒体采访的准备，同时注重社会舆情、媒体信息的收集，为下一步举行新闻发布会做好准备。

（2）把握先机、引导舆论。对前来采访的媒体不能回避、拒绝，要主动接访，并区别不同情况，通过发布新闻通稿、接受记者采访、召开新闻发布会等形式，将施工安全突发事件的初步核实情况、应对措施和公众避险常识等信息提供给媒体，使媒体到达事发现场后就能迅速了解真相，做出比较客观的报道，杜绝炒作、失实报道。充分利用主流媒体、以我为主不间断发布信息，以掌握新闻舆论的主动权。

（3）增信释疑、赢得支持。踏准信息发布节奏，不仅通过召开新闻发布会对施工突发事件作出权威、准确的定性，而且根据险情的发展演变情况，适度调整与媒体的合作形式，通过媒体发布抢险救援的最新进展，赢得公众的理解、支持与配合。

9.3.4 信息发布渠道和发布方式

基于传统媒体的公信力、权威性，公众对传统媒体的期望值和信赖度普遍比较高。所以，在施工安全突发事件爆发后，施工企业及现场临时指挥部要积极面对，主动与传统媒体接洽，占领新媒体阵地，及时、如实、准确发布信息，对专业强性、公众普遍关心的问题进行解读，解疑释惑，满足公众知情权，有效缓解社会公众、施工人员家属的恐慌情绪，避免谣言产生及传播，从而把社会舆论引导到有利于危机解决的方向上来。

另外，施工安全突发事件由于其特殊性，其信息不得不公布于众，又不能大肆宣扬，因此，既要把握好信息发布的“度”，又要选择合适的发布渠道。

9.3.4.1 信息发布渠道

施工企业应急管理办公室是信息发布的责任主体，负责跟踪抢险救援的进展情况，采集现场图像、文字资料，拟定新闻通稿，统一宣传口径，通过传统媒体和新媒体对外发布信息。以住建、应急等主管部门的门户网站和施工企业的官方网站以及主流媒体为依托，建立权威、公开、顺畅的信息传播渠道，及时、如实地发布施工安全突发事件信息，避免谣言滋生蔓延。召集主流新闻媒体的记者举行新闻发布会，集中发布权威信息，解疑释惑，回答公众和媒体提问。

信息发布渠道仍以传统媒体为主。随着社会的发展和媒体自身的进步，媒体渠道不断增多，尤其是近年来以微博、微信为首的社交手段的迅猛发展，网络舆论已经成为继新闻、论坛之后的又一新兴传媒集散地。因而，城市轨道交通建设施工安全突发事件信息发布应充分利用这些新兴媒体渠道，及时、准确发布信息。城市轨道交通建设施工安全突发事件信息发布渠道如图 9-5 所示。

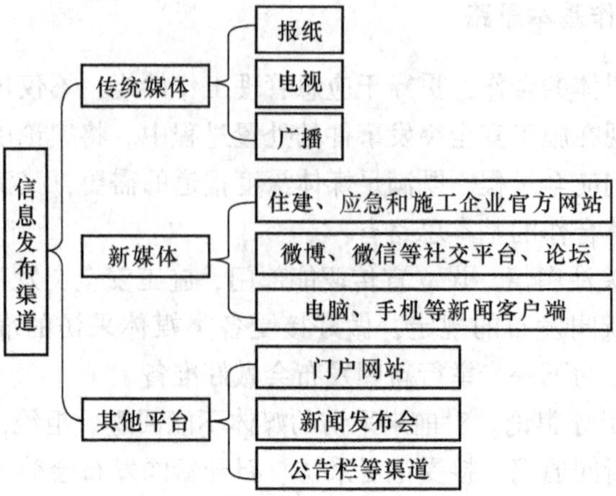

图 9-5 城市轨道交通建设施工安全突发事件信息发布渠道

9.3.4.2 不同信息发布渠道优势对比

对于信息发布而言，不同的发布渠道、不同的媒体形式，其适用范围和效果都不一样，因此，需要对各类媒体的发布方式、发布内容、发布间隔等进行分析，掌握其特点和优势。面向不同的受众，选择恰当的信息发布渠道，及时发布施工安全突发事件基本概况和抢险救援进展情况，达到良好的新闻发布效果。

不同渠道的特点、优势、发布内容和发布时间间隔对比，见表 9-1。

表 9-1 城市轨道交通建设施工安全突发事件信息发布渠道对比一览表

渠道		特点	发布内容	发布时间间隔
传统媒体	报纸	传播速度快； 报纸信息量大； 权威性	利用报纸信息量大、权威性等特点，发布险情概况和抢险救援的细节，便于公众全面了解施工安全突发事件爆发和处置的详实经过	每日
	电视	传播范围广； 电视画面感强； 受众层次多样	通过电视媒体传输现场画面，满足部分对文字阅读不畅或对现场画面存在需求的用户，如老人等，生动形象展现事发现场画面	栏目播出频率（直播除外）
	广播	传播范围广； 广播受众层次多样； 播出时间灵活	当前仍有一部分公众通过广播接收新闻，利用广播播出的连续性，播出时间灵活，及时更新播报最新动态，满足这部分公众需要	录播为栏目播出时，直播为栏目直播时
新媒体	住建、应急主管部门和施工企业官方网站	权威性； 及时性； 便于操作	发布全面、权威、准确的信息，发布内容多样，如图片、视频、文字等，报道主题为施工安全突发事件信息，报道内容的主题不定，如公众质疑、媒体关注、领导决策等，多角度向大众表达政府心声和施工企业的态度	出现最新动态时
	微博、微信等社交平台、论坛	互动性； 无序性	发布有关施工安全突发事件的图片、文字、视频等链接，向公众发布信息，搜集社会反响、舆论反应，及时生动地向手机用户传递信息，反馈公众衍生出的消息	随时更新
	电脑、手机等新闻客户端	互动性受众群体广泛	与网页新闻报道类似，包括施工安全突发事件详情、经过，也包括社会反响等，题材不限、内容不一	信息报送至网站，审批完成时

9.3.4.3 信息发布方式

在施工企业内部建立信息上报和发布机制，项目部应当及时编报信息，向施工企业报告。坚决避免出现迟报、漏报现象。对瞒报、谎报的当事人，应当严肃处理，追究责任。

在现场临时指挥部内，设置新闻宣传（信息发布）组，作为权威信息发布机构，明确岗位职责、人员组成、信息发布渠道、信息上报和共享流程，密切关注舆论动态，提出舆情引导建议，供指挥部决策。

在抢险救援过程中，经过批准，可组织媒体深入事发现场，拍摄现场画面，记录现场情况，既实现与媒体的沟通互动，又能录制事发现场第一手资料，便于后期事故调查工作的开展。

传统媒体渠道信息发布方式如图 9-6 所示，新媒体渠道信息发布方式如图 9-7 所示。

9.3.5 应急公关能力的提升路径

施工企业的应急公关能力，作为应急管理能力的重要组成部分，是危机应对能力的具体表现。提高应急公关能力，根本措施是拓宽与社会、媒体的沟通和交流渠道，在沟通的基础上找到有效的公关技巧。一是推进政务公开、厂务公开，将安全生产情况详细公布于众，自觉接受媒体的监督和群众的质询。二是强化安全生产教育培训，普及施工安全操作规程等知识，提高施工人员逃生、避险和自救、互救能力。三是依托宣传职能部门，造就一支熟悉业务、勤于沟通、善于表达的应急公关队伍，平时，不仅关注施工安全管理的现状，而且注重把握施工突发险情的发展变化趋势。四是树立全员公关的理念，所有工作人员都要主动参与公关活动，促使他们更多地关心施工安全，不断提高自身素质，增强公关意识，从自己的本职工作入手，把公关贯穿于各项工作中，为树立良好的外在形象、从容应对施工安全突发事件打下基础。

9.3.5.1 建立新闻发言人制度

新闻宣传工作是施工企业、项目部思想政治工作的重要内容之一，是引导舆论的重要抓手。普遍建立新闻发言人制度，以制度化、正规化的形式，由施工企业应急管理办公室通过新闻发言人向媒体和社会发布险情信息，作出权威的解读，让公众了解施工安全突发事件的概况，起到把握先机、争取主动、引导舆论的作用。新闻发布的政策性、业务性比较强，对新闻发言人的心理素质、政治素养和业务本领要求高。施工企业应当从本单位内部遴选 1~3 名讲政治、懂业务、有经验、守纪律的职工担当新闻发言人，优先选用宣传职能部门的负责人。作为新闻发言人，应当具备良好的语言表达能力，熟悉城市轨道交通建设施工业务，熟练运用新闻发布技巧，把自己想表达、社会普遍关心的问题，完整地介绍清楚。不论采取怎样的问答形式，不论面向上级机关还是新闻媒体，都要从容应对，在重大问题上不失语，避免场面失控，确保发布会顺利有序进行。

9.3.5.2 妥善应对失实报道

由于城市轨道交通建设施工安全突发事件具有突发性、偶然性等特点，一些新闻媒体来不及对事件的经过进行深入采访、核实，加之受到社会流言的影响，难免会出现一些失实、负面的报道。对于失实的报道，要尽快联系相关新闻媒体，以事实为依据，要求其公开澄清。对可能造成严重影响的负面报道，要及时调查真实情况并向有关媒体进行反馈。

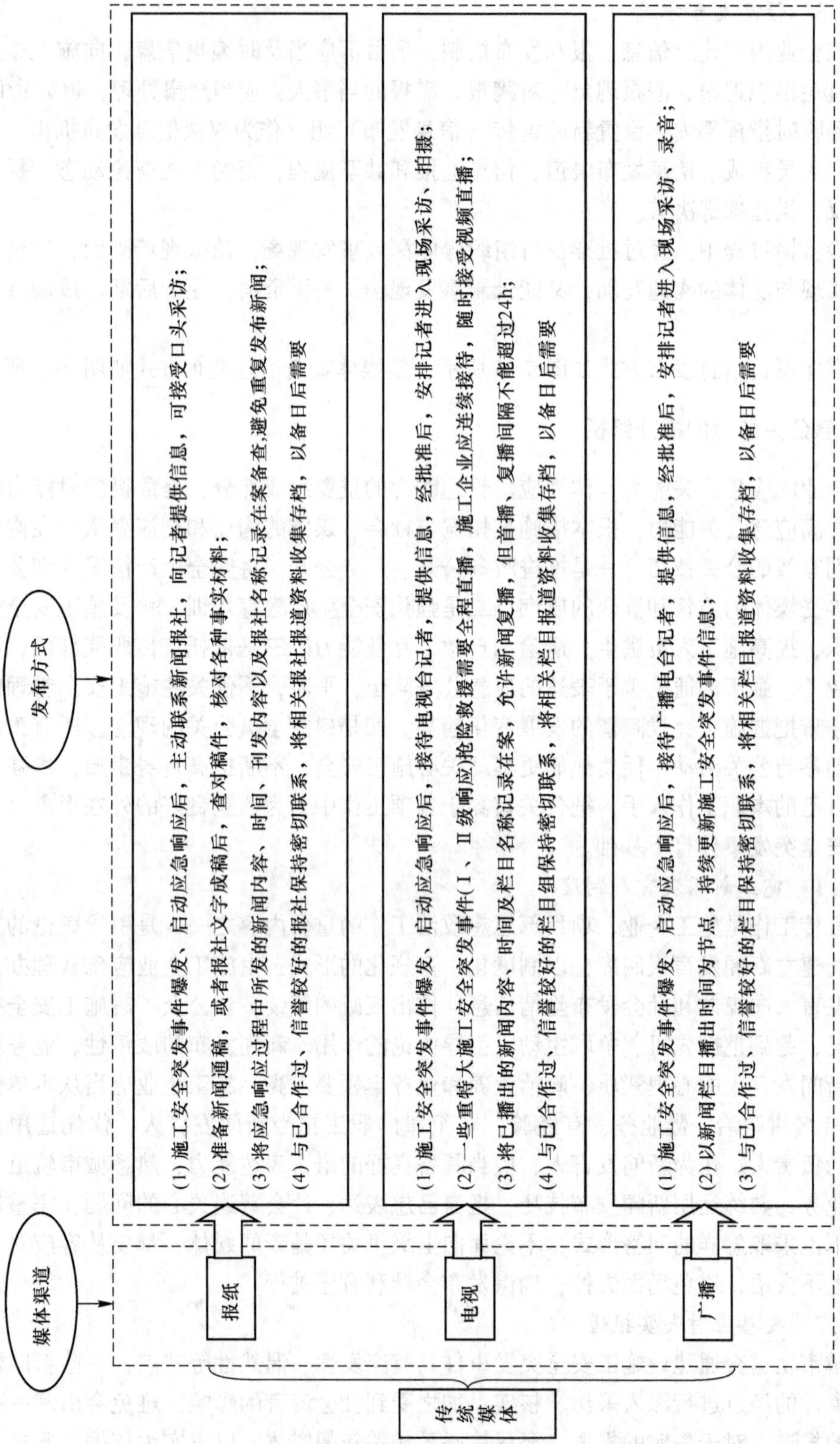

图9-6 传统媒体渠道信息发布方式

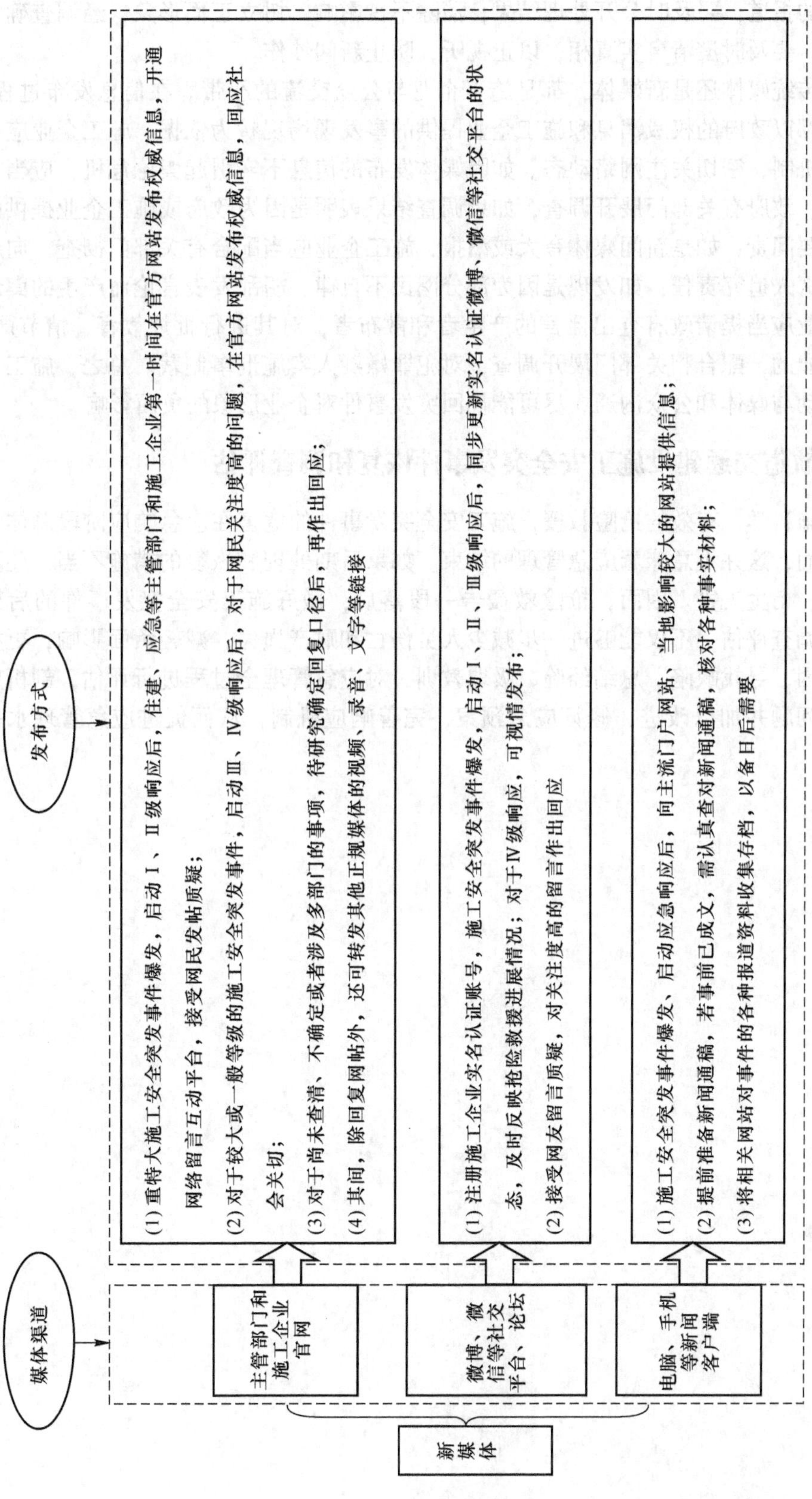

图9-7 新媒体渠道信息发布方式

经调查属实的报道，要及时公开处理结果，消除不良影响，树立正面形象；经调查确认为失实的报道，要及时澄清事实真相，以正视听，防止新闻炒作。

无论是传统媒体还是新媒体，都是施工企业与公众交流的纽带。在信息发布过程中，一切信息源都以政府的权威消息和施工企业提供的事发现场现状为依据。施工企业应当建立网络监管机制，密切关注网络动态。如因媒体发布的信息不实引起舆论危机，应当提请党委宣传部、政府有关部门展开调查，如果调查结果表明是因为政府或施工企业提供的信息有误，则要问责；如是新闻媒体夸大或漏报，施工企业应当配合有关部门彻查，向新闻媒体单位负责人追究责任；如发现是因为部分网民不自律、胡乱发表言论而产生的舆论危机，施工企业应当提请政府查出谣言的产生者和散布者，对其进行批评教育，情节严重、可能构成犯罪的，配合相关部门展开调查，对犯罪嫌疑人实施刑事制裁。总之，施工企业应当积极主动与媒体和公众沟通，尽可能挽回突发事件对企业形象的负面影响。

9.4 城市轨道交通建设施工安全突发事件恢复和调查评估

通过实施科学、有效的抢险救援，施工安全突发事件的危害在应急响应阶段总体上得到控制，然而，这并不意味着应急管理的结束。如果后期处理和恢复的措施不当，还可能会发生次生、衍生灾害。因而，抢险救援告一段落后，做好施工安全突发事件的后期处理、恢复和调查评估，不仅能够进一步减少人员伤亡和财产损失，减轻负面影响，更重要的是查明原因、寻找缺陷、总结经验、吸取教训，对应急管理全过程进行评估，剖析应急管理中存在问题并加以改进，修订应急预案，完善响应机制，从而促进应急管理水平的提高。

附　录

坍塌塌陷事故表，见附表 1。

附表 1　坍塌塌陷事故表

序号	时间	地铁	事故影响及伤亡情况
1	2019 年 12 月	广州地铁	造成路面行驶的 1 辆清污车、1 辆电动单车及车上人员坠落坑中，两车上共 3 人遇难，直接经济损失约 2004.7 万元
2	2019 年 7 月	青岛地铁	中铁十九局集团有限公司在市北区施工的地铁 1 号线开封路站至胜利桥站区间发生坍塌事故，造成 1 人死亡
3	2018 年 8 月	贵阳地铁	贵阳市轨道交通 2 号线一期工程土建施工坍塌事故，造成 3 人死亡
4	2018 年 6 月	长沙地铁	在长沙地铁 4 号线杜家坪站 1 号风亭组，由四川省乾圣建筑劳务有限公司组织施工的地连墙破除过程中发生一起坍塌事故，造成 2 人死亡，直接经济损失 305 万元
5	2018 年 1 月	广州地铁	中铁十四局集团隧道工程有限公司“1·25”较大坍塌事故，造成 3 人被埋
6	2017 年 5 月	长春地铁	长春地铁 1 号线与轻轨 3 号线在建换乘通道洞内发生坍塌，导致地面塌陷（塌陷区域约 $350m^2$，深约 2m），塌陷事故未造成人员伤亡，未对交通造成较大影响
7	2017 年 5 月	深圳地铁	福田区绒花路的深圳市轨道交通工程 3 号线三期南延工程 3131 标基坑发生一起土方坍塌事故，造成 3 人死亡，1 人受伤，直接经济损失 345 万元
8	2017 年 4 月	重庆地铁	重庆轨道交通 10 号线渝北广场站 3A 出入口发生掌子面坍塌事故，因处置得力，本次塌陷险情未造成人员和财产损失
9	2016 年 7 月	重庆地铁	中铁隧道集团二处有限公司承建的重庆轨道交通 5 号线 5108 标巴山站配线段钻爆区间在绑扎钢筋过程中，发生一起较大坍塌事故，造成 3 人死亡、1 人重伤，直接经济损失 668.6 万元
10	2016 年 3 月	深圳地铁	深圳地铁 9 号线 9103-1 标上梅林站 1 号风亭南侧基坑发生一宗坍塌事故，造成 2 名人员受伤，其中 1 人于 3 月 8 日经救治无效死亡
11	2014 年 4 月	兰州地铁	兰州地铁 1 号线施工工地东方红广场段发生塌方事故，造成 2 名工人被埋。事故发生后，消防救援人员赶到现场开展紧急搜救，被埋压的两位工人被挖出后经抢救无效死亡

续附表 1

序号	时间	地铁	事故影响及伤亡情况
12	2014 年 10 月	南宁地铁	南宁市在建轨道交通 1 号线土建 7 标动物园站至鲁班路站区间在进行盾构设备开仓换刀作业期间发生坍塌事故，造成 3 名作业人员死亡，直接经济损失约 1300 万元
13	2013 年 8 月	宁波地铁	宁波轻轨 14 标段项目部承建的宁波轻轨 1 号线二期工程 14 标段 F18-19 桥墩进行施压作业时，位于大碶站-松花江站区间 F 区间现浇梁预压时意外倒塌，发生坍塌事故，在底板上施工的 6 名工人坠落。2 名人员经抢救无效死亡，其他 4 人受伤
14	2013 年 7 月	郑州地铁	2013 年 7 月 25 日上午 7 点 15 分左右，郑州轨道交通 1 号线人民路外部电源配套工程南阳路黄河路西北角 38 号工作井施工中，因基坑结构上部土体失稳造成土方坍塌，有 4 名工人被困。2 名现场施工人员被埋，经抢救无效后不幸死亡
15	2013 年 6 月	长春地铁	长春地铁 1 号线塌方事故主要损失：施工人员 1 死 1 伤，2 台挖掘机被埋，车站北侧端头井塌方，人民大街路面塌陷约 $500m^2$
16	2013 年 5 月	西安地铁	西安地铁 3 号线东二环通化门至胡家庙区间始发井左北隧道开挖至 8m 进深突然出现顶部塌方，当时有 9 名作业人员正在开挖作业面施工，4 人被营救，其中 3 人未受伤，1 人骨折送往医院救治。截至 5 月 6 日晚 11 时 30 分，其余 5 人虽经全力抢救但不幸遇难
17	2013 年 2 月	郑州地铁	郑州市地铁 1 号线工地发生坍塌事故，导致 2 人死亡
18	2013 年 1 月	广州地铁	广州荔湾区康王路与杉木栏路交界处，地铁 6 号线和 8 号线的换乘站文化公园站工地在施工时发生了坍塌事故，6 家商铺、路上两棵大树“坠入”坑内，没有造成人员伤亡
19	2012 年 12 月	上海地铁	上海轨道交通金桥停车场房建工程检修联合库施工过程中发生坍塌，造成 5 人死亡、7 人重伤、10 人轻伤，直接经济损失约 700 余万元
20	2012 年 11 月	南京地铁	南京地铁 3 号线大行宫站施工围挡边发生地面塌陷，一辆由南向北方向的 31 路公交车经过时轮子陷入地下，未造成人员伤亡
21	2012 年 3 月	北京地铁	北京地铁 10 号线二期海淀区彰化南路颐慧佳园附近地铁施工工地塌方，1 名地下作业的工人被埋
22	2011 年 8 月	上海地铁	宏润集团施工总承包的轨道交通 11 号线南段土建工程 2 标段分界里程~周浦东站高架区间在浇筑盖梁时，因支架失稳，突然发生脚手排架倒塌事故，致使当时正在作业的 6 名施工人员跌落，其中 4 名工人当场逃脱，受轻伤，2 名工人被埋在倒塌的脚手排架和倒落的混凝土中
23	2011 年 7 月	青岛地铁	青岛地铁 24h 监控系统及时检测到君峰路-振华路区间隧道施工掌子面突然涌水，随后施工单位马上采取封堵措施，由于水量过大，水压强劲，封堵沙袋被冲开，凌晨 4 时 20 分左右，造成隧道内掌子面局部拱顶坍塌
24	2011 年 3 月	大连地铁	辽宁省大连市地铁施工现场的大连交通大学路段发生坍塌，现场失踪 1 人

续附表1

序号	时间	地铁	事故影响及伤亡情况
25	2010年7月	北京地铁	中铁隧道集团有限公司在北京地铁15号线07标段顺义站基坑施工过程中，基坑东北角钢围檩及钢支撑坠落，造成基坑底部施工作业人员2人死亡、8人受伤，直接经济损失145.94万元
26	2009年8月	西安地铁	在建的西安地铁1号线洒金桥站施工现场发生坍塌事故，2名正在作业的工人不幸被埋身亡
27	2008年11月	杭州地铁	杭州地铁1号线湘湖车站北2基坑发生基坑坍塌事故，造成21人死亡，4人重伤，20人轻伤，直接经济损失4961万元
28	2008年11月	南京地铁	南京地铁1号线南延线为高架箱梁浇筑前进行试压的支架发生坍塌，施工的10名工人中7人来不及逃离被埋，均先后获救，但其中1人被埋长达近4h，获救时生命垂危
29	2007年3月	北京地铁	北京市海淀南路的地铁10号线工程苏州街车站东南出入口发生一起塌方事故，6名施工者被埋。事故塌方面积约$20m^2$，深度约11m，事故现场为中铁十二局第二工程公司标段，被掩埋的6名工人系施工单位中铁十二局的施工人员
30	2007年2月	南京地铁	2月5日凌晨6：00左右，南京汉中路牌楼巷与汉中路交叉路口北侧，正在施工的南京地铁2号线出现渗水塌陷，造成天然气管道断裂爆炸。事故导致附近5000多户居民停水、停电、停气，附近的金鹏大厦被爆燃的火苗“袭击”，事故没有造成人员伤亡
31	2006年10月	广州地铁	广州市南沙区广州市轨道交通4号线区间十标工程施工现场发生一起基坑坍塌致1人死亡、3人受伤的安全事故，造成直接经济损失48万元
32	2006年8月	广州地铁	作业面有$1m^3$左右的软弱土体突然意外塌落，致使在底部作业的3名工人受伤，其中2人轻伤，1人伤势较重。事发后施工单位迅速将伤者送往医院抢救，2名轻伤者已无大碍，1名伤者伤势过重，抢救无效死亡
33	2005年7月	广州地铁	事故工地基坑南端约100m长的挡土墙突然坍塌，拉动工地与居民楼之间宽约6m的水泥路整体下陷，并造成位于工地边的砖木平房倒塌，压倒5人。同时，塌方事故引起邻近一幢9层楼宾馆和一幢8层居民楼出现倾斜，部分墙面开裂，198户居民及酒店人员约590人疏散
34	2003年10月	北京地铁	中铁隧道集团二处有限公司在北京地铁5号线崇文门车站施工中，地梁钢筋支架连同支架上已架设的钢筋倾覆倒塌，造成现场作业人员3人死亡、1人轻伤，直接经济损失29.7万元
35	2003年7月	上海地铁	因大量水、流砂涌入旁通道，引起隧道受损及周边地区地面沉降，造成三幢建筑物严重倾斜，防汛墙由裂缝、沉降演变至塌陷，隧道区间由渗水、进水发展为结构损坏，附近地面也出现不同程度的裂缝、沉降，并发生了防汛墙围堰管涌等险情。这起工程事故直接经济损失初步估算为1.5亿元人民币左右

透水涌土事故表，见附表 2。

附表 2　透水涌土事故表

时间	城市	事故影响及伤亡情况
2019 年 5 月	青岛地铁	中铁二十局施工的地铁 4 号线崂山区静港路站至沙子口站区间，在左线小里程 ZDK25+343 位置（距离洞口 114m 处）发生洞内涌水突泥，造成现场施工人员 5 人死亡，3 人受伤，直接经济损失 785 万元
2018 年 9 月	北京地铁	施工过程中分别于 2018 年 7 月 25 日、8 月 8 日、9 月 21 日发生三次不同程度的突水涌砂事故，均得到及时有效处置
2018 年 2 月	佛山地铁	中交二航局组织施工的佛山市轨道交通 2 号线一期工程土建一标段湖涌站至绿岛湖站盾构区间右线工地突发透水，引发隧道及路面坍塌，造成 11 人死亡、1 人失踪、8 人受伤，直接经济损失约 5323.8 万元
2016 年 7 月	杭州地铁	宁波易通建设有限公司在杭州地铁 4 号线南段中医药大学站南基坑进行地连墙堵漏施工时，发生一起死亡 4 人、受伤 2 人的基坑涌土事故，事故造成直接经济损失 532 万元
2014 年 7 月	杭州地铁	2014 年 7 月 31 日中午 11 时许，杭州地铁 4 号线在建路段发生塌方透水情况，地点位于杭州富春路和兴业路之间。由于地铁施工时挖破旁边的河道，导致河水倒灌至杭州地铁 4 号线市民中心站的基坑，未造成人员伤亡
2011 年 5 月	天津地铁	天津地铁 2 号线最终导致“建-天”区间双线损毁。损失 2300 多万元，本次事故所幸未造成人员伤亡
2009 年 9 月	天津地铁	施工的天津地铁 3 号线解放北路站地下 25m 处发生透水，导致坐落地上的 DD 酒店出现楼体裂缝。施工现场上方险楼居民已全部安全撤离，没有发生人员伤亡。之后，大楼因严重损坏被拆除

高处坠落事故表，见附表 3。

附表 3　高处坠落事故表

时间	城市	事故影响及伤亡情况
2020 年 4 月	南京地铁	南京地铁宁句城际 DS6-TA01 标四工区东郊小镇站-侯家塘站区间工程工地，发生一起高处坠落生产安全事故，致 1 人死亡
2018 年 11 月	青岛地铁	地铁 8 号线 B2 包 01-2 工区喷浆作业过程中出现局部脱落掉块，导致分包单位四川五广建筑工程有限公司一名喷浆手从工作平台掉落受伤，经送医抢救无效死亡
2018 年 6 月	深圳地铁	桂湾地下车行联络道工程高坠事故
2016 年 8 月	苏州地铁	吴中区越溪街道的苏州轨道交通 4 号线天鹅荡路站工地发生一起高处坠落事故，造成 1 名工人死亡
2016 年 6 月	深圳地铁	深圳市地铁 9 号线 9705 标段装饰工程高坠死亡事故
2016 年 2 月	重庆地铁	中铁隧道集团一处有限公司承建的重庆轨道交通 5 号线 5109 标二分部半山站明挖段在拆除贝雷梁施工过程中，发生一起高处坠落事故，造成 3 人死亡。直接经济损失 390 万元

车辆伤害事故表，见附表4。

附表4　车辆伤害事故表

时间	城市	事故影响及伤亡情况
2020年3月	南通地铁	南通市城市轨道交通1号线一期工程土建施工06合同段的居康路站-宏兴路站上行线区间，发生一起车辆伤害事故，造成2人死亡，4人受伤
2019年9月	深圳地铁	福城街道深圳市轨道交通4号线三期工程长湖站工地发生一起轨道车伤害事故，造成1名工人死亡
2017年6月	青岛地铁	中国铁建电气化局集团有限公司在青岛二中站-青岛科大站区间进行电缆运输过程中发生一起车辆伤害事故，造成现场施工人员1人当场死亡，2人经抢救无效死亡，直接经济损失402.6万元
2013年9月	成都地铁	成都地铁7号线驷马桥站前期准备工程打围施工时，因旋挖钻机大臂连接板断裂，桅杆部分倒入南侧驷马城小区前行车道路。事件共造成4名人员擦伤，其中1人轻伤留院观察，经416医院诊断，身体无碍
2012年5月	上海地铁	上海轨道交通11号线车辆伤害事故造成2人死亡，1人受伤

物体打击事故表，见附表5。

附表5　物体打击事故表

时间	城市	事故影响及伤亡情况
2019年3月	佛山地铁	中交二航局第三工程有限公司承建的广东省佛山市城市轨道交通2号线一期TJ-1标段工程湖涌站发生一起物体打击事故，造成1人死亡
2018年4月	重庆地铁	重庆轨道交通环线二期工程土建五标发生了物体打击事故，死亡1人
2007年9月	上海地铁	9号线宜山路工地隧道内一拼装工在进行管片吊装、拼装作业时，一片管片掉落，将该名工人压死

中毒窒息事故表，见附表6。

附表6　中毒窒息事故表

时间	城市	事故影响及伤亡情况
2018年1月	成都地铁	成都地铁5号线神石区间污水管道施工，于2018年1月29日中毒和窒息事故是一起生产安全责任事故，2人死亡，1名人员下落不明
2009年11月	南京地铁	2号线元通站隧道底部进行风镐作业8人相继晕倒昏迷：其中2名轻度昏迷，3名重度昏迷，还有3人失去心跳，经抢救后恢复心跳。医院诊断是氮气中毒突发急性脑缺氧

机械伤害事故表，见附表7。

附表7　机械伤害事故表

时间	城市	事故影响及伤亡情况
2019年5月	深圳地铁	盐田区盐田街道深圳地铁8号线一期工程8132标段二工区在对砂浆车进行清理作业时发生一起机械伤害事故，造成1人死亡
2019年3月	上海地铁	15号线土建17标古浪路站，上海××实业发展有限公司发生一起机械伤害生产安全事故，造成1人死亡
2018年10月	南宁地铁	南宁市轨道交通地铁4号线01标土建3工区工地发生一起机械伤害事故，导致1人死亡，直接经济损失125万元
2016年7月	南京地铁	中铁十四局集团有限公司施工总承包、菏泽市菏建劳务服务有限公司施工专业承包的南京市宁高城际轨道交通二期（剩余段）土建施工NG-TA02标段工程工地，发生一起机械伤害生产安全事故，致1人死亡

触电事故表，见附表8。

附表8　触电事故表

时间	城市	事故影响及伤亡情况
2019年8月	常州地铁	常州市轨道交通1号线某站建设工地，南京源泽新能源科技有限公司的电工在站台照明灯具检修作业中，发生触电事故，经抢救无效死亡

火灾事故表，见附表9。

附表9　火灾事故表

时间	城市	事故影响及伤亡情况
2011年12月	北京地铁	北京地铁14号线第二标段（大瓦窑站）施工现场，一处地铁工地工人居住的彩钢板简易房因电线短路引发火灾。由于当日风大，火势较猛，12时9分左右明火才熄灭。起火时工人正在上工，未造成人员伤亡，100多名工人的家当都被烧毁，直接财产损失8000元
2009年1月	上海地铁	地铁11号线在建地下施工工地突发火灾，现场冒出滚滚浓烟，事故导致1名工人死亡，6名工人被烧伤
2009年1月	西安地铁	1月2日，二号线钟楼站右线隧道内又起火。此次起火原因仍是工人操作不慎，致使焊渣引燃了防水卷材，未造成人员伤亡
2008年12月	西安地铁	西安地铁2号线八里村站至长延堡站的一个竖井施工现场发生火灾，没有人员伤亡

起重伤害事故表，见附表10。

附表10　起重伤害事故表

时间	城市	事故影响及伤亡情况
2006年2月	北京地铁	在北京地铁10号线一期工程土建施工10标段施工现场，中铁二十局集团有限公司作业人员在4号洞1号竖井进行土方吊运作业时，电动单梁（悬挂）起重机电动葫芦钢丝绳断裂，运土料斗坠落洞（井）底（落差约18m），将在井下施工的3名作业人员砸伤致死

爆破伤害事故表，见附表11。

附表11　爆破伤害事故表

时间	城市	事故影响及伤亡情况
2009年10月	深圳地铁	2009年10月26日，深圳地铁5号线5305标段第四工区隧道爆破时发生意外，一名施工人员在为哑炮排险时，哑炮突然爆炸，施工人员被当场炸死

爆炸的事故表，见附表12。

附表12　爆炸的事故表

时间	城市	事故影响及伤亡情况
2015年1月	武汉地铁	武汉市轨道交通3号线19标市民之家站~宏图大道站盾构区间工程，1月2日凌晨2点40分，隧道内发生爆炸，事故造成2人死亡
2008年4月	广州地铁	广州市轨道交通6号线越秀区东湖街东湖公园正门地铁工地，施工时遇不明气体导致发生一起较大伤亡事故，事故造成死亡2人，受伤5人

其他事故表，见附表13。

附表13　其他事故表

时间	城市	事故影响及伤亡情况
2017年2月	南宁地铁	南宁市兴宁区朝阳路与民生路交叉段南宁市轨道交通2号线某区间右线工程项目工地发生一起事故，造成2人死亡，1人受伤
2007年5月	南京地铁	28日8时左右，位于南京市水西门大街和纪念馆东路交叉口的地铁2号线茶亭站西基坑东端约500m^{3}土体发生滑坡，数百立方米黑土向坑道里倾泻而下，造成2名工人伤亡

非生产安全事故表，见附表14。

附表14　非生产安全事故表

时间	城市	事故影响及伤亡情况
2019年10月	芜湖地铁	13日15：20左右，在芜湖轨道交通1号线某车站施工工地发生一起工人因突发疾病导致意外死亡的事故

参考文献

[1] 王瑜．城市轨道交通工程建设的质量管理探讨［J］．中华建设，2019（14）：56~57.
[2] 李家庆．城市轨道交通工程建设的质量管理［D］．天津：天津大学，2016.
[3] 徐志军．城市轨道交通工程质量管理体系研究［J］．中华建设，2020（12）：52~53.
[4] 尤捷．大型土木工程施工安全突发事件应急管理研究［D］．南京：南京林业大学，2018.
[5] 李皓燃，李启明，陆莹．2002~2016年我国地铁施工安全事故规律性的统计分析［J］．都市快轨交通，2017，30（1）：12~19.
[6] 胡群芳，秦家宝．2003~2011年地铁隧道施工事故统计分析［J］．地下空间与工程学报，2013，9（3）：705~710.
[7] 广州市应急管理局．广州市天河区中铁五局四公司在建轨道交通十一号线沙河站横通道“12·1”较大坍塌事故调查报告［EB/OL］．2020.
[8] 中华人民共和国住房和城乡建设部．房屋市政工程生产安全较大及以上事故查处督办通知书［EB/OL］．2018-8-9.
[9] 长沙市应急管理局．长沙县黄兴镇长沙地铁4号线杜家坪工地“6·30”坍塌事故调查报告［EB/OL］．2018-8-30.
[10] 广东省安全生产监督管理局．广州市黄埔区中铁十四局隧道工程有限公司“1·25”较大坍塌事故调查报告［EB/OL］．2018-9-27.
[11] 深圳市安全生产监督管理局．深圳市城市轨道交通3号线三期南延工程主体3131标“5·11”较大坍塌事故调查报告［EB/OL］．2017-11-17.
[12] 重庆市安全生产监督管理局．重庆市轨道交通5号线5108标“7·29”较大坍塌事故调查报告［EB/OL］．2017-12-5.
[13] 南宁市安全生产监督管理局．轨道交通1号线7标施工工地“10·7”坍塌死亡事故调查报告［EB/OL］．2014.
[14] 威海市应急管理局．转发关于青岛地铁4号线静沙区间隧道施工“5·27”突水突泥事故情况的通报的通知［EB/OL］．2019-6-3.
[15] 广东省应急管理厅．2018年广东省佛山市轨道交通2号线一期工程“2·7”透水坍塌重大事故调查报告［EB/OL］．2019-6-11.
[16] 杭州市应急管理局．杭州地铁4号线南段中医药大学站南基坑“7·8”涌土事故调查报告［EB/OL］．2017-3-14.
[17] 苏州市应急管理局．苏州轨道交通4号线天鹅荡路站工地“8·4”高处坠落事故调查报告［EB/OL］．2016.
[18] 重庆市安全生产监督管理局．重庆轨道交通5号线5109标“2·19”高处坠落事故调查报告［EB/OL］．2016.
[19] 南通市应急管理局．南通市城市轨道交通1号线一期工程土建施工06合同段“3·14”车辆伤害事故调查报告［EB/OL］．2020-7-2.
[20] 深圳市龙华区应急管理局．关于福城街道深圳市轨道交通4号线三期工程长湖站“9·28”事故的调查报告［EB/OL］．2020-1-31.
[21] 龙岗政府在线．深圳地铁10号线木古站轨行区“8·27”车辆伤害死亡事故调查报告［EB/OL］．2019-12-31.
[22] 青岛市应急局．青岛市“6·23”地铁11号线轨道交通工程较大车辆伤害事故调查报告［EB/OL］．2018-12-28.
[23] 安全管理网．上海轨道交通11号线北段（二期）GT-9标段“5·10”车辆伤害事故调查报告

[EB/OL]．2020-1-16.
[24] 深圳市盐田区应急管理局．深圳市地铁8号线8132标段二工区“5·9”机械伤害死亡事故调查报告[EB/OL]．2019-7-22.
[25] 良庆区应急局．南宁市轨道交通地铁4号线“10·15”机械伤害死亡事故调查报告[EB/OL]．2018-12-29.
[26] 成都市安全生产监督管理局．成都地铁5号线神石区间污水管道施工“2018·1·29”中毒和窒息事故调查报告[EB/OL]．2019-4-30.
[27] 搜狐网．常州市轨道交通1号线一期工程车站公共区装饰装修工程ZSZX01标“8·8”触电事故[EB/OL]．2020-12-8.
[28] 南宁市安全生产监督管理局．南宁市轨道交通2号线南宁剧场站~朝阳广场站区间右线工程项目“2·10”死亡事故调查报告[EB/OL]．2017-3-8.
[29] 弋江区应急管理局．芜湖轨道交通1号线白马山车站建筑工地“2019·10·13”死亡事故调查报告[EB/OL]．2019-12-05.
[30] 罗富荣．北京地铁建设安全管理创新研究[J]．都市快轨交通，2009，22（2）：9~12.
[31] 曹宏艳．地铁施工安全事故分析及防治对策[J]．科技创新导报，2019，16（29）：42，44.
[32] 侯艳娟，张顶立，李鹏飞．北京地铁施工安全事故分析及防治对策[J]．北京交通大学学报，2009，33（3）：52~59.
[33] 张畚．北京市地铁建设施工安全调查分析[J]．现代城市轨道交通，2010（6）：1，5~8.
[34] 杨小华．城市地铁火灾与应急救援体制建设研究[J]．中国科技信息，2020（7）：106~107.
[35] 李锦成．城市地铁火灾与应急救援体制建设[J]．自然灾害学报，2012，21（4）：197~200.
[36] 王奕．城市地铁隧道事故案例统计分析与风险评价方法研究[D]．北京：北京交通大学，2018.
[37] 刘国彬．城市轨道交通安全事故危害与防范[J]．世界科学，2006（8）：29~30.
[38] 陈乔松．城市轨道交通运营应急管理机制建设探讨——以地铁运营应急管理为例[J]．西部皮革，2019，41（6）：94.
[39] 左九如．地铁工程建设施工危险辨识及施工坍塌事故应急预案的探讨与实践[J]．工程建设与设计，2019（5）：220~221，224.
[40] 秦宏霄．地铁工程建设应急安全管理评估体系的构建[J]．四川水泥，2015（8）：347.
[41] 佟瑞鹏，丁健，方东平．地铁工程建设应急管理评估体系的构建[J]．中国安全科学学报，2009，19（11）：132~138.
[42] 丁健．地铁工程建设应急管理评估研究[D]．北京：清华大学，2009.
[43] 许路曼．地铁应急管理体系的组织级项目管理（OPM）研究[D]．兰州：兰州交通大学，2018.
[44] 徐树亮．南京地铁突发事件应急处置机制建设[J]．都市快轨交通，2008（3）：6~8.
[45] 朱志祥，倪浩．浅谈地铁应急救援通道建设——上海地铁事故启示[J]．中国应急救援，2011（6）：27~28.
[46] 周洋．城市轨道交通工程建设安全风险管理体系研究[J]．工程建设与设计，2020（15）：232~234.